他者的眼光丛书　张旭春 主编

临近又遥远的世界

КИТАЙ У РУССКИХ ПИСАТЕЛЕЙ

——俄罗斯作家笔下的中国

[俄] А.Д. 罗曼年科 主编　朱达秋 译

北京大学出版社
PEKING UNIVERSITY PRESS

图书在版编目(CIP)数据

临近又遥远的世界:俄罗斯作家笔下的中国/(俄)罗曼年科主编;朱达秋译.—北京:北京大学出版社,2011.8
(他者的眼光丛书)
ISBN 978-7-301-18976-4

Ⅰ. ①临… Ⅱ. ①罗… ②朱… Ⅲ. ①中国历史-普及 Ⅳ. ①K207

中国版本图书馆 CIP 数据核字(2011)第 105584 号

书　　　名: 临近又遥远的世界——俄罗斯作家笔下的中国
著作责任者:〔俄〕A. Д. 罗曼年科　主编　朱达秋　译
责 任 编 辑: 闵艳芸
标 准 书 号: ISBN 978-7-301-18976-4/K・0778
出 版 发 行: 北京大学出版社
地　　　址: 北京市海淀区成府路 205 号　100871
网　　　址: http://www.pup.cn　电子邮箱: minyanyun@163.com
电　　　话: 邮购部 62752015　发行部 62750672　编辑部 62750673
出版部 62754962
印　刷　者: 三河市富华印装厂
经　销　者: 新华书店
965 毫米×1300 毫米　16 开本　20 印张　293 千字
2011 年 8 月第 1 版　2011 年 8 月第 1 次印刷
定　　　价: 36.00 元

总序　“他者的眼光”：在幻象与真实之间

张旭春

2008年8月，西班牙国家男子篮球队在飞往北京参加奥运会前夕，全体队员拍了一张广告照，照片中所有队员用食指指向他们的外眼角，做出一副斜眼、吊眼状。该事件立刻引起了海外华人团体的猛烈抨击。CNN援引“美国华人协会”(OCA)副会长乔治·C. 吴的话说：“在一个旨在促进世界团结和谐的盛会即将开幕之时，居然冒出这样的事情，这太令人遗憾了。”①后来西班牙篮球队两位当家球星卡尔德隆和加索尔都为此进行了解释和道歉，一场风波也就不了了之。然而，对于生活在西方国家的华人(以及所有黄种亚洲人)而言，欧美白人(当然年轻人和小孩居多)在黄种人面前用手指做斜眼、吊眼状的恶作剧并不少见，而且大家也都知道这种姿势对于大部分都有着细长眼睛的黄种人而言意味着什么。

其实，这张恶作剧照片只是2008年北京奥运会开幕前几个月西方妖魔化中国形象的狂潮当中一个小小的事件而已：国人们想必对于2008年圣火传递期间西方媒体、政客以至普通民众的种种行为记忆犹新，当时无数本来对西方

① Yuli Yang and Jaime Florcuz, “Spanish Olympic basketball team in ‘racist’ photo row”, 载 http://edition.cnn.com/2008/WORLD/asiapcf/0814/olympics.photo.spain.basketball/index.html。

素有好感的普通中国民众一下子被西方人的偏见和傲慢深深地激怒了。愤怒之余，一个似乎既老套又简单的问题被再次提出来：他们为什么要这样对待我们？在他们的内心深处我们到底是怎样一种形象？

巧合的是，当时我正好在给四川外语学院比较文学与世界文学专业研究生讲授“比较文学名篇选读”课程中“比较文学形象学”部分（选编一套西方人如何看中国的译丛的念头就是在这个背景之下产生的）。结合当时西方主流媒体对中国的妖魔化报道，我与学生们一起重点研读了让-马克·莫哈的《试论文学形象学的研究史及方法论》一文。这篇文章的重要性主要在两方面：第一，他进一步清楚地阐明了巴柔教授所提出的关于异国形象的社会集体想象物（imaginaire social）问题。所谓社会集体想象物就是一个民族对另一个民族或社会“集体描述的总和”①。它涉及到诸多的层面，如大众舆论（奥运会前夕西方媒体对中国的集体妖魔化就属于这个层面）、“精神生活”（主要指的是知识分子或外交官等上层人物对异国的描述和研究，本套丛书所收录的许多西方作家和思想家对中国的论述属于这个层面）和“象征描述”（主要指的是文学和副文学，如游记等）。② 第二，莫哈的文章还提出了“所有的形象都是幻象（illusion）”这个重要的论断。③ 也就是说，一个民族或社会对另一个民族或社会形象的塑造永远不可能是对对象国真实形象的复制或忠实再现，而是形象制造者根据自己的需求对他者进行创造性想象的结果。在莫哈看来，这种对于他者形象的创造性想象一般体现为保罗·利科所谓的意识形态和曼海姆所谓的乌托邦两级形象。简言之，所谓意识形态的异国形象塑造就是对异国的妖魔化（从而维护和强化本民族或社会的价值），而所谓乌托邦式的异国形象就是对异国的浪漫化（从而批判和颠覆本民族或社会的价值）。④

---

① 让-马克·莫哈：《试论文学形象学的研究史及方法论》，见孟华主编：《比较文学形象学》，第30页。孟华教授进一步解释说，这个概念表示的是“由感知、阅读，加上想象而得到的有关异国和异国人体貌特征及一切人种学的、物质生活和精神生活等各个层面的看法总和，是情感和思想的混合物”。（参见孟华：《比较文学形象学论文翻译、研究札记》，见孟华主编：《比较文学形象学》，第8页。）西班牙篮球队的鬼脸恶作剧就是“有关异国和异国人体貌特征”的社会集体想象物。

② 让-马克·莫哈：《试论文学形象学的研究史及方法论》，见孟华主编：《比较文学形象学》，第30页。

③ 同上书，第38页。

④ 同上书，第32—34页。

这些观点有助于我们理解中国形象(或幻象)在西方人眼中的历史性变迁。佩里·安德森发表于《伦敦书评》(2010年1月28日)上的一篇文章将中国形象在西方的历史变迁过程总结得非常清楚。他说与近东的伊斯兰世界不同,地处远东的中国由于距离欧洲太过遥远,从而不可能对欧洲构成任何军事或宗教的威胁,所以从马可波罗以来,中国在欧洲人心目中所激发的情绪不是恐惧或厌恶,而是奇幻:“马可波罗关于中国的报道——现在看来大都是道听途说而来的——(在西方人心目中)塑造了(关于中国人的)美好形象,以至于哥伦布要远航去寻找远方的神州。”当17、18世纪欧洲人对中国进一步了解之后,他们对中国的态度总体上从奇幻趋向于敬畏:“从培尔(Pierre Bayle)和莱布尼茨到伏尔泰和魁奈(Francois Quesnay),欧洲启蒙哲学家们都赞美中国是一个比欧洲文明化程度更高的帝国,她不仅繁荣富庶、人口众多,而且比欧洲人更加宽容并爱好和平,在那里,没有教会的宗教迫害,政府官员的选拔标准是依据个人美德而非世袭出生。即使那些对对中央王国的过分溢美之词抱有怀疑之心的人——如孟德斯鸠或亚当·斯密——也对中国的富庶与井然有序虽然迷惑不解但也是印象深刻。”但是,到了19世纪,欧洲人对中国的态度发生了巨大的转变,在他们看来中国不仅军事孱弱、经济落后,而且文化也是原始、残暴,充斥着迷信,“于是,敬畏被轻蔑取代,同时还融入了种族主义的警惕——亲华(Sinomania)翻转为恐华(Sinophobia)”。20世纪初,当八国联军攻入北京镇压义和团之时,黄祸论在西方媒体和政客当中甚嚣尘上,以至于杰克·伦敦和J. H. 霍布桑(J. H. Hobson)这些作家在其作品中都努力勾勒出种种中国未来要征服世界的图景。但接下来的几十年中,钟摆又摆回去了:随着赛珍珠和宋美龄对中国在抗日战争中的英勇表现的大力宣传,中国的国家形象在西方人眼中趋于美好。1948年之后,急转再次发生:一个社会主义的红色中国给西方带来的恐惧、焦虑和噩梦甚至超过俄国。最后,安德森总结道:“今天,中国高速发展的经济又一次改变了西方人对中国的看法,媒体和商界对中国兴趣盎然,当下西方的这股中国热令人不禁想起洛可可时代盛行于欧洲的那股中国风(*Chinoiserie*)。恐华症自然没有消失，但新一轮中国热又在形成之中。"①

安德森的总结在一定程度上证实了巴柔关于异国形象的意识形态和乌托邦钟摆理论：在不同的时期中国的形象或被极度地浪漫化，或被极度地妖魔化。然而，在笔者看来，巴柔、莫哈等法国形象学研究者所谓"所有的异国形象都是幻象"的论断可能也有些绝对。不可否认，西方人对中国形象的塑造在很大程度上的确存在着妖魔化/浪漫化的幻象成分。但是，有些在中国有比较长期生活经历的西方人对中国的观察却并非完全是不真实的幻象——他们以"他者的眼光"对中国社会文化以及国民性的观察和描述在个别问题上甚至是相当犀利而精辟的(而我们自己却因为"身在此山中"而往往难以意识到)，从而能够给我们提供一面反观自身的镜子。众所周知，鲁迅先生对国民性的拷问在一定程度上缘于他对美国传教士明恩溥(Arthur H. Smith)《中国人的气质》(*Chinese Characters*, 1890)一书的阅读。在该书中，明恩溥总结了中国人的25种特质，其中一些负面品质对于国人而言可能是相当不中听的，如好面子、缺乏公共心、缺乏同情心、缺乏诚信等，然而，我们不得不承认这些品质并不全都是明恩溥恶意的歪曲，以至于鲁迅先生也说此书"值得译给中国人一看(虽然错误亦多)"。② 而且，黄兴涛先生指出，鲁迅先生"后来塑造著名的阿Q，对顾全'面子'、喜欢'做戏'和充当'看客'(冷漠旁观)、'主奴根性'与'自欺'、缺乏诚信和社会之爱、喜欢瞒和骗、保守巧滑等'国民性'的体认、描写、和讥刺等"是明显受到该书的影响，这一点已经为学界所普遍接受"。③ 比如就缺乏同情心而言，明恩溥说："支那人见人之溺水者，是亦使外人见之而吃一惊者也。数年前，有外国之一汽船，于扬子江上失火者，时支那人之在岸集观者，宛如黑

---

① 以上内容均参见 Perry Anderson, "Sinomania", in *London Review of Books*, Vol. 32 No. 2, 28 January 2010.

② 见鲁迅：《鲁迅全集》，第12卷，人民文学出版社，1993年，第246页。

③ 参见黄兴涛为《中国人的气质》中文版所写的序言：《美国传教士明恩溥及其〈中国人的气质〉——一部"他者"之书的传播史与清末民国的"民族性改造"话语》，中华书局，2006年，第25页。其实，早在1793年，马嘎尔尼就已经指出了中国人身上的这些特点。马嘎尔尼可能是以自己亲眼所见来摧毁西方启蒙时期浪漫化中国形象的第一人。参见 J. L. Cranmer-Byng, ed., *An Embassy to China: Being the Journal kept by Lord Macartney during his embassy to the Emperor Ch'ien-lung* (London: Langmans, 1962), p. 222.

山，然概无救船中之乘客，及水夫者。”①试比较鲁迅先生一段话：“在中国，尤其在都市里，倘使路上有暴病倒地，或翻车摔伤的人，路人围观或甚至高兴的人尽有，有肯来伸手扶住一下的人却是极少的。”②遗憾的是，我们不得不承认明恩溥与鲁迅先生所说的问题至今仍然存在，而且我们还难以以个别事件来进行自我辩护（2009 年发生在湖北荆门的捞尸事件想必大部分国人仍然记忆犹新！）。姑且再以一种现代“他者的眼光”为例来进一步反思这个问题。1990 年代中后期，有一位名叫彼得·赫斯勒（Peter Hessler）的美国人在四川涪陵师范专科学校（现为重庆长江师范学院）执教了两年，之后此人将他在涪陵两年期间的经历和见闻写成了一本书，题为《水边的城市》（*River Town*）。该书对涪陵以及整个中国的社会、政治与文化的描写在许多方面都充满了偏执、傲慢，甚至是恶意的诋毁，然而，他对某些问题——如中国式“集体主义”（collectivism）——的观察和分析却是相当犀利的。他指出，中国式的所谓集体主义精神其实只限于家庭、朋友或单位小圈子（因此中国老人能够比孤独的美国老人得到儿女更好的赡养），但却不会惠及陌生人。比如中国人几乎没有排队买票的习惯，而是像暴徒似的推搡拥挤，绝对不会顾及他人的感受。此外，他屡次在涪陵公共汽车上被好心人提醒注意小偷（一般是在小偷已经扬长而去之后），但从来没有任何一个人敢于在小偷作案之时站出来捍卫正义。更为恶劣的是，一旦大街上发生车祸，立刻会引起路人发疯似的围观，这些围观者的第一反应不是对车祸受害人给予必要的救助，而是以毫无同情心的口吻打听“死了没有?”。赫斯勒不无尖刻地指出，中国人的这些品行与“个人主义”的美国人形成了强烈的对比！③

看来，“他者眼光中的异国形象”的确是一个复杂的课题——其复杂性超出了以巴柔和莫哈为代表的法国比较文学形象学提出的、国内许多比较文学比较文化学者大都认可的“意识形态”/“乌托邦”之简单的二元模式：

---

① 明恩溥：《中国人的气质》，第 158 页。

② 鲁迅：《经验》，见《鲁迅全集》，第 4 卷，人民文学出版社，1993 年，第 540 页。

③ Peter Hessler, *River Town*: *Two Years on the Yangtze* (London: John Murray, 2001), pp. 111—112.

一方面，它的确可能是他者根据自己的需求制造出来的“非我的神话”，①而另一方面则又可能是对某些因自我视野的局限而难以清楚认识的“庐山真面目”的再现——上述马嘎尔尼、明恩溥与赫斯勒的例子就证明了这一点。我们选编这套译丛的目的之一就是为了呈现“他者眼光的异国形象”这个复杂的问题。

然而，这套译丛的选编还有比学术探讨更为重要的现实考虑，那就是为当代中国如何塑造新的国民形象和国家形象提供一点借鉴。②

当代中国一方面感受着经济高速增长所带来的自豪，但毋庸讳言的是，与

---

① 在《非我的神话》一文中，张隆溪教授由福柯在《词与物》中对中国动物的怪异分类出发，对西方人以“异托邦”思维制造“非我的神话”进行了尖锐的批评。他指出：“中国作为非我的象征那陌生而异己的空间，以及摧毁秩序和逻辑范畴的威胁，这一切原来正是不折不扣的西方人的虚构。不过那虚构却产生于一种真实的需要，即福柯的所谓‘认识的考古学’建立一个框架，使他得以把自我区别于异己的非我，勾勒出西方文化作为一个自足系统的轮廓。”张隆溪：《非我的神话》，参见史景迁：《文化类同与文化利用》，北京大学出版社，1997 年，第 219 页。

② “他者的眼光”对于一个民族或国家的自我形象塑造有着重要的意义。在《东方主义》一书中，爱德华·萨义德深刻地指出，西方的东方学以一种福柯式的知识—话语方式将地理意义上的东西方转化为文化意义上的“优等西方”与“劣等东方”之区分。这种划分不仅将西方的“地缘政治意识”(geopolitical awareness)转化为貌似中性的东方学知识，而且也进一步促进了西方人在东方人面前刻意塑造其优越的西方人形象，这就是为什么 19 世纪大英帝国殖民政策中有这么一个规定：所有“在印度或其他地方的(英国)殖民官员一旦年满 55 岁就必须退休”，因为英国人“不允许任何东方人看到一个年老体衰的西方人”，他们必须给其印度等东方被殖民地人民留下“一个精力充沛、思维缜密、反应敏捷的年轻拉吉(Raj——即统治者)的形象”。然而，更可悲的是，“东方主义观念”不仅影响了西方人的自我形象塑造，也“影响到了那些被称为东方人的人”。Edward W. Said, *Orientalism* (New York: Vintage Books, 1979), p. 42. 对后一个问题，萨义德只是匆匆地一笔带过，然而却值得我们这些“东方人”深刻反思。孟华教授在《比较文学形象学论文翻译、研究札记》一文中已经指出“华人自塑形象研究”——如海外华人文学中的中国人形象——应该成为中国比较文学形象学研究中一个重要课题。其实，如果大家稍微注意一下就会发现，许多海外华人作家在塑造华人形象时往往是东方主义式的(如哈金作品中的自我东方化意识早已为许多国内学者所揭示)，甚至一些出国学习或旅游的大陆中国人也往往不自觉地将自己东方化。笔者几年前在英国曾经看到一位从国内到英国探亲的中年主妇，虽然体态已经比较臃肿，但一旦出门上街，这位女士一定会换下正常的衣着，穿上鲜艳而紧身的旗袍，其“自我东方化”的潜在心态以及视觉效果可想而知。

此同时我们也不可避免地感受到了国家形象的焦虑（也就是所谓软实力的困扰）。[①] 出于职业原因，笔者每天都有浏览西方主流媒体——如 CNN、*The Economist*、*Washington Post*、*Wall Street Journal*——的习惯。就笔者的观察而言，安德森所说的西方“新一轮中国热”至少在西方媒体中其实并没有多少 Sinomania（亲华），更多的是 Sinophobia（恐华）——前文所提到的 2008 奥运会前夕西方妖魔化中国的浪潮就是明证之一：一个政治体制、文化传统与西方截然

---

① 当然，国家有关当局已经意识到这个问题的严重性，并正在采取一系列措施主动塑造中国的形象——如 2008 年奥运会美伦美奂的开幕式和 2011 年 1 月在美国播出的《中国国家形象宣传片》等。但笔者怀疑这些举措对于扭转西方人对中国的偏见能够起到多大的作用：如上文所言，张艺谋先生导演的奥运会开幕式就具有浓厚的自我东方化味道，这恰好满足了西方人对中国由来已久的东方主义想象；而具有强烈精英化意味的《中国国家形象宣传片》则因过分注重名人效应而显得“宣传”味道太浓，反而不一定能够为西方受众所接受。这两种国家形象塑造都忽略了一个根本的问题：构成当代中国国民形象和国家形象的主体并一群身着艳丽的超短旗袍、以陈美式风格用二胡演奏《茉莉花》的后现代“东方化”美女，也不是、至少不完全是少数几位西方人知道或不知道的文体明星，而是十三亿中国普罗大众！诚然，在日常生活中，我们的国民性里的确仍然存在着诸如好面子、缺乏诚信和同情心等这样那样的缺陷，但我们必须指出的是，每当出现全民性危难之时，中国人会突然间闪烁出与他们平素的行为举止截然不同的人性的光辉——汶川地震期间众多普通志愿者自费奔赴灾区无私地救助灾民的那些感人泪下的场景表明，我们的国民性中并不缺乏相互关爱、相互救助的同情心——这与明恩溥、鲁迅和赫斯勒的批评形成了鲜明而奇怪的对比。此外，中国普通百姓、尤其是无数微贱如像蚂蚁一样在贫瘠的土地上顽强生存的中国农民身上所蕴含的忍辱负重、质朴豁达、坚忍不拔的精神（明恩溥在他总结的 25 种中国人的特质中就有“坚忍不拔”，只是他的论述相当肤浅）同样是高贵人性的体现。笔者还清楚地记得 2008 年 5 月，中央电视台主持人李小萌在四川绵阳报道地震时的一个真实的事件。当时，大批北川县的灾民纷纷南下到绵阳避难，然而，却有一位瘦瘦小小的北川老农肩挑两个油漆桶（里面装着政府发放的饮用水和饼干等食品）逆流而上执著地要回北川去（虽然他的家已经“塌平了！”）。李小萌奇怪地问他在这个时候为什么还要回去呢？这个当时已经 68 岁、名叫朱元荣的老人平静而质朴地回答，他一定要回去，其目的只有一个：“回去看一下，把麦子收了，把菜籽拿了”，然后再回绵阳，“这样以后也少给政府增加一点负担”。虽然李小萌和许多南下的北川老乡告诉他沿途余震不断，山上一直在掉石头，劝他不要冒着生命危险回去，但他还是以简短而质朴的地方土话执拗地说：“我还是要回去”。然后挑着沉重的担子继续北上。走了几步之后老农突然回过头，以同样简单和质朴的北川土话向李小萌和其他救助人员说：“谢谢你们操心了啊。”我想当时在电视机前收看这段现场报道的中国人（包括作为绵阳人的笔者本人）都被朱元荣老人所体现出的那种“微贱的高贵”深深地感动了。这位北川老农没有什么豪言壮语，也没有什么抽象的精神信念，但他自然而然流露出的那种中国农民身上固有的质朴而坚忍的品质完全不逊色于“五月花号”上那些清教徒！也正是这种朴素的坚忍和微贱的高贵等中国农民式的精神品质，使得“中华民族虽然迭经苦难”却永远“安如磐石”！（参见姚一苇：《元杂剧中悲剧观初探》，载李达三、罗钢主编：《中外比较文学的里程碑》，人民文学出版社，1997 年，第 381 页）所以，笔者认为，塑造当代中国的国民形象和国家形象的关键点在于：一方面要以宽阔的胸怀来继续拷问我们国民性中的弱点和缺陷，但与此同时，我们也应该注意挖掘、提炼、总结并以恰当的方式向世界展示普通中国人身上所蕴含的、具有普世意义的人性的光辉。从而才能真正打破西方人“作为想象对立面那个非我的神话”。（张隆溪：《非我的神话》，第 217 页）。

不同的中国，一个幅员辽阔、人口众多、曾经积弱积贫、但现在已发展成为世界第二大经济体的强大中国并不完全符合当代西方的期望——新一轮的Sinophobia就不难理解了(虽然有些也不乏客观的观察和善意的批评)。然而，正如我们在上文中所论述的那样，简单的妖魔化/浪漫化二分并不足以客观地概括西方人眼中的中国形象："他者眼光"中的中国虽然有许多"幻象"成分，但并非所有的中国形象都是"幻象"。以客观、冷静、豁达和自我反思的胸怀来阅读"他者眼光中的中国形象"——不管是出自制造"异己"需求的浪漫化/妖魔化，还是建立在客观冷峻基础之上的尖锐的批评或由衷的赞美——对于改造我们国民性中的缺陷并发扬中华民族固有的美德，从而塑造良好的现代中国形象是有意义的。诚如鲁迅先生所言："不看'辱华影片'，于自己是并无益处的，不过自己不看见，闭了眼睛浮肿着而已。但看了而不反省，却也并无益处。我至今还在希望有人翻出斯密斯的《支那人的气质》来。看了这些，而自省，分析，明白那几点说的对，变革，挣扎，自做工夫，却不求别人的原谅和称赞，来证明究竟怎样的是中国人。"①

如果这套译丛对于当代中国在进行自我形象塑造时能够产生一定的参考意义，使国人既避免"闭了眼睛"的"浮肿"，另一方面又不落入"自我东方化"的陷阱，那我们在策划、翻译和出版过程中所付出的种种艰辛也就不足为道了。

是为序。

2011年6月23日于歌乐山下

四川外语学院中外文化比较研究中心

---

① 见《鲁迅全集》，第6卷，人民文学出版社，1993年，第626页。

目　录

第二编　忧伤、晦暗的国度(1852—1907)

长得没有尽头的带顶篷的小巷，……伸向四面八方的走廊形成一个完善的迷宫。……全是房子，连成一片，上面住人，下面作小商铺。两边的屋檐几乎都互相挨着，因此总是显得很暗……在这里我看见很多熟悉的东西，也看到很多从未见过的东西，特别是闻到了从未闻过的气味……我的上帝，人什么东西不能吃啊！

……没有比中国人更加温和，更加顺服，更加有教养的民族了……在这里，我没见过中国人投向欧洲人那种嘲讽的目光，在他们脸上看到的是恭敬和怯懦的关注。而英国人是怎样回报的呢，他们依靠中国人发财了，又折磨中国人，而且还瞧不起自己的牺牲品！

我们一直走到了客栈，带着迫不及待的期待——很快就要开始真正的北京，真正的都城，具有干净的大街、豪华的商店、罕见建筑艺术的房屋、漫步的上流社会的人群！天啊！这一切都是带有欧洲情绪的完全不了解东方生活的幻想——这里的人们并不漫步，这里的房子正面并不朝街……除了光秃秃的栅栏或者是附属于房屋的杂用房的围墙之外，偶尔有一棵小树从栅栏后面伸出来。你不止一次经过正在塌落和完全塌掉的围墙。这里的警察一点不管城市的干净整洁……垃圾，堆满了中间那条公路的两边。垃圾是从路两边的屋子里扔出来的，……夏天等待着你的还有另外一种愉快——路上到处是坑坑洼洼的，里面装满污泥浊水……

街上满是军人和他们的太太，在街道中间，一个面部表情最纯真的步兵，戴着警察的号牌，他一只手抓住一个辫子，正在拖着两个中国人。

中国人的脸上是羞愧和惊慌失措，迎面来的中国人都用沮丧的眼光看着，阴沉着脸躲开……

一个被经济的随意性（深居简出的残疾妇女、必须的工具：耙子、两轮马车、轮船等等）压抑的民族，被国家的随意性（行贿受贿、敲诈勒索、严刑拷打、绞刑、作为其结果的胡匪、经常性的暴动）压抑的民族，被对自己无用的知识

译者前言

《临近又遥远的世界——俄罗斯作家笔下的中国》是俄罗斯 2008 年出版的《中国马拉松》系列丛书之一。这本书收集了从 1678 年至 2005 年共三百多年里几十位俄罗斯作家关于中国的记述，他们中既有冈察洛夫、西蒙诺夫、爱伦堡等著名的文学家，也有斯帕法里、亚金夫神父、阿列克谢耶夫、斯米尔诺夫这样卓越的中国学者，更有卡尔曼这样用 10 公里长的电影胶片记录中国抗战史诗的优秀的艺术家。他们中的绝大多数人到过中国，有的还在中国长期生活过，目睹了有时候还参与了震撼和震荡中国的许多事件——19—20 世纪中国历史上经常发生的起义、血流成河的战争、内部冲突、外敌入侵和武装冲突等。他们对中国的记述往往是亲眼所见，亲耳所闻，具有极高的史料价值和认识价值，成为珍贵的历史文献。

需要强调的是他们关于中国的描写尽管立场观点不同，有些甚至迥异，但他们的文字都曾在他们的时代及其以后的俄罗斯公众中产生了巨大的影响，引起了持久而悠远的回声，也反映出俄罗斯人认识中国的轨迹：17—18 世纪把中国看做人间天堂，对高度发达的中国文明倾慕不已；19 世纪鸦片战争之后，他们看到的是僵化衰落的文明，中国的形象在他们眼中一落千丈；然而 20 世纪，中国爆发的民族民主革命让他们看到一头睡醒的雄狮，已经起来为自己的独立和发展而拼搏。新中国成立后，他们用自己的文字，记录了中、俄两国人民之间美好的情谊。更值得一提的是，他们不仅用眼睛看中国，用心灵体验中国，用头脑思索中国，更以严谨的态度探索中国历史文化的深层内涵，这部分内容反映在本书的第五部分：“透过历史的深处”。

当然，由于文化背景不同，立场观点的差异，他们对中国的记述和评价并不都是积极的正面的友好的，偏见甚至谬见时有所现。但是，对我们中国人来说，他们对中国的记述和评价不管是褒是贬都是珍贵的历史见证。更重要的是，由于不同民族的历史传统和文化背景，俄罗斯人特别是俄罗斯作家对中国的认识，可能有着旁观者清的睿智，因此，他们的描写和认识至少可以成为我们中国人认识自己的历史、自己的文化的一个极佳的对比参照系。这也许就是我们翻译这本书的主要目的。

需要说明的是本书翻译时对个别作品的标题作了变动，个别地方作了删节。

最后特别需要提到的是，本书封面的图片元素取自19世纪俄罗斯一位随东正教传教士团来到中国的画家科尔萨林的作品《北京城外宫殿景色》，由南开大学历史系肖玉秋教授提供，在此向她表示衷心的感谢。

朱达秋
2010年3月于重庆

编者前言

这本书收集了俄罗斯作家关于中国的记录。三百多年来(从尼古拉·斯帕法里的书出版的1678年算起)有不少俄罗斯的文学家、旅行者、政论作家、翻译家和新闻记者去过中国。他们中有些人自愿或被迫在大清帝国和中华民国生活了多年,甚至几十年,还有一些人到中国作了较为短暂的旅行,只到过海上或陆地上有限的地方。在新时代他们常常是随官方代表团访问中国或为创作到中国。无论是何种情况,到中国都是一件大事,都是真正的发现。对于他们每个人来说,中国都是一个新的、不平常的、留下深刻印象的和美丽如画的世界,大大不同于固有的概念和模式。

很多俄罗斯作家目睹了(有时候还参与了)震撼和震荡中国的许多事件——19—20世纪中国历史上经常发生的起义、血流成河的战争、内部冲突、外敌入侵和武装冲突等。他们的见证后来成为宝贵的历史文献。

俄罗斯报刊上登载了这些游记,后来又专门出版了旅行杂志、日记、含有大量历史知识资料的新闻日志、特写、政论文章、评论和述评的书;中国之行还产生了不少文学作品、畅销书籍:描写作者看见的或者想象的关于中国和中国人民生活的长篇小说、中篇小说、短篇小说。

除了政治事件和日常生活的异国情调外,深深吸引俄罗斯思想家和艺术家的还有中国的精神生活,信仰、哲学和诗学的起源和发展,艺术和日常生活的美学,以及除了火药、印刷术、指南针(好几百年来人们已经习惯于将这些与中国人民的科学、智力发展相提并论)等之外,在生活的方方面面的历史性的创造。

很多俄罗斯的作家——拉吉舍夫、恰达耶夫、普希金、别林斯基、Вл. 索洛维约夫、乌什斯基、列·托尔斯泰、巴尔蒙特、勃洛克、古米廖夫、沃洛申、阿赫玛托娃——从来没有去过中国,但在他们的哲学、道德和诗学的探索和思考中,在他们通过创作对世界的系统认识中,中国一直都占有重要地位,获得某种深刻的,在一定程度上是经常的、几乎一直存在的形式。其实,他们就像其他众多的关注中国题材的俄罗斯艺术家一样……

而且,从沙皇和彼得大帝开始,俄罗斯的国务活动家、一等文官和大臣们(当然远不是全部,但是在他们中间有不少"行家"),例如,萨瓦·卢基奇-弗拉季斯拉维奇(拉古津斯基)、А. Р. 沃龙佐夫、М. М. 斯佩兰斯基、Н. П. 伊格纳季耶夫、Е. В. 普提雅廷、Н. Н. 穆拉维约夫-阿穆尔斯基、С. Ю. 维特等富有远见卓识,始终坚持不懈地关注中国的政治、贸易,关注两国之间的相互关系。

在20世纪20—60年代,即布尔什维克的新时代,在俄罗斯,几乎所有在某个时期参与过制定"大政策"、成为世界历史创造者的人都思考过、谈论过和写过中国,如:В. Л. 列宁、Л. Д. 托洛茨基、И. В. 斯大林、Н. И. 布哈林、Г. Е. 季诺维耶夫、К. Б. 拉狄克、К. Е. 伏罗希洛夫、А. С. 布勃诺夫、М. И. 加里宁,还有他们那数以百万计的追随者和志同道合者。他们的理论论述和实践活动是各种各样的,有时候是极其不同的,悲剧性地不同。这些都在俄罗斯作家描写中国的作品中留下了痕迹,这些作家是怀着十分好奇和非常美好的感情来描写中国的……

用俄语来描写中国的作品非常之多。内容丰富而深刻的俄罗斯"中国学书目"(由苏联学者 П. Е. 斯卡奇科夫(1892—1964)花了几十年时间精心编纂),在今天每年都有新的补充,一代又一代的俄罗斯中国学学者每年都用几十本科研著作和普及性读物、科研论文和学位论文来充实这个书目,它们都是研究过去和现代中国生活的方方面面的。在经历激烈的、充满矛盾的、有时候甚至是血流成河的冲突(这些在20世纪是非常明显的)后的21世纪,我们有可能翻开这个具有几千年历史的伟大国家的新篇章,揭开不久前那个时代很多的政治和外交秘密的帷幕,揭示它错综复杂的情况、内外矛盾和冲突。中国、美国、俄罗斯公开了新时代的档案,这些档案是了解历史最珍贵的史料,是历史的镜子。这面镜子几乎毫不歪曲地、毫无修饰地反映出世界舞台上各种演员的本来面目和真实行为。这个时代出现了很多历史剧的积极参加者的回忆录,在这些文献中,很多世纪以来一直被认为是离经叛道的活动家、罪犯或者英雄的形象复活了。漫长的、激动人心的历史一次又一次地再现,就像每天晚上在中国京剧的舞台上演出的众多的戏剧。对于我们这些近邻、很多事件的见证人和参与者来说,中国一次又一次地在过去时代的人们的回忆中、在现代人的观察和印象中被揭示出来。一次又一次,就像在几个世纪中不止一次地那样,你去思考这个问题。我们对这个伟大的国家了解得不够,了解得很肤浅,了解得不全面,有时候甚至是错误地想象中国各族人民的历史生活和当前的日常生活,现在,我们正在明白她的内在的规律,这些规律千百年来支配着这个巨大的,从来没有过能够与它相提并论的独一无二的世界。这个充满矛盾的让人难以理解的世界有一股持续的吸引力,让人沉醉于中国历史的浪潮中,淹没在对中国现在与过去那些日子的担心与焦虑中……

这本书呈现给读者的只是俄罗斯作家和新闻记者从 1675 年到 2005 年,也就是三百多年来关于中国的作品的一部分。有关中国最早的“描述”是托姆斯克的哥萨克伊万·佩特林 1618 年写的关于在中国旅行的报告,在 17 世纪还有几份俄罗斯代表关于他们去大清帝国的使命的“专题案卷”。[①]

这些使命的履行,就像尼古拉·斯帕法里在 1675—1678 年的出使一样,从当时流行一时的实用政策观点来看,大部分是不成功的。中国清朝的皇帝傲慢地对待俄罗斯沙皇派去的使臣,提出了一些领土要求,要求归还逃犯,要求纳贡,要求无条件地严格执行接见附庸国的礼仪的各种习俗和规矩。而俄罗斯代表将执行附属国的礼仪看做是对自己君主尊严的侮辱。但是俄罗斯的使臣们的报告仍然是有益的,尽管他们在这个国家逗留的时间不长,去的地方也很有限。不过,在斯帕法里之前这些报告都是那些有文化的、显然也是精明能干的人所撰写的(难怪这些文字被翻译成其他欧洲语言),但并不完全是文学的。学识渊博的摩尔多瓦裔外交官斯帕法里具有非凡的文学才能和敏锐的

① 参见 Н. Ф. 杰米多娃、В. С. 米亚斯尼科夫:《第一批出使中国的俄罗斯外交官》,莫斯科,1966 年;Ф. И. 波克罗夫斯基:《西伯利亚哥萨克伊万·佩特拉 1618 年蒙古和中国之行》,圣彼得堡,1914 年。——原注

目光，是俄罗斯第一个详细描述中国的作者。他的书至今还具有新颖之处，更不用说它对历史科学的重要性了。

本书的作者生活在不同年代，抱着不同的目的，有着不同的任务，身处中国时对周围环境有不同的看法和理解。他们中有些人有着坚实的专业修养，是俄罗斯中国学的创造者和奠基人，是学者，同时又是才华横溢的文学家、诗人、翻译家，就其对世界的感知能力来说又是艺术家，对于他们而言中国就是一种包罗万象的世界精神的体现；有些是天生的旅行家，他们出于自己的志向周游列国，对于他们来说，旅行就是发现新世界，这个新世界充满了令人新奇的异国情调。还有一些是军人和革命家，首先是为了完成自己军人或革命者的职责，也许还有人不管不顾个人意志而臣服于中国的魅力。最后，在新时代还有一些人，由于各种原因来到中国，在中国生活了很多年，把中国看做了第二故乡。

当然，每个人都是自己那个时代的代表，都是自己那个具有特定生活观念和政治偏见的社会和国家的代表。每个人都有自己的眼睛。但是不论来客预先的内在的"既定性"或情绪是什么样的(这种既定性或情绪在任何旅行中总是不可避免的，不论对旅行有什么样的担心)，不论在他的眼前展现的情况是多么的异常，多么的陌生，不论各种各样的局势是多么的复杂困难，有时候甚至是多么的危险，使这个客人陷入了或者可能陷入困境，但是这个国家和她的人民、她的风光和她的建筑、她的风俗和习惯、她生活的风格和色彩不由自主要征服和丰富客人的眼睛、心灵和理智。其实作家、艺术家、学者生活的使命最终在于发现和理解新世界及其生活于里面的人。对他们来说，去中国旅行成为一种了不起的独一无二无与伦比的事情，对中国之行的回忆将永伴终生，促使他们对别人——时间和空间邻近的或相隔遥远的同胞和谈话对象——讲述这个不平凡的国家。

俄罗斯与中国的关系在近三百年间不总是晴空万里。这中间有过冲突，有过紧张，有过贸易纠葛，甚至还有过军事冲突。例如，在 19 世纪 70—80 年代，人们认真地议论过与中国的战争。总参谋部的著名上校 H. M. 普热瓦利斯基编写了关于军事行动的最好方向的报告，对当时中国的武装力量大大贬低。[①] 而在20世纪发生了各种各样的事情。例如，在1929年8月20日，苏联中央执行委员会和苏联人民委员会在苏联领土遭到一系列进攻之后，甚至通过了《中止苏联与中国的关系》的决议。1929年秋，不仅在苏联而且在中国都具有传奇色彩的元帅 В. К. 布柳赫尔（化名加伦）不得不粉碎军阀入侵滨海地区和后贝加尔地区的企图。在我们的记忆中的还有20世纪下半叶政治上不友好的复杂年代。

但这些在中俄关系上不是主要的，不占主导地位。占据主导地位的是俄罗斯社会的精英对这个国家深深的内在兴趣，因为中国具有几千年的最丰富的文化，它展示在民族精神的最高级的创造性的表现之中。1770年 Н. И. 诺维科夫在自己的杂志《雄蜂》和《闲聊的人》上发表了 А. Н. 列昂季耶夫（1716—1786）从汉语和满语翻译过来的译文，这并非偶然。而列夫·托尔斯泰好像在总结了自己多年来对中国进行的思考后，在1906年写了一封《致中国人的信》。普希金和别林斯基一直关注 О. 亚金夫的作品自不待言，在太平天国起义高潮的时候来到香港和上海的第一个俄罗斯作家冈察洛夫就更不用说了，还有古米廖夫的《陶瓷馆》、阿赫玛托娃和佩列列申翻译的中国古典作家的优美译文。在俄罗斯也逐渐形成了以 В. П. 瓦西里耶夫（19世纪）和 В. М. 阿列克谢耶夫（20世纪）为首的由汉学家、作家和翻译家组成的非常卓越的学院派，出现了很多天才的语言学家和文学家，如20世纪30年代遇难的 Н. А. 涅夫斯基、Ю. К. 茨基、Б. А. 瓦西里耶夫，还有很多其他的人，他们的同志和同行。

在这里谈论苏联和俄罗斯的中国学学者和汉学家们不合适。他们尽管遇到各种各样的历史和非历史的障碍，但在20世纪下半叶和21世纪初在研究和思考中国的历史经验、中国的文化传统、中国的现状和它潜在的能力方面做了大量的工作。一代又一代人的著作，首先是历史学家、政治学家和经济学家，还有文学家、翻译家、语言学家（有时候他们结合在一起，很难区别）、艺术家、戏剧活动家等的著作，在资料的收集和内容的组织方面有自己的特点，非常出色，对于世界科学和国际社会非常重要，尽管其中有一些著作屈从于和受

---

① 参见《亚洲地理、分类和统计资料集》，圣彼得堡，1883年，第一集。——原注

制于某些人物特定的、一时的错误行为和动机，就像历史本身所证明的那样。但是关于俄罗斯汉学家的话题应是专门的……①

在19世纪出现了几部描写俄罗斯人去中国和在中国旅行的有重大价值的著作，这些著作不仅在俄罗斯，而且在欧洲国家都获得承认，拥有许多读者，尽管这几部著作的作者远不都是职业文学家，但是他们都掌握了撰写游记的技能。稍后一些时候，在中国面临危险的19世纪末—20世纪初，出现了现代意义上的新闻记者，一定程度的常驻记者。开创这一传统的是富有才能的俄罗斯传教士、俄罗斯驻北京的东正教传教团(1715年开设)的成员和领导人，修士大司祭亚金夫(比丘林)和随后的巴拉第(卡法罗夫)。他们的原创和翻译的著作及文章(他们有些同行的作品也一样)，实际上第一次向俄罗斯读者打开了一个既临近又遥远的世界，这个世界的某些方面也许只有西伯利亚那些断断续续但非常坚定地与中国做生意的商人才了解。18世纪"中国贸易"的问题其实也要晚很多才被**A. P.** 沃龙佐夫伯爵所关注，当时他是商会的主席，后来成为一等文官，他与他的朋友和被保护人**A. H.** 拉吉舍夫一道关注这个问题(《关于中国贸易的一封信》，1792年)，关注中国贸易问题的还有被流放西伯利亚15年之久的天主教徒、克罗地亚人尤里·克里扎尼奇(约1618—1683)。尼古拉·斯帕法里在去中国的路上，在托波尔斯克同他见面并谈到这些话题。

顺便还说说在俄罗斯服役的两个与中国有关系的南斯拉夫人。在1727年10月，塞尔维亚人萨瓦·卢基奇-弗拉季斯拉维奇②代表俄罗斯政府在恰克图签署了著名的中俄边界协定和两国贸易协定。关于彼得大帝定下的这次使命，萨瓦·卢基奇-弗拉季斯拉维奇写了一份详尽的报告。这份报告在彼得堡受到高度重视，重视的人中显然包括安娜·伊凡诺夫娜女王。1753—1756年彼得堡科学院的医生弗朗茨·叶拉契奇在中国生活过，他是为补充1747年在珍品陈列馆发生火灾时被毁掉的宝贵收藏和收集中文书籍去中国的。叶拉契奇医生在1744年就已经到过北京，1762年他又第三次来到这里。

在19世纪，俄中接触和交往大大地丰富和加深了。19世纪中期(1855

---

① 参见Д. И. 沃斯克列先斯基:《中国文学的翻译及其研究在苏联》,《远东问题研究》,1981年第4期。——原注

② 又译"萨瓦·务拉的思拉维赤"。——译注

年)圣彼得堡大学建立了东方系。该系尤其在培养中国学、藏学、蒙古学、满族学研究人才方面起了很大的作用。与这个系相关联的必然结果(犹如该系与亚洲博物馆、埃尔米塔日、科学院图书馆相联系产生的必然结果一样)就是出现了杰出的俄罗斯彼得堡东方学学派(成员包括院士 В. Р. 罗森、В. В. 巴托尔德、Б. А. 图拉耶夫、С. Ф. 奥尔登堡、П. К. 科科夫佐夫、И. Ю. 克拉奇科夫斯基、Б. Я. 弗拉基米尔佐夫,还有后来的 В. В. 斯特鲁韦、Н. И. 孔拉德)。在这个系工作多年的有伟大的俄罗斯中国学专家 В. П. 瓦西里耶夫和 В. М. 阿列克谢耶夫院士。

几乎整个 19 世纪,在俄罗斯除了亚金夫和帕拉季的著作外,还出版了 Е. Ф. 季姆科夫斯基(1824)、Е. П. 科瓦列夫斯基(1853)、М. И. 韦纽科夫(1874)、К. А. 斯卡奇科夫(1875)、П. Я. 皮亚谢茨基(1880)等以个人经历为基础的关于中国的多卷书和大量的文章。在 1858 年还单独出版了 И. А. 冈察洛夫的《帕拉斯号巡洋舰》一书,这本书的很多章节讲述的是中国港口的情况。

1860 年,《北京条约》签署之后,在北京开设了俄国大使馆,俄罗斯代表在中国其他城市的领事活动也活跃起来。在 1896 年 6 月两国签署了《俄中防御同盟条约》,与该条约紧密相关的是关于修建从后贝加尔取道满洲里到滨海地区再继续往南的铁路的协议,关于俄罗斯租赁旅顺港口和大连港口的协议。在 19 世纪末和 20 世纪初,在可悲的日俄战争前夕,很多俄罗斯的国务活动家和企业家、作家、学者、艺术家,如 С. Ю. 维特、А. П. 契诃夫、В. Л. 杰德洛夫、Н. Г. 加林-米哈伊洛夫斯基、Вас. И. 涅米洛维奇-丹琴科、В. М. 多罗舍维奇、В. К. 阿尔谢尼耶夫、В. Л. 科马罗夫、Н. А. 拜科夫、Н. И. 克拉夫琴科、基里尔·弗拉基米罗维奇大公涌向远东,涌向满洲里和中国。他们中的很多人都写了书,他们看见的东西各种各样,观察的角度也各有不同,这些书就是在今天也还有价值。

到 20 世纪,俄罗斯军队与其他欧洲国家的军队一起进入中国的领土,参加了镇压义和团起义的行动。的确,俄罗斯军队很快就离开了中国(关于这些事件 А. С. 苏沃林写了很多)。后来很快就爆发了俄日战争,关于俄日战争苏沃林在自己的《短信》中也写到了。满洲里成了俄罗斯军队失败的军事行动的舞台。证明这一点的是作家、新闻记者、随着军队流动的各种期刊的通讯员

(光是《新时代》一家就不下 10 个人)。参加战斗的有那时的年轻军官 А. И. 邓尼金、П. Н. 克拉斯诺夫、П. Н. 弗兰格尔,他们不断在俄罗斯报刊上发表特写和报道,后来又留下关于自己生活的有分量的回忆录……

1904—1905 年的俄国革命、1911—1912 年的中国革命、1917 年的两次俄国革命、1925—1927 年的中国革命、日本入侵中国以及后来的全民解放运动、中国的内战、反法西斯联盟国家的胜利、中国的解放和 1949 年中华人民共和国的成立、苏联在 30 年代的大清洗、包括清洗中国人、50—60 年代新中国的建设,所有这些事件一个一个在历史长河中的影响都是巨大的,在那些年代俄罗斯、苏联所产生的相关的文献数量极大,内容极其重要。

20 年代在符拉迪沃斯托克和赤塔(那时还是远东共和国),在《创造》杂志周围有一群当时还是年轻人的文学家在努力工作,他们主要是共产党员,其中很多人(特列季亚科夫、法捷耶夫、帕尔菲奥诺夫、阿谢耶夫)后来在苏联文学中找到自己的道路并获得承认。他们积极参加滨海地区和阿穆尔河①沿岸地区的政治和社会活动,与满洲里和中国东北有着千丝万缕的联系。他们中有些人带着政治任务来到中国。这些经历长期保存在他们的记忆中,在他们后来的创作中得到一定的反映。

不少在高尔察克和谢苗诺夫军队服役的俄罗斯人离开了俄罗斯,在边界的那一边,在满洲里定居下来。白俄侨民的居住中心是哈尔滨。在哈尔滨侨民杂志《边界》几乎出版了 20 年。像俄罗斯报纸《亚洲之光》、《生活新闻》一样,这份杂志登载很多老一辈文学家的作品,也登载年轻的文学家的作品(如:В. 佩列列申、Ю. 加利奇(冈察连科)、Вс. Ник. 伊万诺夫、А. 涅斯梅洛夫等人)。他们中间还有一部分人后来辗转去了上海,那里有两个主要面向中国的出版社——"黄面孔"、"俄罗斯书籍事业"以及一个俄语书店。在这里除了其他书之外,还出售关于中国的书籍,如 Э. 马加拉姆的书(在柏林出版的《流浪的灵魂》、《黄面孔》、《现代中国》)、П. 拉皮肯的书(《四个城市》,哈尔滨)。但是整个来说,侨民较少写中国本身,因为他们忙着解决自己艰难的生活问题。在很多年以后 В. 佩列列申曾回忆起这段历史,他是为数不多的掌握了汉语并翻译了

---

① 阿穆尔河是俄罗斯对亚洲四大河之一的黑龙江的称呼。——译注

中国古典诗歌的俄侨中的一个。

在苏联时期，更多的是描写革命的战斗的中国。这是完全可以理解的。20 年代一些著名的中国学专家和天才的文学家在中国居住和工作了很多年，他们是 A. 伊万(伊万诺夫)、M. 安德烈耶夫、C. 特列季亚科夫。苏联作家和新闻记者 H. 科斯塔列夫、П. 帕尔菲奥诺夫、И. 埃尔德贝格(拉祖莫夫)、C. 达林是中国革命的见证人，在某种程度上还是中国革命的参加者。在轰动一时的“莫斯科—蒙古—北京”的航线飞行(1925 年)中，有 5 名新闻记者，代表了不同的苏联刊物，其中就有那时已经非常著名的小说家 A. 列别坚科和 З. 里希特。他们在胜利返回祖国后，写了几本关于这次航行的书(就像他们的同行者：飞行员、考察团成员)。尤其是在中国工作过的政论作家、联共(布)和共产国际的代表 M. M. 鲍罗廷、B. Д. 维连斯基(西比利亚科夫)、Л. П. 谢列布里亚科夫、Г. H. 沃伊京斯基等人，他们的名字经常出现在那时苏联的报刊上。

但是，除了特写和政论作品之外，中国题材也非常明显地出现在苏联 20 年代初和 20 年代中期的文学作品中。自然，这继续发展和丰富了俄罗斯在世纪初取得的成就。B. 多罗舍维奇发表了长篇小说《木香》(1901)，列夫·托尔斯泰的志同道合的合作者 И. 戈尔布诺夫-波萨多夫出版了感人的短篇小说《中国达官贵人的女儿》(1903 年)，И. 米特罗波利斯基写了满怀着对满洲里和满洲里人民温情的爱的中篇小说《小满洲人》(1913 年)，Д. 马明-西比利亚克在 1914 年发表了短篇小说《中国人与美国人》。

当然，那些年苏联的小说就整体上而言，完全是另外一种品质，更具艺术性和独创性，在生活积累方面更加深刻，在感情上更加丰富，当然，书的题材和内容是各种各样的，就像对中国的理解程度和认识水平各不相同一样，就像个人的才能各不相同一样。C. 特列季亚科夫(《中国》、《邓世华》)、Ис. 戈尔德贝格(《李天出走》)、C. 奥斯伦德(《李晓生活中的一些精彩片段》)、Б. 皮利尼亚克(《中国中篇小说》)、O. 埃尔德贝格(《中国短篇小说》)、A. 德罗兹多夫(《刽子手之子》)、C. 阿雷莫夫(《南京路》)、A. 法捷耶夫(《最后一个乌兑格人》)、B. 奥布鲁切夫(《沙漠中的淘金者》、《简陋的金矿》)、Г. 谢列布里亚科娃、A. 希什科、P. 弗拉尔曼、Б. 拉宾、З. 哈茨列文、Bc. B. 伊万诺夫等人的短篇小说——所有这些作品将对中国深深的尊敬，兴趣，甚至对中国真诚的爱，热切希望帮助中国、支持中国人民为争取有尊严的生活而进行艰难的长期斗争的感情结合在一起。

很多天才的苏联作家、政论家、学者、政治活动家把自己献给中国，他们在斯大林时期遭到残酷的迫害，现在回忆起这些是非常令人痛苦的。

在中华人民共和国宣布成立之后，特别是50年代，苏联和中国作家之间的接触更加频繁，更加广泛。各种类型的作家代表团访问中国成为常态。因此出现了一批诗集和游记，其作者都竭力给年青一代展示他们用新的眼光看到的新中国。回到哈巴罗夫斯克的Вс. Ник. 伊万诺夫出版了描写中国人民解放军胜利的中篇小说(《长江上的台风》、《山东》、《通往钻石山的道路》)；В. А. 伊斯特林发表了关于中国的短篇小说集《杨柳枝》；Н. 吉洪诺夫、Б. 波列伏依、С. 扎雷金、В. 科热夫尼科夫、С. 巴巴耶夫斯基、В. 克特林斯卡娅也发表了短篇小说和特写。莫斯科和西伯利亚报纸的常驻记者А. 斯梅尔多夫、С. 科热夫尼科夫也在中国工作了很长时间。В. 瓦西里耶夫斯卡娅和О. 贡恰尔的观感类书籍也从波兰语和乌克兰语翻译成俄语出版……

从60年代开始情况发生了很大的变化，两国关系进入持续多年的停顿的艰难时期。这一时期俄罗斯作家很少到中国，也很少写中国，真遗憾。真希望这本书(尽管远没有把所有俄罗斯作家写中国的作品都收集进来)能够帮助回忆起在几个世纪中让我们靠近并把我们连接在一起的那些善良的、光明的、美好的东西。

亚历山大·罗曼年科

第一编

神秘、富庶的天朝(1675—1848)

中国之谜

H. 斯帕法里

尼古拉·加夫里洛维奇·斯帕法里(Николай Гаврилович Спафарий)通晓几门语言,是学识渊博的外交家(不过喜欢冒险和搞阴谋),1675 年被任命为俄国使臣出使中国,1675 年 3 月以外交代表团团长的身份,为建立两个邻国之间的友好关系去北京。在北京,受到严格监视的外交代表团一直待到 1676 年 9 月 1 日,进行了各种会谈、谈判、会见(其中包括受到皇帝的接见)。但是斯帕法里的使命也像在他之前的俄罗斯代表一样,未获成功。代表团于 1678 年 1 月初回到莫斯科。斯帕法里的《旅行日记》和《专题案卷》后来被公正地认为是俄罗斯人详细和准确描写中国的第一批文献。下面发表的章节摘自斯帕法里《西伯利亚与中国》一书(基什尼奥夫,1960 年)。

中国分成了多少个国家
有多少个大大小小的城市
有多少人口

中国，3900年前，在舜帝时代分成12个国家，此后在舜帝继任者禹帝时代又分成9个，因为那时的中国是北方国家，它的边界是一条大河沽河，后来，它逐渐控制了昼夜相等的国家，教会这些国家的人民中国的习俗和民法，于是中国被分为15个国家，这15个国家的遗迹至今还存在。

除了这15个国家外，还有一个大国，辽，靠近北京，长城就是从北京开始的。还有一个国家叫高丽，它就像是伸向海中的一个大鼻子①。那里也有大汗，只是臣服于中国人。辽和高丽都离阿穆尔河不远。此外还有很多大湖泊，其中有两个最大最富饶。

在中国，富饶的大城市有150个，而小一点的，但也算是大城市的有1226个。所有的城市都有巨大的石头城墙和工事围着，此外还有很多处所和城堡、要塞、村庄，都比我们的城市要大，数量很多，不计其数。总之，说到中国就是一句话，如果用城墙把整个中国围起来的话，可以说，整个中国就是一个城市，里面一个城可以看见另一个城，一个村庄挨着另一个村庄，到处都有人居住，没有荒无人烟的地方。

在所有城市中，大城市都是沿着江河和大海而修建的，大船沿着大河和海岸航行。大城市城外的居民区也修建得非常大，非常漂亮。城郊还有庭院和花园，中国人夏天在那里漫步。由于鞑靼人的原因，现在北方国家已经毁灭，但是还是有很多人；而在昼夜相等的地区，人口要多得多。根据中国的法规和习惯，城市大小的区别并不在于面积的大小，只是在于行政长官受尊敬的多少。

还有一些小城市比那些王城要大，要富有，因为那些王城只是在荣誉上超过了它们，而人口和财富要少得多，上述城市的数量有150个，而中国人把那

①　指半岛。——原注

种王城叫做府，而把更小一些的城市叫做郡，此外还有很多城堡和村镇，拥有很多人和财富，可以与城市相提并论，尤其是他们叫做屯的那些地方。因为没有用石头城墙围起来，也没有自己特别的行政长官、控制城市的行政长官，因此那些城市连名字都没有。

而中国人口数量之多，没法说，因为人们不光是在城市和村庄活动，就连沿着河流的任何一条道路都总是有大量的人在行走，就好像是军队行军或者在赶集一样。因此葡萄牙人第一次来到中国时，还询问中国男人的妻子是不是一下子生十个孩子，因为他们看到到处都是数不尽的人。他们也说在中国城市是流动的。因为所有的河流都有许多船只，而中国人就生活在那些船只上。他们在船上养猪，养鸭养鸡，养五花八门的东西。在一个地方有一千到两千条船，就像城市一样。他们一起迁移，带着一切，沿着不同的河流，迁移到另外一个他们喜爱的地方。在水上居住的人口不比在陆地上居住的人口少，尤其是在那些昼夜相等的国家里，人们在船上都在从事各种丝绸行业。

我们要相信中国的那些真本书籍，书中真实地描写了所有的国家和城市的人口，在全中国到底有多少人，好像是多得不计其数，因为作者勤奋地写了一切，除了皇室、大贵族和官吏，除了太监和军人、妇女和儿童、巫师之外，男丁有58914284，而一百万就是1000个1000。如果算上妇女和儿童，那么就有两亿多人。中国人总是毫不困难地就能够知道这个数量，因为任何一个居民在死亡的时候家人都要在自家门前挂上一个大木牌，上面写着在这幢房子里面住着多少人，其中有多少官员。在每十户人家中任命一个十户长，叫做甲长，甲长总是努力关注这些事情，一直收集人口数量，并向行政长官汇报。尤其是发生战争更要保存这些资料，因为如果有间谍或外国人，立刻就能够查找到。要是他们之间没有发生战争，要是中国没有这么多人口，那么中国古老的一切还会存在，因为中国是一个健康的国家，没有发生过瘟疫和其他疾病。

中国位于天下什么地带和什么角度
地上的果实和其他果实有多么丰富

中国的位置尽管小部分处于热带，但它的大部分地区位于匀整的开阔地带，这样就处于第二侧伏角偏角到第六度之间。因此夏季白天很长，长达 15 个小时，从 13 个小时增加到 15 个小时，在海南岛上经常是这样，在燕京和辽东半岛也是这样。由于中国国家很大，就像其他国家一样，季节上也是千差万别，一些地方暖、一些地方冷。在中国也不是所有的地方都一样，因为在有些靠北方的地区非常寒冷，雪也很大，久久不化，河上覆盖着厚厚一层冰，而在日照时间长的地区却常常很热，因此所有印度的蔬菜在这里都长得很好，而在北方地区并没有葡萄和其他各种蔬菜，而且印度蔬菜也由于寒冷在这里并不都生长。

中国大地上到处很快乐，不管是在海上还是在陆地都一样。田野和河流到处都收拾得干干净净，整整齐齐。你不知道有哪个国家的人能够像中国人那样艺术地耕种田地，它的物产之丰富、景色之美丽超过了其他任何国家。总之一句话，在其他国家要特别寻找的东西，在中国俯拾皆是。大家都希望看见别的国家也像中国一样。

在中国生长着很多其他地方都不生长的东西。可以说，中国就是一颗镶嵌在大地上的宝石，一个中国就拥有比其他所有国家都要多得多的财富，只有香气浓烈的烟草来自印度，而且它们近在咫尺，好像是在家庭之间进行不断的贸易一样；关于中国可以谈论的东西比关于罗马的还多。

古时候有一个哲学家曾说过，所有其他的土地都将归入中国，因为这里到处生长着各种各样的植物，说实话，你在世界上消闲纳福和积累财富所需的一切，在这里都有。

因为中国人关注耕地胜于一切，耕种比其他所有行业更受尊敬。他们常说，没有耕地人就不能活。对待耕种他们决不敷衍了事，对此法典也有硬性规定。因为所有的土地都耕种了，所以你几乎找不到荒地。即使是不毛之地，他们都用自己的艺术种出果实。还有，在缺水的地方，就挖渠从河里引水灌溉，因而中国人到处都可以在陆地上行走和在水里航行。

他们的粮食也是各种各样的，不光产黍米，还有很多连土耳其都没有的其他品种。他们只是不种黑麦。他们的牲畜也是应有尽有，牛、山羊、绵羊和马、猪尤其多。猪的品种也很特别，很大，黑色的，耳朵很大。家家户户都养猪。比起其他肉类来，中国人更喜欢吃猪肉，因此他们冬天和夏天都把猪养得很肥，他们的猪肉比我们的好吃。他们还有马、骡子、驴，还养狗。贵族家举办宴席，上的第一道菜就是狗肉，因而狗肉比其他肉都贵。他们还有各种各样的家禽，鹅、鸭、鸡、鸽子等等，还有大豆、豌豆、兵豆以及很多其他的东西。葱、蒜、萝卜、胡萝卜，还有其他青菜和很多五花八门的蔬菜品种，这些品种整个欧洲都没有。

他们的鱼也很多，来自海里、河里、湖里。北京的海鱼就五花八门，他们把活鱼从海里用船沿着河运到这里来。他们也养鱼，就像养家畜和家禽一样，因为到处都种黍米，到处都有水渠，水渠里养着各种各样的鱼。5月份人们去船上买鱼苗，再把它们养起来，一直养大。一些在冰中保存一年都新鲜，还有一些鱼用盐腌或晾干，像其他国家那样。

只有中国一个国家大量生产丝绸，它生产的丝绸比全世界都多。因为蚕一年吐两次丝，他们的古书记载，在距今1500年前，中国就开始有了手工工艺，真正的丝绸手工业，现在很多国家也从中国人那里学会了，不光是学会丝绸工艺，还学会铸炮，还学会在海上撒网，欧洲还向中国人学会了印书。因为卡尔梅克人和鞑靼人占领了中国，天主教神父奥杰利克、亚美尼亚人安东、威尼斯人马可·波罗也随着他们来到了中国，他们把那些真正的艺术品从中国带回了欧洲。

中国人从其他人那里接受棉花种子不到900年，但是现在中国的生产量之大，足够全世界的人都穿上棉布衣服。他们也有亚麻，只是不会织成麻布。他们也有麻纱，用它来做夏天穿的衣衫。他们还收集挂在树上和草上的蜘蛛网上的丝，用它来做衣衫，比直接用蚕丝做的衣衫更结实。

中国的蔬菜瓜果很多，各种各样，有一些品种不仅在欧洲不生长，而且还从未见过，中国只是没有油橄榄。中国有大量的财富是河里和湖里产出的，也是因为中国的工艺和中国人的劳作而生成的。中国的江河湖泊很多，密密麻麻，除了养鱼之外，还灌溉小麦地，因为一年两熟。此外，从一个城市到另外一个城市，彼此之间进行交通和贸易，都取道江河湖泊。从葡萄牙人占据的澳门起，2500多俄里所有人都乘船可行，只是有一道行走一天的连水陆路。而且从山东到甘肃可以乘船横穿中国。在中国没有一个城市没有河流或通航运河。

矿山多得不计其数，什么样的矿都有，而且藏量十分丰富。私自挖金子和银子是要判处死刑的，官府有规定，不让人从地下开采，因为他们说矿长在地底下是有生命的，挖了就死了。这会给人造成瘟疫。比起金银财宝来，皇帝更需要关心人民的健康。除此之外，之所以禁止不断开采金子，还由于开采会破坏土地，对人有害。而河岸边和沙地里的金子任何人都可以自由淘取。

他们的金子之多，可以不作为钱流通。卖一锭金子就像卖一件商品一样，因为没有纸币，也可以用金子代替钱进行交换，以免偷料掺假。他们用小盒子来铸造银子，也有铸造成平板的。银子的重量用两来计算，一两相当于我们 8 个 10 戈比的银币，而两又折合成 10 钱，一钱相当于我们的 10 个佐洛特尼克①，即相当于 8 戈比。只是他们很多人在银子中偷料掺假，在银子中掺进铅和铜，所以任何人随身都带着称和剪子，用来剪银子和检验真伪。虽然有严格规定，在银子中掺假要被判处死刑，但还是有人掺假。

除了金银之外，他们当然还有其他各种矿，有水银、红铜、黄铜、锡、铅、铁、辰砂及矾等其他各种颜料。此外他们还生产白铜，就像银子一样，卖得比黄铜贵。他们用黄铜来做铜钱，就像两个金币那么大，他们把它们叫做铜钱，一两银子可以兑换 1400 个，用铜钱可以买任何小东西，而用铁来浇铸大炮、铸钟和锅等。

中国人信仰什么
他们是从哪里接受信仰的
古代中国的基督教徒是什么样的

中国有 3 种信仰，因此分成 3 派。第一派也是最老的一派，是哲学派。第二派是偶像崇拜派，第三派是享乐至上派或者无神派。中国人把这 3 派都叫做三考②，也就是三教的学说。但是哲学派在言论和行动上比其他两派更受尊崇，因为那一派掌握着整个中国，因为在哲学派中都是贵族、军政长官和官吏。普通人和非学者绝不允许获得高官显爵。哲学派或者哲学官吏派中文叫做儒家，他们认为，世界上有最美好的动因，他们信奉这个，而不信上帝。

---

① 旧俄重量单位，等于 1/96 俄磅，约合 4.26 克。——译注

② 原文是 Санкао。——译注

古代很多哲学书写道，有天，有管理全世界的天帝，书上还写着大自然和生物界都不认识他，对他的崇拜令人莫名其妙，因为他们认为，比崇拜和狂热更好的是不用任何东西来供奉他，那一派的有些人什么也不做，除了考量和关心怎样更好地管理和掌控人民，勤勉地学习各种习俗和培养良好的习惯。哲学派又分成三部分，因为人们的工作分为三个方面。第一是“天”，研究天是什么样的；第二是“地”，研究地是什么样的；第三是“人”，研究人应该成为什么样的。他们说，整个世界就是由这三个方面支撑起来的，为此，也叫三才。

关于天，他们教导说，世界上的一切都是由天产生的，一切都取决于天。他们教导天和星星是怎么运动的，雨是怎么产生的等等。他们还教导关于星星的情况和怎样编制日历。他们还教导关于地的情况，关于土地测量，关于耕地等等。关于人，他们教导，应该遵从风俗习惯，因为人是有语言和理智的动物，关于人的学说又分为五伦：第一，关于父子，儿子必须服从父亲，为此作了稀奇古怪和无与伦比的规定；第二，关于夫妻和婚姻，夫妻之间应该怎么相处；第三，关于君臣，臣民要顺从君主，君主像父亲一样爱臣民；第四，关于朋友，朋友要和睦相处；第五，关于兄弟，兄长要爱弟弟，弟弟应该服从兄长。

除了上述五伦，他们还有 3000 条关于习俗和道德情操以及品德方面的规定。首先是关于信仰和理智、顺从和勇敢、克制的规定，尤其是关于忍耐和真理的规定，其中高尚的品德备受推崇。当一个人自己评判自己、认识自己不怪罪他人的时候，那他就有最高尚的品德。如果某个官员不想了解未来的情况，而只注重眼前的情况，只了解一个人用眼睛看见的东西，那么他只能勉强行点善事，却难于驾驭和思考他看不见的东西，更难于驾驭和思考未来。中国儒家就这样教会所有人勤勉做事的美德，心灵和肉体上的美德。人们常这样说，总是要行善，行善并不是为了获得某种奖赏或者赞扬，而是为了在世界上没有别的事情比行善更好，让你满怀你能行善的荣誉感。

他们这样的规定很多，我们古代的哲学家不但没有写过这些，而且连做梦也没有梦见过。

第二派，或者叫做偶像崇拜派，他们叫做释。这一派也分成两部分：一部分是灵魂派，一部分是肉体派。灵魂派教导说，人死之后灵魂会变成与他生前性情欲望一样的野兽或畜生，这是一种惩罚。因此教导说，一定要节制所有的欲望,他们还教导说,人死之后什么也没有,没有奖赏,没有惩罚。这样在这个世界上什么也没有:没有真实,没有真理,没有恶,没有善,并不像我们所感觉的那样有别的东西。另外一种肉体的偶像崇拜派教导说,第一要崇拜偶像,人死后灵魂会变成各种畜生和野兽,这是因为自己罪孽而遭到的惩罚。因此中国人活在世上,出于这个信仰什么肉类也不吃。而他们的信仰是混合的,他们与他们的祭司们自己也不时嘲笑在他们那里形成这个信仰,只是为了让人们害怕,好让他们去行善和摒弃罪孽。

还有第三派,也就是享乐至上派,他们既不承认上帝,也没有各种偶像,只是说,在世上没有比长寿更好的了。为此,无数的丹药和丰富可口的食品被凭空想出以满足各种各样的肉体享受和长寿需要,并允诺服药之后可以让人不死。他们永远都在寻找那长生的药,他们大部分人都是术士,他们的信仰和阶层是中国最低和最下层的。

哲学派喜欢基督教信仰,因为它也教导要行善积德,要摒弃恶行。因此他们也倾向基督教信仰,很多人现在都是天主教徒。中国人也接受了大洪水之后世界起源的哲学信仰,就像接受其他语言,接受了就从开始一直坚持到现在。而上面那两种派别是在不同时代从印度或别的毗邻的民族那里接受来的,因为在中国任何一个人想信仰什么都行,他想信仰什么就信仰什么,对此至今也没有限制,很多人在一年中多次变换自己的信仰。

希腊的东正教信仰在中国也有,东正教最初是在印度由老使徒福马传播的,后来通过老使徒的继承者从印度传到中国。在中国有很多东正教徒,还有大牧首亚历山德里斯基下属的都主教,据古代的典章文集记载,他(全印度的都主教)签名任命了中国的都主教。

威尼斯人马可·波罗也写过,他在中国的时候有很多基督徒,在不久前发现一些大理石石碑,上面用叙利亚文刻了一些信件,它们距今有上千年的历史,在中国还有基督教信仰和大主教,有教会官吏,现在还有很多迹象,显示中国有过基督教徒。

耶稣会教徒在一个中国贵族家中看到几口铜钟,在一口铜钟上铸有一个十字架,十字架旁边还刻有一封希腊文的信,耶稣会教徒就请求贵族把钟卖给他们,或者允许他们把信抄下来,但是贵族不卖也不让抄。河里还发现了早先从未见过的圣骨匣，在这些匣子上画有白色的十字架，现在还有很多这样的基督教标志不久前被发现。耶稣会教徒还说明，很快全中国就会信奉天主教，因为在美洲，在新大陆，在天主教教徒出现之前，也有这样的标志，在日本岛也这样。我们也说，有了上帝和伟大沙皇福泽的帮助，中国很快就会有希腊的东正教出现，我们在其他地方也谈到过这一点。

在中国基督教教徒生活了很长的时间，而且人数也越来越多，此后基督教信仰的敌人佛教徒向中国贵族诽谤基督徒，说基督徒要起来暴动夺取国家政权。因此基督徒遭到很大压制，一些遭到惩罚，一些否认自己信奉基督教，还有一些流落四方。他们的教堂和修道院被改为供奉其他神像的寺庙，距今已经有一百多年了，从此恐惧的人不敢再信奉基督教。在印度至今还有十五万基督教徒，而中国则有十万多天主教徒，因为在所有城市还有耶稣会教徒和他们的天主教堂，仅在北京一地就有两万多人，每日都有增加。

中国由皇帝及其贵族掌控
他们有多少衙门
他们一年有多少收入

中国的皇帝是专制的，是家长制的，只有他一人才能掌握人民及其所有的财富，他想怎么做就怎么做。因为有完善的君主制，王位是世袭的，父传子。如果这个皇帝没有儿子，那就从皇室中选一个近亲。有儿子的时候，就选长子继位，其他孩子都有自己的名字和王的荣誉，但是不给他们实际权力，每个人给一座大城和一套有各种设施的富丽堂皇的邸宅。服务和支出也比照王位提供，只是没有对城市的支配权，并且也没有对他一年所需银两的支配权，要是突然所有的银子不给他了，他也没法起来暴动。他一年受 3 个月的训导。如果判刑则禁止离开该城。

整个中国就是由皇帝一个人根据他的考虑来掌控的，没有他的命令任何人都不得擅自行动。而贵族和军政长官以及其他所有官员都由他一个人派往整个国家。

管理整个国家的衙门或者枢密院设在北京的紫禁城，有 6 个大衙门和附属的9个小衙门。第一个衙门管理官吏,就像我们的职官部,在这里任命所有的贵族和军政长官,汉语叫吏部。第二个衙门管理收入和支出,叫户部。第三个衙门非常显要,知道所有来中国的外国人和各国使臣,了解他们所有的官职和习惯,他们管这个衙门叫礼部。第四个衙门由军人主事,主管军事,叫兵部。第五个衙门管理城市建筑和房屋建筑,王室建筑和全国建筑,他们管它叫工部。第六个衙门审理犯人,判处死刑或其他刑法,叫刑部。

尽管他们还有9个比6大衙门小一点的衙门,既有理藩院,也有管理宫廷的内务府,但是它们还是从属于那6大衙门,因为6大衙门不仅管理了全国的所有事务,而且还管理他们拥有的整个杜马①,一切都控制在6大衙门,因为全国的军政长官写的任何奏折都必须送到这6大衙门。他们先给皇帝写奏折,皇帝根据自己的分析和意志,把奏折再送往相关衙门。各衙门研究奏折时,认真思考,再将自己的意见写在奏折中,送给皇帝。皇帝再根据自己的愿望发出该怎么做的指示,下面才怎么做。

由于事务太多,为了不犯过错,皇帝从全国挑选了为数不多的最优秀最聪明的哲学家,将他们聚在身边,做皇帝的助手,汉语叫阁老,或者叫首辅,也就是执政者的助手。中国那些阁老是仅次于皇帝的一批人,皇帝就各种事务进行思考时,他们就在旁边候着,而他们可以就任何事情给皇帝建议,只有他们能够看见中国皇帝,而别的贵族有的从未见过皇帝,有的偶尔见到。

虽然中国的皇帝很少走出自己的皇宫,但是他总是知道整个国家的事情和全国的军政长官,他们怎样生活,都做什么事情。因为皇帝每年都要派出自己身边的人到全国各地。使臣有着皇帝赋予的大权,凌驾于所有军政长官之上,竭力打探所有事务,然后仍旧回到皇帝身边,给皇帝写奏折,讲述他们看见的和听见的一切,这时皇帝再来决断一切。

老实说,为了更好地公正地管理自己的国家,在世界上没有一个国家的统治者像中国皇帝那样努力工作。几乎也没有哪个国家比中国管理得更好。因为中国有几千年的历史,中国的哲学家们不在别的事情上费力,而是尽可能找到更好的途径来公正合理地管理和掌握国家。中国是古代先哲们曾经说过的

① 俄罗斯对议会的称呼。

一个幸福的国家，在这里哲学家统治国家或者皇帝像哲学家那样去做，因为他总是审时度势地非常理智地管理和掌控自己的国家。

中国皇帝的收入尽管多得让人难以置信，但是应当知道，在中国没有那种情况：一个人，不管他拥有多少土地，他都无须向皇帝纳贡。

由于收入太多，除了皇帝的皇宫以及他的弟兄们的王府支出和军事支出之外，每年交给皇帝的国库的黄金超过 6000 万两，如果算上所有的花费，每年进入国库的黄金超过一亿五千万，从国库中提取银子是有规定的，没有国库主管人制定的清单，就连皇帝本人也不能提取库银。而且所有的钱都集中在一个地方。当皇帝需要的时候，他会写信给国库的主管，说明需要多少，想要多少，当然下面的人也不敢拒绝他。但是那些收入至今在皇帝的掌控下，由于不断使用而大大减少了，但是至今仍然有很多收入，因为他们从全国收取了整个土地收获的十分之一。

此外皇帝有地方出售任何商品，包括出售最小的物品，现在他还在想方设法让国库获得巨大的收入。

中国人的本性和他们的面貌是什么样的
他们的风俗习惯是什么样的
他们喜欢什么

在古书上亚里士多德就写了亚细亚人，说亚洲人比欧洲人聪明，而欧洲人远比亚洲人勇敢。关于中国现在我们也可以这样说，因为在勇敢方面，中国人与我们欧洲人相比要逊色一些，就像妻子和丈夫相比一样，但是在智慧方面，他们却远远超过我们；他们狡猾而富于想象力，是狡猾的骗子，能猜测到任何事情，骗了外国人总是很高兴，以便以此来证明，他们比其他民族聪明。因此他们总是假装出很老实公正的样子来欺骗别人，而且他们变化无常，总是在寻找时机以便得到好处。但老实说，他们很努力，不停地工作，只是一刻也不能忍受饥饿。一到中午，如果他们不吃饭喝茶，就像要死的样子。

他们的身体非常轻盈灵活，走很多路，挑很多东西。夏天光着臂膀、光着头在烈日下的田间地头和大城市里劳作。他们的劳动让你无懈可击。人们的身体很健壮，从年轻时就习惯了干活。病人或体弱力衰的人和乞丐在他们那里很少看见。对拥有的一切东西，哪怕是很小的东西，他们也不允许扔掉，哪怕是皮子的边角碎料、各种骨头、羽毛、各种毛发，还有各种牲畜龌龊的粪便，他们都收集起来，都能想出办法从中获利。

尽管他们很富有，可并不因此羞于讨价还价。他们说，利好于名。他们做生意很机灵，很狡猾，所有人都喜欢欺骗人，他们不会不好意思把值 100 卢布的东西还价到 1 卢布，因为他们很多事情都是事先讲好，为此敢于毫无羞耻地讨价还价。他们还会说："你再少一点，因为我用语言又拿不走你的东西。"就这样在讨价还价中把钱少下来。但是只要朝霞一出来，他们就起床干活了，沿街叫卖各种小东西和各种商品。

他们的外表是这样的：有的人脸是白的，像欧洲人，只是鼻子不高。大胡子很少见，眼睛很小，瞪得圆圆的。脸宽，不仅男人是四方脸，女人也是。如果有人是红头发和黄头发，那人们就很不喜欢他，他们觉得那样的头发很可怕，这种头发的人你一个也看不见。

展示他们的智慧和灵巧的素质的有我们所接触到的各种丝绸，还有瓷器、镶嵌着金边涂着清油的箱子；还有用针绣的各种鸟儿和野兽，就像活的一样。我们这里还有他们的一些东西：牙雕、木雕、珊瑚、琥珀、碧玉、各种坚硬的大理石、宝石，它们都经过切割和钻孔。他们用树脂造琥珀，造得逼真，好像天然的一样，用黍米造的玻璃非常透明，只是不像我们的玻璃那样易碎。他们也画画，只是画得差，不善于把握比例和使用油彩颜料。鸟和各种花卉不是那么富有色彩，用丝线绣的远比画出来的要好。因为他们在我们之前发明了铸造大炮的技术，发明了制造火药的技术、印书的技术，所以海上捕鱼的大鱼网也织出来了，其他很多技术也发明出来了。

此外表现出他们灵巧的特点的还有他们养的一种家禽，像乌鸦，长长的脖子。他们训练那种鸟去捕鱼，就像训练狗捉兔子一样。他们在它的脖子上套上铁环，使它咽不下大鱼。于是它就用嘴抓鱼，当抓住大鱼之后，会给它喂一条小鱼。他们把大鱼放进船舱里，养任何家禽都要向皇帝上贡。

他们天生喜欢行善，那些做了善事的人，尽管他们在很多事情上都精打细算，但他们还是小心去做善事并想方设法不让任何人知道。在孝敬自己的父母和老师方面他们胜过所有的民族，因为他们说，不服从家长和老师，不在各方面为他们服务，在某些方面惹他们烦恼，那就是死罪。哪怕老师的声望不如学生，但是学生永远要尊敬他们，给他们荣誉地位。他们说，当老师需要向学生要什么东西，如果学生不给就是死罪。中国人没有任何令人讨厌的表现，无论是言行或者是表情。因为他们总是把愤怒化为仇恨，在各种事情上都装假，他们从来不随身携带任何武器。

他们很不喜欢武器和任何军务，因为他们说，携带武器和打仗，这是强盗的事情，而不是普通人的事情，因为人彼此之间应该生活在友爱和睦之中，而打架和战争是野兽的习惯，而不是人的习惯。中国也有军人，而他们毫不尊敬军人，还骂军人。

他们还有尊重人的习俗。在民间，人与人彼此之间的尊敬，各民族的交往一直保持着。他们永远尊敬长者，款待远道而来的客人。他们从不用父称和名字来表示尊敬①，只要是长者，称呼他就要用更礼貌的称呼，在称呼上他们有自己的敬语。而不客气地称"我"或者"你"，那是老爷对仆人说的，他们彼此之间非常尊敬，每个人都知道自己的身份。

他们从小就习惯了怎么与别人讲话，怎么称呼自己和别人，彼此之间经常走动，对所有来客都彬彬有礼。在所有的行为中、在来往中、在荣辱中都很平和，平和得不可能再平和了。尤其是他们的长官、哲学家表现出处乱不惊、彬彬有礼、平和善良的风度。在街上高声叫喊，醉醺醺地走路，或者吵闹，或者挤眉弄眼，他们把这些看做不好的标志，而对天发誓或者下流语言你绝对听不到。当彼此之间有嫌隙时，就把手放在一起，两人同样站着，一个向另一个发誓，说着自己的语言"喳"、"喳"，礼貌一点就是"中"，并用右手搀着客人。当走路的时候，从左边搀着客人，为了扇子扇的风另外一个人也能吹到，因为夏天每个人手里都拿着一把小扇子去暑。

写上面这些话，是要让人人都了解叫作泥杆子的直爽的中国人。而现在管理中国的皇帝们还有别的习俗，这些习俗在关于鞑靼人的书里都写过了。

1675—1678

① 俄罗斯人在表示尊敬时用父称和名字来称呼对方。——译注

中国的教育和习俗

O. 亚金夫(H. 比丘林)

亚金夫①神父(Никита Яковлевич Бичурин, 1777—1853)是学者和启蒙运动家、翻译家和教育家、俄罗斯中国学奠基人、科学院通讯院士(1828 年)、社会活动家。他 1807 年被任命为第九届俄罗斯驻北京传教团团长,在北京一直待到 1821 年。他穿上中国人的服装,走遍了中国城市的大街小巷。他以自己深刻理解的第一手资料为基础,创作并出版了关于中国的原创性著作和翻译性文章和作品。普希金曾在《普加乔夫史》第一章的注释中用了还未出版的书中的一大段来致谢,说,"比丘林广博的知识和严谨的著作,发出明亮的光芒,照亮了我们与东方的关系"。亚金夫神父对后来数代俄罗斯的中国学学者的影响巨大,他的著作成为罕见和珍贵的中国研究的资料源泉。

现在发表的章节摘自他的《中国及其居民、道德、习俗、教育》一书(圣彼得堡,1840 年)和《中国教育一瞥》(圣彼得堡,1838 年)。

① 又译为"雅金福"。——译注

中国教育一瞥

关于中国,人们说过很多,也写过很多。一些人使人相信,现在中国是亚洲文明程度最高的国家之一,另一些人则肯定地说,中国人非常愚昧无知①。我认为,两种观点都是建立在不可靠的基础之上的。为了就这个问题准确无误地阐述自己的意见,需要仔细地研究他们的科学现状及其人们对政治生活的适应度,然后才能对他们的教育程度做出结论。

中国的教育被限制在狭窄的范围内。只有多少有些复杂的 4 类学校,这就是学堂(学堂是最复杂的部分)、师范学院、天文学院和相当于欧洲科学院的翰林院。在学堂中只是让学生学混杂着历史、诗歌、宗教、法律、政治经济的语文。音乐和礼仪知识是青少年教育中非常重要的部分;中国地理、数学、化学、医学、植物学、建筑学、水利学学生随意学,没有专门教授。为国家服务所不需要的东西中国人认为是无益的。出于偏见,他们对现在欧洲科学领域的成就不予任何关注。

师范学院培养学堂老师。天文学院独一无二地学习数学。翰林院的任务是编书,书中要讲述清楚,描写准确,符合法律精神,这些都要求学者付出共同的努力。我认为,就后者来说,中国人胜于受教育程度最高的欧洲各民族。

学堂中没有任何系统编纂的教科书,主要学习四书五经。它们从古代起就被认为是主要的教科书,与其他学科典籍相比,其重要性就如同基督教的《圣经》。五经有:《易》、《书》、《诗》、《春秋》和《礼》。

四书由 4 本篇幅不大但非常著名的书组成:《论语》、《孟子》、《大学》、《中庸》。《论语》包含了先哲孔子的见解,是由孔子的 5 个弟子记录和整理的。《孟子》是古代另一个先哲孟子关于道德的文章,以孟子之名命名。《大学》和《中庸》是两部道德作品。第一部系孔子的学生学者曾子所作,第二部是孔子的孙子所作。四书被尊崇为神学和哲学的集大成者,后来这套书成为启蒙教育的基础。②

---

① 我时常听到学者们那样说。——原注

② 在欧洲有人把四书称作孔子的哲学,这是不对的。——原注

《易》包含了关于上天和自然的概念,概念不是用语言来叙述的,而是用平行的三条完整的线条和三条断裂的线条来画出的,代表了64个不同的方位。相传几乎生活在公元前3000年的伏羲第一个了解这个图形所含意义的秘密,开辟了发明中国文字的道路。随后炎帝对他的体系做了一些改动。最后文王在公元前的1100年的时间里论述了第三种体系。在这个体系中线条的64个方位中的每一个都附有道德准则,详细地解释了执行或破坏它而产生的结果。前两个体系在公元前213年被烧掉了,甚至连它们的方位线也没有留下任何资料。现存的《易》是文王所作。

《书》记载了从君主尧建国元年开始到周朝的灭亡这一时段中国所发生的全部事件。《书》由宫廷札记组成,宫廷历史学家记录当时每一天所发生的事情,这些历史学家非常著名,现在在中国宫廷他们被叫做“史官”。孔子希望《书》成为立法的基础,因此删除了所有与健康理性相矛盾的内容,并通过删减,把《书》缩到100章。在公元前215年,《书》遭到了与其他书相同的命运,几乎被完全毁掉了,如果当时不是找到一位名叫伏生的90岁的学者的话。伏生可以背诵《书》的58章,随后在孔子的古宅中,找到了藏在墙壁里的一本《书》,与伏生背诵的全部相同。

《诗》一部分是在商朝(公元前17世纪开始)所作,大部分是在周朝(公元前11世纪至公元前256年)完成的。《诗》由4个部分组成,第一部分叫做“风”,是分封的王公在自己的领地上收集并呈献给国君的民谣,国君根据这些民谣来评判各封地的道德和管理情况。第二部分为“小雅”,是国君接见分封的王公或者是分封的王公招待国君的使臣时唱的。第三部分叫“大雅”,是国君招待分封的王公和王公的使臣或者为自己的达官贵人设宴时唱的。第四部分收集的国歌,是国君在祖庙里祭祀先人或者在庙里祭天祭地时唱的。

《春秋》是鲁国(即现在中国的山东省南部地区)历史记录的名称。这部记录从公元前722年开始到公元前481年结束。孔子写《春秋》的笔法在历史著述中经常使用,是褒贬达官贵人时的正面用语。春秋笔法非常简短,褒贬某人都不过一两句话。

《礼》由185篇关于乐礼的古文组成。大约生活在公元元年的戴德将其缩短到85篇,他的侄子戴圣再将其缩减到49篇,其中包括被纳入四书的《大学》

和《中庸》。戴圣的减缩本被纳入到五经之中，取名《礼》。

现在四书五经的一些篇章是小孩子一开始就要背诵的。而从13岁开始，就要给他们讲解，他们就要开始学习作文了。

从对中国教育的简略评价中每个人都可以看出，实施它们的只有四类机构：学堂、两种学院和翰林院。

学堂分成3种。第一种是社会学堂，或者叫做民间学堂，第二种是县学堂，第三种是省学堂。

民间学堂所有的城市都有，由地方长官管理，地方长官有权接受孩子或者辞退孩子（当他们不愿意继续学习的时候），有权给他们确定教师，通常选择那些自由的，德高望重、学问渊博的人。每一年要给学堂督学提供学生和先生的名单。

在这些学堂中孩子受到初级教育，经过考试就可以成为生员，然后可进入县学堂。这里需要说明，大部分富裕家庭的孩子都在私塾念书，进入民间学堂的主要是穷人家的孩子和孤儿，因为在这里读书是免费的。

县学堂也是所有的城市都有，但是靠特殊的权力兴办。下面我们会详细地看到。

省学堂位于各省的省会城市，一个省只有一个，都由政府兴办，也有的省有几个学堂，由私人兴办。公家的学堂靠划拨给学堂的土地上的收入来维持，省长有权力决定部分教师人选，选择最有文化的公务员或非公务员来任教。在那些学堂中学员是自由听课者，只要他们得到省督学机构主席的允许就可到这里来，而是否离开学堂则根据个人愿望。从这个简短的概述可以发现，第一种和第三种学堂是预备学堂，在这里没有常规教学，也没有常规的学生。

县学堂也分高年级、中年级、低年级，州学堂、边区学堂和县学堂是不同的。它们之间实质性的差别不在于教授的科目不同，而在于学生的实际数量。大部分州学堂学生的定员比边区学堂的定员多四分之一，而边区学堂的学生定员比县学堂多三分之一。

在民间学堂或者在私塾中获得足够知识的学生，经过考试，成为生员，就可以进入县学堂，在那里，他们成为公费学生，完全失去了为自己选择身份和职务的权利。他们被认为是国家候补的公务员，因此，他们必须在官方老师指导下，在负责教育的官员的直接监督下继续学习。

……

中国人的饮食

不同国家不同气候的民族在吃东西方面最遵循习惯，而习惯则是由他们长期生活的那个地方丰富的食物所决定的。在气候温暖的亚洲国家通常吃米饭；在气候炎热的国家，人们则吃棕榈果；在北欧吃黑麦面包，而在南欧小麦面包成为基本食物；游牧民族吃动物的肉和奶，不挑动物的种类。我们这是说的民族的基本食物。讲究饮食的人则习惯于吃各种气候下生产出来的东西，甚至吃与自己所处地区相反气候的地区的食物，但这里起作用的大多还是习惯，刁钻古怪的口味也要服从习惯。只有需要和饥饿才能暂时改变我们的习惯，迫使我们有时候食用我们一生下来就反感的食物，这种真实的情况随处可见，并不需要解释和证明。

在中国北方，适宜生长黍和小麦；水稻种得不多，所以中国北方人的基本食物就是用各种黍来做出的稀粥。在北京和其他城市也吃大米，但是大多是由南方运来的；在中国南方则相反。穷人通常用萝卜或其他蔬菜和咸菜来作副食，少部分人偶尔也吃煮肉或炒肉。相反，富裕人家食用牛肉、猪肉、羊肉、鸡肉、鸭肉、鱼肉，还吃乌龟肉、青蛙肉、河虾肉、圆虾肉（海蜘蛛肉）、各种河贝肉和蜗牛肉；吃各种野味：野猪肉、鹿肉、狍子肉、野兔肉、野鸡肉、山鸠肉、榛鸡肉、鹌鹑肉、黄鸦肉、麻雀肉、海番鸭肉等等。鹿茸被认为是非常美味的菜肴，比鹿本身还贵。所有上面提到的都属于正经吃的东西。在福建省和有些地方还吃肥肥的狗崽，在广东省游蛇肉（一种灰色的大蛇）是非常讲究的席上最好的菜。家养的鹅肉被认为不细腻，所以他们不吃鹅。穷人阶级没有那么多钱用于饮食，因此不加选择什么都吃：骆驼肉、马肉、驴肉、狗肉、猫肉、硬翅的昆虫、各种野兽或飞禽，甚至吃死动物。在粮食歉收的情况下，他们还煮各种树叶和草根来吃。但是在饭馆里，尤其是在大城市的饭馆里，并不食用任何不洁的食物。

他们用小麦做成精面粉，常常与大豆混合在一起；最好的粉是用米做的。他们用面粉来做各种形状的馒头和包子，以及渍酸面包，病人早餐还吃藕粉羹和百合羹。他们还把黍、豌豆、黑麦和荞麦磨成粉做成饼给做工的人吃,但是数量非常少。黑麦只在北部边境地带才生长,主要是酿酒和喂牲口。

作为副食,他们还食用燕窝、鱼翅、海参、鸽子蛋、各种鲜蘑菇和干蘑菇,竹笋、海带、鹿筋和牛筋、醋、辣椒、生姜、春芽、各种菜园里的绿色蔬菜,像香芹菜、欧洲防风、菠菜、白菜、圆白菜、马齿苋、蒜、各种葱、蒜苗、俄罗斯很少见的滨藜,白的红的都有;其他蔬菜还有:各种南瓜、黄瓜、胡萝卜、芜菁、白萝卜、大头菜、芥末根、中国土豆。但中国人从不把桂皮、丁香、肉豆蔻做调料,这些东西中国人闻着会感到恶心。他们大多数人的口味要求食物中少盐,所以他们腌制各种绿色蔬菜和其他蔬菜来吃,桌子上就不再放盐碟。

中国人在家中吃饭几乎没有汤,代替汤的是油炸的肉馅,只使用芝麻油和熬的猪油来煎炸。中国没有畜牧业。牛肉、羊肉和牛油都由蒙古提供,所以只有生活在北部边疆的中国人以及移居到中国的满洲人和蒙古人才能吃到牛肉、羊肉和牛油、牛奶。中国的南方人厌恶这些东西,就像欧洲人厌恶吃死动物和各种不洁的食物一样。甚至还向中国突厥斯坦人出售这些东西,突厥斯坦人在中国北方很多。只有在他们的铺子里才能找到牛奶和羊肉食品。

在调味品方面,中国人的整个口味还是接近欧洲人的口味,需要有点香味和酸味。第一道菜使用生姜和辣椒,第二道菜使用加盐发酵的豌豆粉来做的红色面团。他们的调味汁里放的不是小麦粉,而是印度兵豆粉。

他们做饭不是用火炉,也不用烤炉,也不用平板炉,而是用砖砌成的低矮的灶,他们叫炉子。炉子的形状像火盆,有两个不大的口,一个在下面的侧面,另一个在上面的中间。这些口的直径有3—4英寸,通过上面的口把煤放到中间有几根铁横梁的炉膛中去,煤生火燃烧则靠下面的口进风。用黏土烧制的锅放在上口的火上煮稀饭,做调味汁和炒菜则用生铁锅和铁勺。没有铜制餐具,除了烧水泡茶用的茶壶之外。饼和包子放在生铁锅里和有盖的烤盘中烤,或者用木头做的笼屉里蒸。笼屉一层接一层重叠起来,有好多层,放在铁锅里蒸,下面是沸腾的水,上面严严地盖上盖子。冷食加热也用这个方法。还有一种炉子叫灶,样子像我们的壁炉,但没有烟囱,烟囱做在外边,就像俄罗斯炉子的烟囱那样。在那些灶里,不关闭烟囱可以烤鸭、烤乳猪、烤羊肉、烤猪肉。用钩子把它们挂起来,架在灶里,而所有的热量都集中到灶口。用这样的火烤肉，肉皮不会烤焦，吃进口里，味道特别好。有时候烤整只动物，有时候只烤一部分，都是放在燃烧的煤炭上烤。

中国人吃饭不用刀叉，除了稀的之外，吃任何东西都是用两根8—10英寸长的小棍，叫筷子。为了用小棍夹菜夹肉方便，所有的食物都切成小块。烤的整只动物或者烤的大块肉等，端上桌时也要切成小块。汤中的整只动物或大块食品做得很软，小棍很容易就将它们分成小块。喝汤用勺子，但不是习惯，因此如果需要，就放一两把给几个人公用。他们的勺子是上釉的陶器或者是小瓷勺。

中国人一般吃三顿。早上5—6点钟吃早饭，叫点心，上午9—10点钟吃午餐，叫中饭[①]，下午5点到9点之间吃晚餐，叫晚饭。早饭通常是喝茶，吃各种点心，如包子、馒头、肉汤面条、黍米粥（有时候还有剁得很细的咸菜）、藕粉羹等，开水煮的荷包蛋，里面放了盐。点心是向欧洲人学来的，味道很好。他们自己的点心加了脂肪，有时候包了脂肪和砂糖的馅，很不好吃。给喝牛奶的人还做面茶，面茶是用添加有牛奶和糖的面粉做成的稠稠的羹。

一般家庭午餐对餐具和上菜没有讲究，要什么就做什么。相反，如果为客人准备，一般有5个菜，有凉菜有热菜，还有4大碗或者4钵汤。有时候还会添加4个碟子，装有切得很细的炒菜。他们吃饭时没有面包，为了增加口味就吃一点咸菜，代替面包的是每个人最后会上一碗米饭，或者上一碗面或者饺子[②]。午餐时还喝烈性的甜酒、白酒和粮食酒——所有的酒都要烫一下，让酒更加浓烈，更加好喝。一般他们喝得很少，所以喝烈性酒的酒杯做得比俄罗斯的顶针大不了多少。有客人的晚餐叫做酒菜，意思就是“下酒菜”。通常上4盘时鲜蔬菜，还有4盘干果、4盘甜点、4盘果仁，通常是西瓜子、南瓜子、炒豌豆、炒胡豆；4盘熏肉、4盘各种炒菜、4盘包子点心等，通常还配有4碟调味汁。菜按照顺序一道接一道上。在夏天要等烤鸭或者烤乳猪上桌，冬天等到汤锅上桌，才

---

① 原文为早饭（цзао-фань），应该是作者将该词记错了。——译注

② 中国的饺子有三种：圆的叫馄饨（хунь-тхунь），小的平坦的叫扁食（бянь-ши），大的像耳朵形状的叫粥饽饽（чжоу-бо-бо）。第一种是在水中煮好后，放在浓浓的肉汤中端上桌；后两种都是在水中煮好后，捞出来热气腾腾地端上桌，加上醋、酱油以及大蒜等。所有饺子的馅都是猪肉的。在北京，迎接新年的时候要招待每个客人吃粥饽饽饺子。——原注

把空盘子撤下去。汤锅里配有各种调味品和各种肉菜:野鸡、家禽的胗子、小鸡、动物的肾、猪的里脊肉、白鸭子、鲤鱼,白鳗和竹笋被认为是美味佳肴。晚餐最后一道菜也同午餐一样,是面条、饺子或米饭,有时候浇上菜汁。晚餐先喝米酒,这不是酒精饮料,而是用米来酿制的。这种酒叫绍兴米酒或叫木瓜酒。前者的产地在绍兴地区,所以叫绍兴酒。后者是用一种榅桲果—木瓜来酿造的,所以叫木瓜酒。酒加热之后才端上来,所以已经失去了它们本身所具有的浓度。

吃饭的时候要说话或者作诗,唱歌或者猜拳行令,输者要被罚酒,一杯或者半杯。一杯酸酒抵得上两杯酒精饮料。吃完饭后要拿牙签(就像在葡萄牙的宴席上用的那种)剔牙,抽烟,喝一杯浓茶去油腻,嚼槟榔,然后才散去。

桌子都是四方桌,长宽都一样,当客人很多的时候,也不把桌子拼在一起,而是分别坐,一张桌子坐 4 个人,需要的时候坐 6 个人。桌子上不铺桌布,正面围有红呢子,席上人们坐的椅子有扶手椅(靠背上也有红呢子),还有椅子、凳子、长条凳。每个客人都有自己的餐巾,桌上也给每个人摆一套餐具:一双筷子、一个放有酱油或醋的碟子,碟子一直到吃饭结束都不换。他们一般很少给食品加盐,所以不管是午宴还是晚宴首先上的是几小碟咸菜,在中国大家很喜欢的是生大蒜。客人也用筷子吃饭,他们吃饭时还不时蘸醋,同时还吃咸菜。饭吃完后,每个人都用双手握住筷子头,微微抬高,横在自己面前,同时与其他人打招呼。这是要起身离席的标志。

中国人午宴和晚宴待客的一般规矩就是这样。但是应该指出的是,没有无例外的规矩,特别是在旅馆里,食物都是按照客人的要求准备的。在中国,这方面的习惯也是各种各样的。在宫廷和高官家中讲究的宴席做菜的方法与通常的方法差异不大,但在祭奠仪式中用的则完全是别的方法。

在中国,人们平时有一种最简单和最容易的途径在需要之时获得接济。这个方法叫份子,意思就是一份,份额;要求这样的接济就用一个词组"凑份子"来表示,即"请求给一份"。这个方法乍看好像有点不好理解,并且有点奇怪;事情是这样的,有人家里有什么事情需要用钱,例如儿子结婚等等,就给自己的亲朋好友发请帖,请他们来吃午饭。给他们发请帖的时候还一个人多发几张,让他们邀请那些愿意来快乐休息几小时的旁人。在这种情况下主人对邀请来的客人不熟悉是允许的。在约定的时间客人们到了，每个人都向站在门口的人拿出自己的请帖并附上银子。主人殷勤地接待客人，请客人坐到他们希望坐的桌子旁边，总是给客人安排熟悉的谈话者。宴请客人在家中或者在饭馆里。在家中只限于吃一顿午饭。在饭馆里，可以从早上7点到晚上，包括早饭、中饭和晚饭。其间有演员不停地在台上演出。在达官贵人的家中这种款待根据仪式进行。午饭的价格取决于准备的食物。每个被邀请来的客人拿出的钱不少于约定数额，亲朋好友则根据与主人的约定给出。收客人请帖的人要对每个客人及送的钱进行登记。以后如果曾在主人这里作客的某个客人邀请主人出席这样的午宴时，被邀请者必须收了别人多少钱就还给别人同样数额的钱。这就是一种相互接济的方法，在熟人和非熟人的大圈子里友好地消磨时光的快乐的接济方法。接受邀请而来的旁人，不寻求相互的投桃报李，所以邀请来的这种客人越多对主人越有利。完全可能发生另外一种情况，就是当官的邀请自己的部下。部下们不敢指望得到回报，他们夹在请帖中的钱应该比邀请人应得的钱更多。因此大部分中国人很高兴过生日，而以后再接请帖渐渐地偿还客人付出的钱。但也有很多人这样招待客人并不是需要钱，而只是为了相互之间增进友谊。这种习惯有点像俄罗斯的共同出钱聚会，但是在目的方面具有另外的意义。欧洲人习惯于以嘲笑的方式描写那些与他们国家习俗不同的外国人的习俗。

1840

中国，一个不可思议的国家

——关于亚金夫神父的著作《中国的公民状况和道德状况》

O. 先科夫斯基

奥西普(尤利安)·伊万诺维奇·先科夫斯基[Осип (Юлиан) Иванович Сенковский，1800—1858]作为小说家巴龙·布拉姆别乌斯(Барон Брамбеус)在俄罗斯文学中获得不朽的荣誉。他是最有天才的东方学学者，通晓多种语言。1829年4月先科夫斯基申请在圣彼得堡大学组建"东方语特别系"(即东方语系)。1834—1847年(形式上直到1856年)他出版并主编了著名的杂志《读书文库》，该杂志发表了他的很多文章和著作，其中包括反映他去东方国家旅行的文章和著作。他对中国特别感兴趣，他经常对亚金夫(比丘林)的书做出回应就是明证，其中就有他写的两篇长长的文章《中国与中国人》，1848年，(见《先科夫斯基选集》，第6卷，圣彼得堡，1859年)。下面发表的就是摘自这两篇文章的片段。(同上，B. 卡维林、巴龙·布拉姆别乌斯：奥西普·先科夫斯基史，莫斯科，1929年，1966年)。

毫无争议，在欧洲没有任何人像我们这位著名的俄罗斯汉学家那样，为中国的光荣和荣耀做了那么多的工作。最令人尊敬的神父亚金夫的每一篇新的创作都是一个新的纪念碑，由亚洲这个伟大的民族的历史、内在的完美、智慧或工业所建立的纪念碑。亚洲的这个伟大的民族由于自己的公正，得到了亚金夫的维护和爱戴。没有人比他更了解这个永恒的国家。关于这个国家，在西方不久前在很多方面占统治地位的还是很多互相矛盾的概念，尽管献身于研究东方最东部地区的那些东方学学者非常有洞察力。亚金夫从难以理解的中国文字中提取的那些重要的基本事实的数量，他所阐明的关于这个令人好奇的国家的历史和立法中最混乱的问题的数量，几乎让人难以置信。自从他拿起笔之后，多少问题，首先是连那些汉学专家都不懂或者感到特别困难的问题，都被他用最简单的最意想不到的方法解释清楚了！很遗憾，不可能在这里一一指出来，因为对于不了解中国语文的读者来说，每篇这样的文章都要进行长长的解释，然而最令人尊敬的亚金夫神父有权获得学术界的感激，这是无可置疑的。如果说对科学如此丰富的贡献并没有完全被西方的学识渊博的人们所了解或者说并没有完全享誉东方学界的话，其原因当然多多少少是由于他著作本身的形式，可以说，太中国化了。他叙述非常清楚，非常引人入胜，使我们这些欧洲的野蛮人非常喜欢，极大地促进了他著作知名度的扩大，同时一点没有减少其著作的重要性、严肃性和学术性。我们这位令人尊敬的汉学家是如此地热爱中国的一切，以至于他与中国的一切都亲近起来，与中国作家的风格，与最极端的东方思想的特别表达法都亲近起来，结果他的俄语句子大部分好像是戴在有一个严肃的额头、紧闭的双唇的清朝官员顶戴上的顶珠；它无疑使繁文缛节的整个北京的衙门感到高兴。因此，它不可能在西方获得巨大成功，西方的表达技巧繁琐得无可比拟，完全是另外一回事。

有人以为我们好像在谴责我们这位汉学家对中国太过热情，谴责他的满清官员式的文笔。这样以为的人们完全不理解我们的想法。我们只希望指出中国气氛对西方人以及所有外国人所起的明显的作用。在这个另类民族中有一种吸引人的力量，这种力量的影响是不可克服的，是经久不衰的。与其说永恒的城市是罗马过去的称号，不如说是不恰当的称号，与罗马同时的还有一些比罗马更古老的城市。中国不愧是无与伦比的，值得获得永恒国家的称号。

所有其他说不定什么时候就毁掉了的王国,都变成了各种各样的政治遗骸,在自己的废墟上给别的民族,别的语言、概念、道德、信仰、法律让出位置。中国刚好相反,从史前时期开始,就是抹杀不掉的,坚持不变的。它毁坏了 20 次,10 次成为异族的战利品,但它每一次变更了称呼,仍然是中国,保留了四千年一贯的道德、概念、法律。异族的因素、不同部族和民族人口的涌来并没有冲垮中国,并没有让它改变色彩,甚至都没有让它失去特色。异族的强制渗入的全部杂质无论一开始占有多大的优势,中国很快就在自己的内部消化了它,同化了它,把它变成了纯粹的中国血统。这种不寻常的道德民族现象,也许只能够用宇宙守恒的物理定律来解释:中心质量越大、越紧密,它就越是强烈地把周围所有小质量物体吸引到自己身边。而中国的质量有多大啊!说中国就等于说不多不少半个人类。在空间上它几乎等于俄罗斯的欧洲部分,但是聚集的人口却有 4 亿之多,而整个地球人口也不过 8.5 亿到 9 亿。占人类的一半!……仅仅在一个地方!……一个民族!……一种形式下!……只要想象一下,中国这个巨大的道德体对陷入它作用力的一切应该有多么可怕的吸引力!这种吸引力就像一种魔力,没有比中国化更容易的东西了,甚至在我们的文明时代也不以我们个人意愿为转移。所有去过中国的欧洲人,无论他们抱着怎样的成见去中国,无论他们认为自己的文明程度多么高,无论他们怎么瞧不起与自己欧洲的东西不一样的一切,他们只要在这个国家生活几年,回来的时候都变得热爱中国了。在中国他们由于无知的民族骄傲、由于偏执、由于鄙视土著人对待别人的一切的态度而遭受到很多痛苦。尽管这样,他们对那里的一切还是特别喜欢。一切都是极好的,好得不能再好了。有时候对中国的热情到了如痴如狂的地步,相信有着很多繁文缛节的天子们的所有自吹自擂和最拙劣的欺骗伎俩。在最近的中英战争中有机会遇到和听到一些非常聪明的非常有教养的欧洲人,他们在这些非同寻常的事件发生时正生活在北京,但后来很快就回到了欧洲,成了比中国人自己还要顽固的中国人。如果你问他们:

"请给我们解释一下,发生了什么怪事,一个人口众多的城市——要知道在广州就有上百万人!——很富有,非常富有,一个昼夜可以支付出 3000 万的赔款!——城市非常坚固并有强大的卫戍部队——那里有 5.4 万人的军队,还有大炮！——这个城市几乎没有抵抗就被1500人的英国军队占领了,在1500人的英国军队面前,这5.4万英雄放下了武器,举行了投降仪式?”

“而您相信这些吗?……”通常,从北京回来的旅行者看着满怀内心遗憾的您会这样反问。“您相信这些天方夜谭?”

“这是什么天方夜谭啊！这是事实……历史事实……不容置疑的事实！……您读一读官方报道吧。”

“英国人用最离奇的虚构,用最可笑的虚构,在欺骗整个欧洲……”

“为什么您认为只有英国人在这件事情上才是骗子?……要知道,您自己又不在战争现场。您只听中国人说,只读中国政府的战绩报告,就像我们只听英国人说,只看英国人的官方战绩报告一样?这样您也就很容易推测,中国皇帝的政府也用虚假的战绩报告来欺骗中国人,不仅向他们隐瞒了自己的失败和耻辱,而且还隐瞒了整个战争,而中国人是一个好虚荣的民族,因此也是一个容易轻信的民族,也在欺骗您,大言不惭地重复那些……”

“这怎么可能！……哦,您不了解中国！……那里不可能隐瞒什么,也不可能歪曲事实;一切都是按照法律来行事的,一切都忠实和严格地遵循永恒的不可违背的规则……最高地方长官直接向皇帝呈送报告,皇帝再转交给相关的衙门,他们分析讨论并形成报告再返回给皇帝。第二天这份有皇帝批复的报告就贴在公共大厅的墙上,所有的人都到那里去看并给自己给熟人或者给报馆抄下来……只要形式上或者事实上有一点点出入,就是有罪的,不管其职位的高低,影响的大小,是否受宠信,都要受到严厉的惩罚……”

“如果形式很好地掩盖了真相,由于善意的意图,皇帝自己也没弄清楚真相呢?……”

“您以为在欧洲！……请出示证据——都是英国人的杜撰。但是在中国……不会,永远也不会！……这种事情在那里是不可能的。喔,您不了解中国！……您不了解令人惊奇的中国制度……在所有的事情上,在任何小事情上！……请问问我们,要知道我们在北京生活了很久,有的是时间观察、研究、对比、相信……”

对这种热情没有异议。这种热情会达到难以置信的地步,假如这些不同语言不同民族的幸运者不是因为太过寂寞,每天刚一见面时就不断重复这些热情的话。这些幸运者要冲出中国,不再为这个充满智慧的幸福国土(在那里连茶树都开花)所动。……

但中国使客人产生这种热情的事实本身特别引人注目。何况正像我们所说的,客人都学识渊博,为人正派。而在这里,在这个奇怪的国家里,在这个不可思议的社会中,一定有某种令人奇怪得着迷的东西,有某种不由自主地吸引欧洲人的东西,它故意与他们所忍受的不愉快作对。说明如此罕见的道德现象对于哲学思考,对于任何理智的好奇心都是非常重要的,也应该说真话,我们这位学识渊博的汉学专家借助于自己关于中国和中国人的众多著作几乎已经向我们揭开了这个谜。我们是没有去过中国的无知的人,按照谦恭的中国语言表达,我们是西方的怪物,我们已经开始有点理解中国了——因为对我们这些"红毛人"(即红色毛发的人)来说——现在差不多最令人快慰的事情就是在遥远东方的黑暗中探索永远一致、永远宁静、永远幸福的人类的这个坚固宫殿。为了我们的进步,人类不愿放弃自己上万条礼仪换取欧洲的宪章,不愿让出自己传统的智慧——理应如此!为了我们的进步、完善和成功。

我们说,最令人尊敬的神父亚金夫几乎已经解开了这个谜,这样说并非信口开河,因为甚至在他最近写的关于中国的4卷书之后(这4卷书现在已经摆在我们面前),还是有很多东西,非常多的东西没弄明白。而在这4卷书里有整整一座矿场,全部是新信息、新观点、新解释,这些东西欧洲人一个也没有给我们提供过。如果说他现在还没有完全达到自己伟大的目标,我们认为原因还是在于他早就采取的方法,即把中国政府装扮成欧洲政府的形式,为了方便读者,用我们的技术术语来总结中国的事情和中国的东西,比较彼此之间在本质上无法比较的现象,即极端的东方和极端的西方之间的比较,并在对立的和根本不同的活生生的可靠画面对我们的想象产生让人感到大为惊奇的作用的地方找到相似之处。我们可能会觉得在这个装扮中中国成了不好的欧洲。很简单的描绘,没有牵强附会,没有刻意安排,以自己特别的方式,即异族的方式和外国的思维方式。在自己真正的独创的中国形式和方法中,他大概就是非常好的中国!……他证明了热爱中国的热情!为什么要极力证明欧洲的一切都可在中国找到?为什么极力证明中国不是按照亚洲的概念而是按照欧洲的概念建成的国家？天啊，这绝不是在夸中国！……如果类似的想法不是简单的奇谈怪论的话（这种奇谈怪论是一个学者、一个聪明的人为了巧妙地支持不可能的东西而想出来的），中国已经死在我们的舆论中了。好像欧洲的一切都是聪明的，是智慧的奇迹，是完善的峰巅！……啊！您瞧瞧西方，看看南方……为欧洲的概念感到惊讶吧……不，欧洲远远没有垄断人类的一切聪明才智。由于与欧洲相似，中国不可能在最通情达理的欧洲人的见解中赢得任何东西。聪明才智是一个特别相对的东西；教育更加如此！可以用不同的方法来成为一个聪明的人，有教养的人。在被天性本身按照另外的模式浇注的这些中国人头脑中应该是另外一种逻辑，另外一种深刻的思想，另外一种聪明才智。请给我们展示原本中的这一切及其非凡的看相术，它特有的类型，好让我们更容易理解，也更快地发现美。

作者收集了如此大量的资料和观点，配上框架。框架是崭新的，可以说是未预料到的，意外的。他把中国进行了梳理和分析，有问有答。关于中国的一切问题都是欧洲式的；答案却不是……答案可以说有点埃及式的，要花很多工夫才能理解其实质。例如对中国人在法律面前是否人人平等的问题，回答是：所有的中国人在法律面前完全平等。而同时在这本书另外的地方您会发现，中国人根据法律可以花钱来免除自己的肉体刑罚，不仅如此，还可以免除流放。为此，当然他需要有钱，甚至要有大笔的钱。结果就是中国的富人和穷人在法律面前并不平等。另外一个问题是：中国的法律是否保护私有财产。对这个问题的回答也很肯定：私有财产完全受到中国法律的保护。但稍后一点您会发现，也是按照法律，“如果个人因为特别富有而对社会的安宁造成危害的……在这种情况下，缺乏重要的法律依据，他们的财产也被登记在国库中，没收为君主所用”。这样对待私有财产的方法，在土耳其、波斯、在整个东方都是大家所熟知的。

显然，当谈到所有财产都集中在代表天的社会领袖手中的那些国家时，当徒有虚名的平等要求还没有渗透到那些国家，而且也不可能违背当地的逻辑渗透到那些国家的时候，这样的问题是徒劳无益的，没有意义的。

但是，正像我们所看见的，可以成功地辩护——中国这个国家显然不是按照欧洲的元素建成的，——既然它令聪明的欧洲人如此神往，在它的结构中一定有许多非常优秀的东西，尽管这种非常优秀的东西是中国的，不属于我们的社会，在精神上、道德上、在对天子的社会的追求上都与我们的社会相距甚远，但是它不仅值得我们好奇，而且值得我们尊敬。让我们把书中的问题和答案放到一边，尽量在书中去寻找到中国结构本身中激发西方旅行者那种热情的原因吧……

第二编

忧伤、晦暗的国度(1852—1907)

在世界的屋檐下

——香港上海游记

И. 冈察洛夫

伊万·亚历山德罗维奇·冈察洛夫(1812—1891，Иван Александрович Гончаров)是19世纪俄国最著名的批判现实主义作家之一，他的长篇小说《奥勃洛莫夫》在19世纪俄罗斯文学史上占有相当重要的位置。作为海军上将普提雅廷(Е. В. Путятин，1804—1883)的秘书，他在1852年的10月到1854年8月，随俄罗斯海军舰队帕拉斯号巡洋舰环球航行，去了香港和上海。他在旅行札记《帕拉斯号巡洋舰》一书中谈到了他在这些地方的见闻和印象。这是俄罗斯文学中关于海上旅行各个国家的最出色的最吸引人的作品之一。下面的内容就是从其中节选出来的。

香　港

我不是从香港给你们写信;那里太热了,没有办法写。我不明白,那里的人怎么能够在事务所里写呀,算呀,出版杂志呀！当我们到达那里的时候,正好太阳当顶,阳光直射下来,——我请求干点什么事情！我现在是在海上写信,我不知道我的信在何时何地寄出;也许从中国寄出;而我们已经从日本出发去中国。无论如何,我只想对你们说几句关于香港的话,我说仅仅是我答应每到一个地方,都要说点什么,关于香港没有什么特别可说的,如果真要好好地说一下,那就应该写一篇商业和政治论文,可那不是我的事情:记住我们的约定——写点什么!

从你在香港港口停泊下来的第一刻,你就会想到,你来到一个有益的地方:无论你往哪里看,全是高高的山,真的,没有树木,在海边,离赤道和回归线稍远的地方,几乎没有植物。你想想,树在那远一点的地方,在谷地。而在这里,可以想象谷地离得很远,不可能去。你看看香港岛本身的地形,无论你的目光投向哪里,如同看到墙壁一样,看到的到处是红黄的山,间或有些地方有绿草。山脚下的岸边是密密麻麻的房子,房子之间能看到一簇一簇的香蕉叶,阳光照射着,泛着金黄色的光芒,有时还能看见篱笆后面的被太阳晒死的树梢像一把大扫帚。

但是沙子和石头取之不尽用之不竭。英国人很善于利用这些原料。在高高的山上,在各种地方你要么看到用石头砌成的各种各样的房子,要么看到已经清理出来搞建筑的空地:劳动和艺术已经融入山岩。看看那些富丽堂皇的房子,你必然会在脑海中描绘山随着时间的变化将来的样子。1842 年,当中国人根据南京条约向英国人割让这块不毛之地的时候,他们当然做梦也没有想到这些野蛮的红毛鬼会把不毛之地变成如此繁荣的海岛。他们做梦更不会想到,他们中国人削平这些石头,砌成石墙,砌成胸墙,造大炮……其实是用自己的双手卡自己的脖子。

这一切都做了。维多利亚城真的就是由一条街组成,但街上几乎没有一幢房子。我上面说房子说错了。这里全部是宫殿,宫殿的基础淹没在海湾里,宫殿的阳台正对着大海,掩映在浓密的香蕉树和棕榈树下。从停泊处望去,这些香蕉树和棕榈树一目了然，赋予风景一种效果，宛如在对一张忧郁的脸微笑。

两三天我都没有上岸：身体不舒服，不想上去，没有清新自在的感觉。最后，第四天，我同波西耶特乘小艇去了，起初沿着中国区游览了一下。中国区居民由两部分人组成，一部分住在小船上，另一部分住在小房子里。房子全部挤在一起，紧靠在海岸边。一些小房子就固定在立在水中的木桩子上。居住着一家人的小船或成排地停泊在一个地方，或分散停在停泊场，船上人家从事捕鱼，做生意，还把人从大船上转送到岸上或者从岸上把人送上大船。他们所有的人都戴着斗篷，好像听忏悔一样。到处都能看见家庭生活的场景：做饭，做手工活，或者妈妈在给孩子喂奶。

我们在欧洲街区众多的码头之一靠了岸，穿过一幢商业大厦，走过一群群中国人：售货员和苦力，穿过各种各样的气味。我们在街上挤来挤去，想在那里自由地呼吸。但当我们吸进空气就好像吞进热气腾腾的蒸汽时，才走了几步就已经想避难，躲在一个真正阴凉的地方去，而不是去繁华大街晒不到太阳的另一边。就是在阴凉处太阳也烤人。我们跑到一个商店，那里堆满了一包一包的货物。在架子上附带放着药品。不知道为什么这里也卖苏打水。英国人在这里喝苏打水要加白兰地，好像为了平衡外部的温度和体内的温度。

休息了一会，我们又沿着街道走，边走边观看宫殿，观看富丽堂皇的入口、遮阳篷、穿堂走廊、紧闭的窗户。在房子里看不见生活的迹象，当时只见一些苦力扛着货物、拿着信件跑进跑出。英国人也在进进出出，拿着太阳伞，戴着草帽或亚麻布的帽子。所有的人像我们一样，无一例外都穿着白上衣，没穿坎肩，系着勉强看得出的领带。所有的办事处都大门敞开；办事处里中国人在英国人的监督下将一包包货物打开或者将货物打包，堆放起来，搬运到小船上，再由小船运到轮船上。满大街上全是无拘无束的中国人，一堆一堆地坐在入口旁，等待着干活。还有的中国人用轿子抬着欧洲人。到处都能看见他们光着肩膀、露着后背、赤着脚、光着头，头上只有一根盘了两圈的大辫子。

我们走到中国街区，它紧接在欧洲街区之后。这条街由许许多多的小铺组成。像新加坡一样，小铺上面住人。小铺不大，有各种物资，餐具、茶、水果。这里也有皮匠铺、裁缝铺、鞋匠铺、铁匠铺等等。小铺门边竖挂着招牌：窄窄的，四分之一俄尺，写着中国字。售货员全都光着臂膀，坐在条凳上，把脚盘在身下。

我们走进一个水果店，水果堆了几大堆。除了菠萝和被叫做橘子的小橙子外，其他的我们都不认识。菠萝发出沁人心脾的香味，而从售货员身上散发出大蒜味，在它旁边就是食品店，挂在太阳下面的肉、一堆一堆的鱼、动物的内脏，还有已经不想去分辨的什么东西，混合着发出几乎像尸体一样的味。

善良的波西耶特在我的请求下，品尝了所有的水果，准确地向我传达出每种水果的味道。“这是甜的，有一点酸，很可口，而这是酥松的，不好吃”，他拿着一个不大的，表皮呈红色，有点像浆果的果子说：“这个像烤熟的葱”，等等。

我们沿着中国街区一直走到海边，走到住在小船上的居民那里，然后登上一座小山，又钻进了一条小巷，这里是中国街区的延伸。还是一些小铺子，还是那么脏。在这里，在这个嘈杂拥挤、黑暗、充满各种难闻气味的地方，在这些窄小的住房和大堆大堆地堆满各种乱七八糟的东西的地方，中国人看起来更加快乐，更加自由自在：他们在这里建起了一个小中国——他们是幸福的！欧洲街区的宽敞、清新、干净、富丽堂皇让他们感觉很不自在，他们在那里就像从肮脏浑浊的小河沟里捞出来被放进盛满清水的细瓷鱼缸的鱼，无处躲藏，无处栖身，无处嬉戏鼓气，没有地方弄脏自己，也没有地方弄脏他人。

很快走完了整个街区，我们遇到一座山，这座山在这个地区被人为地切断了，侧面就是一堵光滑垂直的墙；这里预计将有一条新街。这里聚集了一大批工人，他们在挖地，凿石，运垃圾。这些都是来自葡萄牙殖民地澳门的移民。英国人想向这里移民，刚一号召，整个澳门几乎完全空了。工作、面包和钱吸引了三万中国人来到这里。比起澳门的一贫如洗，他们更喜欢这里永远做不完的工作和源源不断领到的工资。早先这里猖獗流行的寒热都吓不住他们，他们在英国人的指挥下，着手清洁土地，给土地排水，寒热停止了，迁移扩大了。

我们从高处下来又进入中国街区，经过一座房子，房子的窗边一个光着身子的中国小伙子在弹乐器，弹的好像是吉他，曲调单调乏味。有几个女人从他身后往外看。但是并不是所有的中国人都光着身子在城里行走：这只是一些挑夫，做粗活的人和小铺的伙计。更高阶层的人都穿戴得很得体；甚至还有一些人穿戴很讲究，雪白的上衣和绸缎的灯笼裤，鞋子上还钉有厚厚的鞋掌，脑后拖着一条粗粗的黑色发亮的大辫子，一直垂到脚后跟。他们拿着大扇子，用它遮挡头上的阳光。女人一般都是自己在城里走，而那些阔气些，或者重要些的女人则挽着别人的胳膊走。所有女人的脚都多多少少有些畸形；有些人是由于“没有受到教育”，由于“父母的粗心”保持了脚的原样，还有一些人把真正的脚变成了另外一种人为的小脚，而这种小脚是完全不能够正常走路的，因此走路要女仆的帮助。尽管中国女人穿的裙子很长，从脖子一直拖到地上，但在吹风的时候我很偶然地突然看见了她们的小脚。有着橄榄色的脸和黑色的小眼睛的女人，大多都穿黑色的衣服，将浓密的黑发盘在后脑勺上，用一根金的或银的簪子别起来。她们的外表不让人讨厌。

我们好不容易来到欧洲街区，走进一个波兰人开的旅馆。他说他在莫斯科生活了两年，当时他 14 岁，现在他 40 多岁了。我想用俄语与他交谈，但他一个单词也听不懂。在一个因为热而关着门的房间里，杂役给我们送来了像午餐一样的早餐：一块很可口的软软的鱼和一块硬硬的火腿，但是我们都没有动那火腿。后来波西耶特坐上轿子，吩咐把自己抬到一个银行家那里。而我则沿着街道向建成四边形的富丽堂皇的兵营走去。我走过种着茂密而毫无价值的树的林荫道，顺着海边走。天气变得不那么热了，从海湾里吹来凉爽的海风。在沿岸大街我看见许多红色昆虫，不断地从一个地方飞到另外一个地方；我想逮几只带给戈什克维奇，我在追逐的时候，不知不觉走进了军营的大门，无意中来到一个大院，这是一个练兵场。……

很晚了，在充满激情的，星光闪烁的迷人的夜幕下，我回到码头，碰到了正在等小艇的波西耶特。当时这里正好有一条中国的小船，我们在月光下看见船上有两个女人的身影。“为什么要等小艇?”我说：“这是摆渡的，我们就乘坐这个吧。”我们坐上船，两个女人抓住固定在船尾的唯一的橹，开始非常灵巧地左右摇摆。月光直接照在她们的脸上，一个是老太太，另外一个是 15 岁左右的姑娘，脸色苍白，黑黑的眼睛虽然不大，但很漂亮。头发在后脑勺挽了一个髻，用银簪别住。“把我们送到俄罗斯的船上”，我们说。“Two shilling!”(“两先令!”)年轻的要了价。“100 英镑多好啊!”我的同伴说。“太贵了”，我插嘴。“Two shilling!”她单调地重复说。“你应该不是本地人了，因为你太白了? 你从哪里来的，叫什么名字?”波西耶特追问到，想向她靠得更近些。“我从澳门来，我叫埃托拉”，她用英语回答，按照中国人的特点吞掉了几个音节。“Two shilling!”随后她又补充一句就不再说话了。“多好的姑娘啊!”我的同伴继续说:“把手给我看看，说说，你多大了? 你更喜欢谁，是我们，是英国人还是中国人?”“Two shilling!”她回答说。我们到了巡洋舰，我的同伴拉起她的手，而我已经上了舰梯。“给我说点什么吧，埃托拉?”他拉着她的手对她说。她还是沉默无语。“你说说，你……”“Two shilling!”她重复。我哈哈大笑，他叹了一口气，给了钱。我们各自回到自己的船舱。

在这里也像在英国和卡普什塔特一样，让我们自由出入俱乐部。俱乐部是一个标准的宫殿:创办者毫不吝惜花钱，把俱乐部的房间装修得像伦敦的俱乐部一样富丽堂皇。有几个大厅的窗户朝着海湾;大凉台、壁炉、窗户镶着大理石的边;到处都是青铜制品、水晶制品;漂亮的镜子、高雅的家具——所有的东西都是从英国运来的。可是，天啦! 大厅里空荡荡的，好不容易叫来一个睡眼惺忪的中国招待，订了午饭，付了相当于旁边餐厅的三倍的钱。俱乐部濒临破产，欧洲人白天大多数时间都待在自己的角落里，而晚上都愿意与家人聚在一起，所以俱乐部要倒闭了。但是站在这个宽大的凉台上静静地欣赏这个夜晚，感受着夜晚的习习凉风而不是白天的炎热该是多么惬意啊!

晚上 6 点，所有的居民都涌上街头，涌向海边，出现在林荫道上。出现了步行的和骑马的军官、批发商、贵妇。在港督府官邸附近的草地上在演奏音乐。离那里不远的山上，在一座石头房子里住着指挥这里军队的将军。就在附近有一幢像修道院的大楼，里面有一个意大利的主教和几个修士。

我们的人去了广州，可我这时患寒热病正躺着，迷迷糊糊地感觉到放下了快艇。突然一个炸雷把我惊醒了;雷声在我们的人出发的时刻突然出现。在我恢复健康的时候，我每天都去岸边，沿着海边散步，迫不及待地等待着离开的日子。每天都有人上船来访问，我必须接待他们。……

我常常沿着岸边行走，去看那些小商铺，去看中国人做买卖，这在很多时候让人想起我们的旅馆和市场。我买各种小摆设，顺便也买茶叶来品尝。在我们那里要值 5 个卢布的好茶叶，在这里只卖 30 戈比(这已经是转手 3—4 次的了)。最好的茶叶才卖 60 戈比(一个英镑)。这里的香烟是马尼拉的，最低档的烟，齐头雪茄烟来自澳门，抽起来完全没劲。

有一次，我买了一堆五花八门的东西，叫了一个苦力，把东西给他。苦力把东西放在篮子里，一直跟着我走。但法捷耶夫与我同行，他忍受不了这个，夺下苦力的篮子，自己拎着。我无论如何也无法使他产生当一个外国人和一个老爷的愿望，一直到码头法捷耶夫和苦力都在争夺篮子。我雇了一条小船，让法捷耶夫上了船，但苦力还跟着他，又去争夺篮子。旁边小船上的中国人都叫起来，苦力与法捷耶夫纠缠不休，法捷耶夫就像清朝的官员，在小船里坐下来，双手紧紧地抱着篮子。艄公不想开船，想等事情了结。法捷耶夫又抱着篮子想跳到岸上，但人家不让。"请允许，老爷，我会解决他们"，他说，一只手提着篮子，另一只手用力推开中国人，向岸上冲去。我离开了，留下他，随便他怎么解决。我只是远远地看见他就像一群狗中间的一只熊，挡住中国人伸向他的手。后来我看见他骄傲地上了我们的小艇，抱着一包东西，但没有了篮子。篮子是苦力的，成为了争夺的对象，这令我们没有想到。

在辽阔的香港港口的一个角落里，设有一个贸易货栈，还有造船厂、杰尔丁纳和马季松纳。我们四个人一起去看了英国人这个不知疲倦的和难以满足的贪婪和进取的榜样。斯京·比尔，丹麦的轻型护卫舰加拉捷亚号的舰长认为，英国人在香港投入了太多的劳动和财力，企业得不偿失。来开发这个岛的有来自加尔各答、新加坡的商人，他们中有些人已经把自己的资本葬送在这里，因为指望这里靠近中国市场好出售鸦片。但是至今这也没有得到证实。也许对杰尔丁纳贸易不合算的担心是真的，但是拥有了香港，大炮、自己的港口——这一切都在中国的大门口，保证了英国人与中国的贸易会是永久的，这个岛好像会永远是中国政府的一个眼中钉。

中国海，6月8日

上　海

又是在海上漂浮的生活，又是时而在狂风巨浪中时而在风平浪静中前进，全凭风的意志！现在它就在哀号，又是多么寒冷啊！3个月来我还是没有习惯于大海，非常不开心地看着所有的人各就各位，4个舵手几乎贴着舵轮，抓住舵轮的柄，水手们爬上桅楼，巡洋舰张开侧帆，而老船长开始不断在艉楼和地图前来回跑动。我们以每小时6—7海里的速度进入前侧风航向。有一艘日本帆船久久地紧跟在我们后面，看我们往哪里驶去。我不知道跑到哪里去躲避寒冷，我穿上衬绒大衣，蜷缩在床上，盖上棉被，还是冷。前面也不会暖和些，因为上海总是很冷，尽管它位于北纬31°。……

风变得更强劲了，高桅帆已经收起来了，很快中桅帆也收起来了。现在陆地旅行图景已经在向我微笑了。您知道，在陆地，特别是在俄罗斯的陆地旅行该多好啊！你乘着车，不慌不忙，没有期限，随心所欲，有很好的旅伴；没有颠簸，尽管微微有点摇晃，但并不痛苦。车上的铃声盖过了风声，在寒冷的夜里，你躲在轻便马车里，钻进绒毛褥子，盖着被子——你就什么也不想知道了。

14号。这就是Saddle-Islands，我们的船必须停在这里，以免去上海船在那里搁浅，或者碰到英国人，如果我们要同他们开战的话。我们还什么都不知道。大船进不了上海：因为整个扬子江布满浅滩，需要拖轮和引航员。上海倒是有拖轮孔子号，但是拖船进上海要收400美金。如果孔子这位道德高尚的哲学家预见到这位同名者向到来的船只索要这么多钱，他会说些什么呢？当然，他会赶走外来者。谁能知道：但如果他有这个企业的股份，也许他自己还会要双倍价钱。这里的煤也贵得难以置信，一吨要10个英镑，因此拖轮拖船的价钱很贵。

Saddle-Islands离扬子江的沙洲或者江口还有大约四十海里，在河里还要航行四十多海里，然后到一条小河吴淞格、吴淞或像英国人写的那样，Woosung，你想怎么叫都可以。在中国住过的神父阿瓦库姆说应该叫吴淞，因为中国人没有字母Г(格)。

Saddle-Islands意思是“马鞍岛”，这可以看出英国人在这里已经充当主人了。在中英战争的时候英国人的战船就停泊在这里。从我的船舱窗口向岸上望去，全是小岛和礁石，好像标点符号。它们在地图上全是点，都是不毛之地，就像中国附近的大部分岛屿一样。风把海岸变得光秃秃的。而有人写过，说这里有很多牡蛎，有很多水仙！你怎么想？

这时波西耶特叫我看捕鱼的船队。我以为只有二十来只渔船，不想出去。可要知道，我们数了数，近五百艘小渔船。它们全部排成一条线，离我们大约有三链绳的距离，也就是大约有三百俄丈远，在我们船的左边。从右边看全是岛屿，就像海上的怪物，露出乌黑、平淡无奇的脊背：既看不见绿色，也看不见高地；其实，离它们还有大约十二海里。我一直看着中国船的围栏，看他们在做什么。这些中国渔民也许偶尔也做海盗，就像大部分生活在岛上的中国人那样？没有人来管束他们。中国政府太软弱，他们没有海军，拿渔民毫无办法。海盗不碰英国人和其他在海上更强大的人，因而他们与海盗相安无事。甚至有人说，英国人还利用海盗来提供各种服务。但是小商船常常遭到他们的袭击。要揭穿他们很难。如果他们成功抢劫了船只，就把所有的人沉入水底，一个不剩。如果他们没有成功，就会很快溜走。在这些海域的群岛中根本就找不到他们。其实他们只是在认为有可能成功的时候才进行攻击。要抓住他们的全部困难就在于他们不止从事一个行当。今天他们是商人，明天是渔民，在合适的时候他们又是强盗。我们的海员欣赏地看着他们在海上熟练地操纵着自己圆桶形的红色小船和席纹布的船帆：看得出来，大海就是他们的领域。他们好像没有领头的。他们今天在这里，明天在那里，总是逃避着法网。居民从中国分散出去，就像从装得满满的口袋里倒出来的豌豆，散落到四面八方，散在附近和远处的所有岛屿，从一个方向到爪哇，从另一个方向到加利福尼亚。到处都有很多中国人，他们是商人，是非常优秀的手艺人，是工人。我很奇怪到现在好望角还没有中国人？这个民族注定要在贸易中起很大的作用，也许，不仅仅是在贸易中。……

……

已经看见上海了。大大小小的船只、漂亮的欧洲建筑、镀金庙宇、新教教堂、花园——所有这一切都模模糊糊地堆积在一起，没有任何层次感，就好像教堂建在水上，而船停在街上。我们更加急不可待，想换衣服，想暖和暖和，想走走。要是直着前行就好了，可我们是先往右，再往左。突然——糟糕！我们没及时转弯，我们的船被水流冲向后，直接向一艘巨大笨重的花花绿绿的中国帆船冲去。还好，我们的船勉强避开了，又开始曲折航行。风发狂地呼啸着，雨扑打着脸。

谢天谢地，我们总算到市里了。这时我们靠近码头，靠近船坞。我们已经看见我们纵帆船的烟囱了。中国的平尾小舢板前前后后穿梭着。在一大堆大船中能看见海洋快速帆船，稍远处有一艘有 26 门炮的英国小型巡航舰斯巴达克人号，被河湾遮蔽着，更远处还有法国人英国人的轮船。在建筑物上飘扬着欧洲各国的旗帜，表示这是领事馆大楼。

我们非常好奇地看着一切，我用眼睛寻找着中国。

……

中华民族是一个朝气蓬勃、精力充沛的民族：几乎看不见闲着的人。到处都是嘈杂声、奔忙、来来往往、叫声和说话声。挑夫随处可见。他们挑着货物一路跑着，合着节拍发出有节奏的声音。这里的人不像我们在香港和新加坡看见的那样。他们很温和，很谦虚，很整洁。男男女女都穿戴得很干净，街上的各种味道也比香港要小，但是市场除外。比如说，挑夫搬运一大堆砖头吧，他们不是像我们的搬运工那样，把砖头直接放在肩上，而是在肩上扛一根竹子做的扁担，扁担两头是两块小木板，像天平秤一样，木板上整整齐齐地放两大堆灰色的砖头，他们的衣服也不会因此而弄脏。遇到他们也不用担心，他也不会撞你，而只是用有节奏的叫声预先提醒你。如果你没听见，或者你不想给他让路，他会停下给你让路。这一切都很干净，甚至像一幅画：竹子、砖头、挑夫的衣服、他的大辫子、灰色薄毡子做的帽子，帽边上镶着带子或天鹅绒。你看看平板小舢板，看看挑夫：随便看看哪里，哪里都吸引你。树的表面很光滑——原来这是竹子，棚和小商铺都盖着干干净净的草席。如果说这里有什么器具，装了菜汤的罐子和碗的话，那么旁边一切都是干净的；不要担心把你弄脏了，可以放心使用。

顺便说说，我碰到过一队挑夫，每个人挑着两大箱茶叶。我跟着他们。他们从河边来，在河边从船上搬下箱子，挑到商人的家中，身后留下茶叶之路，就像我们那里的苦力的面粉之路。地方色彩！在货栈中这些箱子最后包装，密封，送往美国的快速帆船或英国的船只。

我们来到滨海路：这里更加熙熙攘攘，风景更加美丽如画。这里是欧洲和最东方的交汇处。岸边是富丽堂皇的欧洲建筑，柱廊、阳台、贵族派头的入口。而看门人和管院子的人都穿着自己的制服，或长衫，或灯笼裤，街上也是这样的人群。走来一个商人，脸上刮得干干净净，精心编好的辫子，带着白色或灰色的圆顶小帽子，帽子卷着檐，穿着绸子长衫，或者像女毛皮上衣一样的羊皮大衣；那儿有一个皮肤很黑的工人，没戴帽子，没有功夫梳头，辫子在前额头上盘了两圈；那里还站着一大群人，在等着雇人，或者在等工作，他们大声嚷嚷着，说着自己不协调的语言；这里有一个理发匠，带着一个小木箱，里面装着理发工具，他打开自己的"小铺子"，放上一条长凳，一个中国人在上面坐下来，很惬意地皱着眉头，就像一只猫。理发师给他剃头，刮脸，挖耳朵，拉着他的头发，等等；这里有一个流动厨房，接下来，在栅栏旁边有一个卖陶瓷的小商铺。一大群水手站在码头边，自己的小船旁，那些小船紧紧地挤在岸边。过来一个欧洲人，人群微微动了一下，给他让了一个位置。在船只停泊的地方，显现出战舰的淡淡的轮廓，旁边是一些大驳船，不远处是中国的军舰，桅杆很细，向四面八方张望着。从欧洲商船匀称的船尾后面露出中国船体上彩绘的鱼眼睛。一片繁忙，卸船，装船，来去匆匆，说话，互相高声应答。……

众所周知，中国人很善于木刻、石雕、骨雕。任何一个别的民族，甚至德国人，也不能有那样的耐心，那样细心、那样精致地制作物品，或者只有上帝才能知道这样做要花多少工夫。显然在这里人工和时间算不了什么。如果这样的劳动和这样的耐心花费在某种重要和需要的事情上的话，那么他们也会花在这种微不足道的东西上，以至于你不知道是该为中国人的工作还是为那些东西的无用而感到惊奇？例如，他们在核桃壳或扁桃壳上面雕刻了各种形态的人物、列队行进、庙宇、房屋、亭台，甚至你还可以看清人物的脸。他们可以在厚厚的扁桃壳上给你刻一条帆船以及船上所有的一切，人和物品；甚至你还能分辨出席纹布花纹；这种画不多，做了敞开的门窗，里面还坐有人。这可能要值很多钱吧？我们花了 5～6 个美元，买了几大串就像小圆面包圈一样的核桃。……

从领事馆出来，我同克里德纳男爵一块散步。"给我介绍一下这里有趣的一切"，我请求我的同伴，"你在这里生活很久了，这条路通往哪里？""这条路？……不知道"，他说，以疑问的目光看了看道路。"城在哪里？暴动者在哪里？营房在哪里？"我的问题一个接一个。"在那边什么地方，在那一面"，他回答，并用手指向空中。"在那边，在上海看得见更高的大楼、庙宇或者宫殿吗？"我继续问。"好像是的……"克里德纳男爵回答。"这儿的小商铺都在哪里？领我去，我要买点东西。""我们去问问吧"，男爵回答说，并用眼睛搜寻着看问谁。我笑了，克里德纳男爵咳嗽了一声，也就跟着我笑了。"你在这里 10 天都干什么了?”我说。“你明天来领事馆吃午饭吗?”他问我。“我来吃晚饭，只是要早一点，7点钟。”“你将有一顿特别好的午饭”，克里德纳男爵若有所思地回答，“午饭可能会在大食堂，穿上燕尾服”。

那时我们从河边拐弯上了水渠，过了一座小桥，不知不觉来到了形形色色的人组成的人流之中，陷入说话声、各种各样的叫声、各种气味、各种服饰之中，一句话，就是置身于市场之中。我觉得这里是一幅中国居民的完整图象，没有任何粉饰，纯天然的。

您知道，第一眼让我震惊的是什么吗?第一印象是什么吗?我觉得，我突然置身于我们莫斯科的一个拥挤的市场或者远离彼得堡的一个外省省城的大市场，在那里没有宽阔的大街，没有百货商店。就在一个地方买卖商品，做吃的，就在沸腾的大茶炊和一大堆8字形的小甜面包之间的小商铺里面卖着丝绸物品，旁边就是水果铺和草鞋铺或者是马颈上的套具铺。区别只是在于物品不同：我们那里主要是焦油和韧皮，这里主要是丝绸和茶叶；我们那里是成堆的木制和陶器餐具，这里是瓷器。但中国普通老百姓吃的菜肴很多，样式、香味、稀奇古怪都胜过我们。这里什么没有呢?大海、河流、土地、空气——人们在这里争论，谁给予人类更多的贡献——这一切都引人注目……这还不是灾难，只不过刺鼻而已。

长得没有尽头的带顶篷的小巷，或者最好说，伸向四面八方的走廊形成一个完善的迷宫。如果您想想，这全是房子，连成一片，上面住人，下面做小商铺。两边的屋檐几乎都互相挨着，因此总是显得很暗。在这个迷宫里人流量很大，仅仅是商人就很拥挤，加上售货员，好像挤得水泄不通。然而在这里，人也常常像潮水一样，涌上了，又退下去。挑夫在这里穿行着，灵巧得让人吃惊。他们挑着笨重的担子，挑着大箱的茶叶，挑着大捆的丝绸，挑着大包的棉花，几乎就像草垛一样大。这不，他们抬来两个死人，不是像我们那样用肩扛着，而是用手抬着。那边有一个苦力，拿着一封信在跑。这边有个人正在拖着一个装满鸡的箩筐。所有的人都跑着，叫着，喊着号子，好让别人给他让路。这个人用一根小棍子在敲打着一块小木板，原来是在卖布。那个人提着活野鸭，肩上挂着死野鸡，或者相反。小贩像我们那里的一样叫卖着。你刚让开一个，另外一个又轻轻碰着你的肩头，你只好后退，但第三个又急忙对你叫喊起来，你跳到一边，因为他的双手都拧着肠子或者拧着长长的拖到地上的鱼。“我们往哪里躲？两头牛过来了”，克里德纳男爵说。我们钻进一家小商铺，而牛走远了。在开着门的那些小商铺里都摆着各种样品：各种各样的鱼——风干的、腌制的、晒干的、活的，有一种鱼像马刀一样，就叫带鱼①，另外一种双头鱼，那边是圆圆的，这边是扁扁的，接下来是海虾、河虾、其他海产品。野味多得不得了，特别是野鸡和野鸭；它们被挂在门上，或者堆在地上。

这家铺子里面很宽敞，也挤满了男男女女。这是一个小吃店。我几乎脱口而出：“大家好，祝你们胃口好！”人们三三两两坐在一张张桌子旁边吃饭，同我们那里一样。人们用没有把的蓝色小茶碗喝茶，然而，一个宽肩膀的马伕没有吃一点糖，就像我们那里一样，因为没有糖，他们喝茶时不吃糖。所有的人都用有着细长烟杆的小烟斗抽烟；这又同我们的相反：我们那里抽烟用短烟杆和长烟斗。我们头上缭绕着一团团烟雾，烟雾是从摆放在各个铺子角落的小炉子里，顺着小吃店冒出来冲上街的。浓烈的气味向路人袭来，然后消失了，就像烟一样。这里什么没有啊！面团做的饼还是生的，然后根据要求放在开水中，过几分钟就煮好了。旁边煮着黑色的菜汤，里面还放有猪肉或者鱼肉，未必比斯巴达克式的要好些。我甚至还看见了菜汤，是的，那种懒汉菜汤：在开水中煮上非常好的绿色圆白菜，还有肉，好像是羊肉。还有油饼、炸猪肉、包子。

在这里我看见很多熟悉的东西，也看到很多从未见过的东西，特别是闻到了从未闻过的气味。我的上帝，人什么东西不能吃啊！当然，我不会对你们说，我看见一个中国人在市场上吃什么了，完全公开的……我以前认为，旅行者会夸大其词，但现在我切身体会到，我必须缩小。——这里什么样的汁没有啊！一切都在煮、炸、烤、沸腾、发出声音，热气混合着气味飘得到处都是。你无论用什么都无法减轻这种气味：无论是广藿香还是四罪犯酒②都无济于事；特别是两种相反的味道，令人恶心的植物油，好像是芝麻油的味和大蒜味混合在一起。

---

① 在俄语中马刀和带鱼（сабля）是同一个词。——译注

② “四罪犯酒”是俄罗斯一种著名的酸酒。——译注

你可以在水果铺旁边休息一下，在这里眼睛和鼻子都很舒服。你惊奇地看着巨大的柠檬——橙子，英国人把它们叫做葡萄柚。它们的个头有六七岁的小孩的头那么大；果皮有一个半手指那么厚。一般是正餐后作为甜点上的，但我不知道为什么吃不下。我们尝了尝，但咽不下：既没有柠檬的酸味，也没有橙子的甜味。据说它们现在还未成熟，等到成熟之后，果皮会变得薄一些，果肉就甜了，也许是这样。接下来是橘子，大堆大堆地放着，就像我们堆放土豆一样。橘子的个头要小些，但很甜，发出橙子的香味。橘子的好处还在于皮很好剥，剥了皮后果实就像蛋一样，水分很多，几乎是透明的。这里还有一种像酸橙的椭圆形的水果，比核桃稍小一点；我忘记它的名称了。我拿起一个来尝，咬了一下就扔了，味道比葡萄柚还难吃。周围的中国人都笑了。我后来才知道这水果很有益。还有所谓的大枣，很小，干无花果，里面有一个很小的核。它们很甜——关于它们没什么可多说的，只是它们有点像海枣的味道，太甜了，无糖的甜，甜得牙齿都受不了。干果很多：核桃、扁桃、胡榛子等等。绿色蔬菜也很多，特别是新鲜的绿色蔬菜，长白菜，还有长长的和红色的胡萝卜、大葱等。

我们继续沿着一排排小商铺往前走，在工人的叫喊声和工具的碰撞声中（那些工人完全是光着臂膀，在自己的作坊里非常使劲地弹着棉花）我们走向美国人开的百货商店。那里什么都有：成衣、餐具、衣服料子、酒、奶酪、鲱鱼、香烟、瓷器、银子饰品。在食品店之间，我们意外发现了一个中国小店，好像是卖小百货的。这里出售各种各样的小东西。我买了三十多个用各种颜色的寿山石雕刻的和善的小人。这种石头，除了中国，在匈牙利和德国的萨克森也有。

我发现，在世界没有一个角落不漫天要价的。中国人为石头工艺品要了22美元，还让了8美元。无论是文明的民族，还是半文明的民族，还是野蛮人，都具有这种癖好。是谁在剥夺谁：是我们在剥夺东方，还是东方在剥夺我们？

终于我们来到一条浑浊的小河，来到一座窄窄的拱圆形小木桥前。这里有一个不大的庙宇，里面供着菩萨，台座旁有一个乞丐在乞讨。一个从英国轮船斯巴达号上派来的哨兵，头戴水兵帽，身穿水兵服，背着枪在桥上巡逻。在下桥的斜坡上，坐着一个中国人。他面前放着一大锅煮好的饭，人们挤在锅前，每个人都往锅盖上放几个小铜钱。中国人拿起一块布，用手从锅里抓起一把饭，放在布里，把水挤出来，挤干后递过顾客。中国饮食不招人喜欢，特别是他们食品中使用的那种油。他们没有牛油，牛油是从英国运到这里来专供欧洲人食用的，而且运到上海的牛油已经不新鲜了。有时候中国人食用猪油。

顺便说说钱币。上海流通两种钱币：西班牙元和美元以及中国的铜钱。西班牙钱币正是那种卡尔四世，被认为比其他所有的钱币都好，但我不知道为什么叫它上海钱币。钱币上还由上海商会印上中国印章，以标志它们不是假的。在内战的时候，银行家们特别抬高对美元的汇率，所以，美元兑我们的钱，不是通常的1美元兑1卢布33戈比，而是现在的2个卢布。但这只是在银行家那里兑的时候，在流通中它实际上还是以前的价格，也就是说，人家给你的货物不会比以前多。大家都去换，即大家从四面八方把美元带到这里来，用它们兑换伦敦或者别的地方的汇票，1美元就赚2个先令。在买东西的时候，付出的钱几乎要多1倍；这里凡是从欧洲运来的东西本来就很贵，这样一来就更贵了。如果谁要想多储备些钱，那就是灾难了，会损失一大笔钱！别的货币，也就是说西班牙元，但不是卡尔四世的那种，而是费迪南德那种或别的，还有墨西哥元，只能按面值的80%流通。此外还使用克朗和先令，但流通不多。流通的铜钱很多。它不是用纯铜来铸造的，好像是用自然铜铸造的，样子很脏，大小像25戈比的硬币，上面印了一些粗大的中国字，中间有一个小孔，方便用绳子串起来。我开始一下子没有明白，中国人手上、肩上，或者像项链一样挂在脖子上的长长的一串是什么。

我在一个小店里买了点东西，花了三十来美分，突然给我找了近千个铜钱的零头。原来1个美元要值1500个铜钱。我不知道该怎么办，就给乞丐了：我几乎全部给了，只留下50个，好玩，带回来给您看。

“可是1点了”，克里德纳男爵说，“该回去了；我该吃早饭了(他没住在旅馆里)，您也该吃午饭了”。我们没有走先前的路，而是沿着水渠转到了第一条很窄的长街，它直接通到饭店。街道两边还是商务楼，有高高的栅栏和小花园。挑夫还是挑着担子飞跑着。我们到得还早，我们的人还没有到齐：有的办事去了，有的闲逛去了，另外一些人想去中国军营。

一小时后，整座房子都响起忙碌的声音：这是准备去食堂的信号。过了半小时我们去吃饭，饭桌旁忙着招待的全是中国人。看见这些小男孩特别高兴。在他们的小脸上，一双有点浮肿的小眼睛，凸着像鞑靼人那样的前额和太阳穴，显得很机敏灵巧；他们灵活地跑来跑去，换着盘子，递着面包、水，还说着蹩脚的英语。

午饭后克里德纳男爵来了，我领着他在城里和周围转了转。我们来到吴淞河沿岸街，去了左边，经过富丽堂皇的英国领事馆大楼、然后是葡萄牙领事馆、丹麦领事馆等等。在路上又遇见挑着茶叶的挑夫，口里有节奏地喊着"啊—啊！啊—啊！"，茶叶撒了一路。这里有一群从法国船下来的水手，正在玩一种游戏，他们长得很漂亮，个子高大，穿戴得很好。我们来到一条流入吴淞河的小河的渡口，很多下班回家的普通人挤在码头上，等待着开往河对岸的轮船，对岸首先映入眼帘的是一堆肥料，肮脏的河岸，两三座小茅舍，两三棵长得不好的树，后面是耕地。

经过菜园子的篱笆，穿过长满棉花和各种农作物的耕地，我们来到离城最近的一个小村庄。小茅舍是用竹子造的，没有窗户，只有一道门，彼此紧挨着。一条肮脏的水渠弯弯曲曲地流过村庄，到处都是用来施肥的粪桶，臭气熏天，无处躲藏。走到这里我们很沮丧。我们的脚在潮湿的黏土上慢慢移动，狗不停地叫着向我们扑来，一个老妇人止住了狗。几个中国人正在门边吃饭，非常灵巧地用两支筷子把饭从碗里往嘴里送，饭把嘴塞得满满的，没法回答我们的问候，只是友好地点着头。

然而，尽管这里很臭，很穷，很脏，但是你不能不发现他们的智慧、条理和他们思路的清晰，甚至从农活和木工活的细微之处也能看出。普通人的眼睛一下子就能看出来，这个农业国家的优势在哪里。中国皇帝作为国家主要的和伟大的活动家，他的手并不是白白地一年一次使用犁头：任何事情都是考虑周全的，而不是随随便便就着手进行。一切都是精心考虑后才去做的，你看不到随地乱扔的稻草，没有倒下的篱笆，在耕地中也没有羊或牛。任何地方都没有堆放无意留下的和腐烂无用的原木，也没有类似的有用的东西。这里好像每一个小木片、一块小石头都有用处，都规整得很好。

土壤天生就是泥泞的，但毫无泥泞的痕迹。没有一块地没有耕种，每一个苗床和每一个垄沟都一样宽窄。所有的房子虽然很简陋，很脏，但建造得很聪明。里面的一切都经过考虑，人们善于把每个角落都利用起来，一切都井井有条。

晚上，我们聚集在"俱乐部"里，也就是那个最大的房间里。那里住着大部分房客，有一盏明亮的灯。壁炉也不冒烟，它烧的煤比起别的房间也更多。这里没有剧院，也没有严格意义上的上流社会。但只要是英国人去的任何地方，你都能够找到干净的房间、烧煤的壁炉、很好吃的肉、赫雷斯白葡萄酒和波尔图葡萄酒，但这不是上流社会。你不要去找它，英国人善于把自己的古板单调的道德和自己的乏味带到任何地方。如果邀请您去吃午饭，您穿着燕尾服、白坎肩去了那里，如果有胃口，您就像寓言中的主人公或者像新来的马车夫那样，只管吃，多喝少说，然后悄悄地溜走。但是没有邀请，您自己不要去。如果有事，您可以去，但要在约定的时间。您要是只想谈谈话，不能去。一天就是这样安排的：早上大家都忙着做事，然后散步，从 7 点到 10 点 11 点吃饭，然后就在那里睡觉了。……

我们在俱乐部打发时间：一个在写，另一个在读；一个在说，另一个在默默地抽烟并听他讲述，但大家都围在壁炉旁，因为无论天空多么美丽，夜色多么清新，可冬天，特别是在这里的房子里，始终让你感觉到它的存在。……

第二天，起床吃饭之后，我沿着已经熟悉的街道到百货商店买点东西。人家给我说，在旅馆左边街道上的第四幢房子还是第五幢房子就是百货商店。我走到了第六幢房子，可还是没看到。我又来回走了两趟，没料到一个两边栽满树的宽宽的台阶就是百货商店的入口。我尾随克里德纳男爵走进去。"走吧，我带你看看城市"，我说，他默默地跟着我。把欧洲街区和中国街区分开的小河大约有五俄丈宽，河水浑浊，就像扬子江，也像吴淞河一样。河上有很多中国帆船，船上居住着一家一家的中国人：两岸行走着商人、船伕、各种手艺人。在一个地方我们闻到一股香味，这是樟树工艺品加工厂。我们走进棚子和小店，置身在棺材、大箱子和小匣子之中。当我们走进的时候，远处很好闻的樟木的气味变强烈了。我们闻着，好像突然有人用樟木枕头压住我们的脸，让我们喘不过气来。我们想买樟木箱子，但同中国人说不清楚。我们给他们说英语，他们说自己的话，借助手势也无济于事。两个在这里工作的姑娘，有一个特别漂亮，看着我们偷偷地笑。一只大黄狗汪汪地叫着向我们扑来。樟木的味道钻进我们的鼻子，让人感到很舒服。我们顺着河流走去，走到福煦路。然后我们又去寻找一个法国商店，关于这个商店有很多不好的传说，但是这天也没找着。

我们很快穿过一个市场和各种各样的气味，从棉纺厂、小饭馆、沿街叫卖的小贩、一座供奉着菩萨的庙宇旁经过，走过一座小桥。“现在去哪儿？左边还是右边？”克里德纳男爵问。“是啊，去哪儿，去左边吧！”正好在我们的正面是一条很窄很窄的小胡同，昏暗，肮脏。中国人从那里走出来，就像蟑螂从缝里爬出来。右边是一座很大的欧式石头房子，大大敞开的大门通往栽满树的清洁的院子和一个宽大清洁的台阶。左边是一个新的中国街区，新的小店铺密密麻麻，比那一边的要干净些，富有些。这里是衣料店、家具店。我欣赏着前面谈到过的中国家具，上面有雕刻的花纹和木头镶嵌。这里没有小饭馆，也不拥挤。小店开始也少了，我们走过像城堡的围墙一样高的栅栏，这些栅栏是用竹子做的，竹子后面堆放着砖头。最后我们穿过一个坑坑洼洼，有些地方长满杂草的大院子，来到城墙下。

众所周知，中国人是极端墨守成规的，认为城一定要用城墙围起来，因此他们的每座城都有城墙，上海也不例外。但是我们面前是一幅什么样的景象啊！相隔很远我们就听见人声鼎沸，不明白是怎么回事。现在我们明白了。壕沟把我们与城墙隔开了。在壕沟的那一边，墙脚下，挤了一千多人，大家竭力狂呼。在城墙上，像蚊子贴在上面一样，站有上千人在吼叫，他们是暴动者。城墙下面是沿街叫卖的小贩。他们从城里运来了可以运来的一切。家禽、绿色蔬菜、水果、柴火、原木都慢慢地顺着城墙往上拉。用灰砖砌的城墙很高，大约有六俄丈高，而且很厚。被围困的人扯着嗓子在叫着，一个要猪肉，另一个要白菜，第三个要鸡。讨价还价，争吵，终于条件谈好了，一个篮子被绳子系着从城墙上放下来，里面放着钱，然后放着鸡、放着橙子、放着衣服的篮子又顺着城墙拉上去。那里在拖着木板，这里在争吵，太混乱了！旁人怎么也弄不清楚是怎么回事。我只相信一点，小贩们围住城肯定比帝国主义者围城要有用得多，有成效得多。那里还可听见懒洋洋的枪声。那些围城的人是为了打死被围的人，而这些围城的小贩们是为了延长被围者的存在。

我们的人总算进入了军营里面，在英国军官的交际场合看见那里成堆的烤猪、烤肉、饼子等等,这些东西都是给大炮的祭品,都被安排在炮口旁。

如果围城者自己有比被围困者更多的自由的话,围城者当然可以搅扰城里的食品供应。但是围城者几乎不敢走出军营,而我们却看见过那些暴动者在欧洲街区自由自在地蹓达。这些人的服装又是另外一个样子。他们像下层满族人的习惯那样没剃前额,可英国人和美国人是两种人都抓。波西耶特曾看见两个骑兵从城里回军营,经过拨给英国人游玩的土地时,被一个从斯巴达号军舰上下来的英国军官用棍子抽打,打得其中一个从马上掉了下来。小贩们卖东西的壕沟和城墙都用于保护城市,可要是有一颗炮弹落到欧洲街区,那被围困的人和围城的人,都不找领事交涉。一颗炮弹就这样无意中落在了法国轮船的舵轮上,船长想朝城里开火。我不知道,这事是怎么处理好的。

一般说来,英国人对待中国人以及别的民族,特别是受其统治的民族,不能说很残忍,可是颐指气使,粗暴,或者冷冰冰地瞧不起人,这种态度让人看了痛心。英国人不承认这些民族是人,而是把他们当做会工作的牲口。英国人不打他们,甚至精心地照料他们,也就是给他们吃好的,大方地给他们报酬,但并不掩饰对他们的鄙视。有一个军官,是大约二十来岁的年轻人。他好像不是舰队上的,而是海军部队的,从"斯巴达"上下来的。他常常到我们旅馆里来玩,好像也不反对冒险。他叫斯托克斯。他不断去被围困的城里和军营。我同他一起在街上散步。如果在我们前面走着一个中国人,没有发现我们,久久没有给我们让路,斯托克斯就会毫不客气地上前抓住他的辫子,把他推到一边。中国人起初不知所措,后来带着被压抑的愤怒的笑容看看后面。当然,没有比中国人更加温和,更加驯服,更加有教养的民族了,除了广州人之外。广州人也像大城市里的任何平民一样,很粗暴和爱吵闹。而在这里,我没见过中国人投向欧洲人那种嘲讽的目光,在他们脸上看到的是恭敬和怯懦的关注。而英国人是怎样回报的呢,他们依靠中国人发财了,又折磨中国人,而且还瞧不起自己的牺牲品!我们的房东老板多纳尔茨,当然是英国人中最令人讨厌的人,也许他在英国就是一个乞丐,只不过突然决定到别人的土地上来开一个饭店,结果经营成功了。就是这个多纳尔茨,他打过一个中国人,自己饭店的招待,打得"我都非常可怜他了",善良的季赫梅涅夫说。

我不知道他们到底是哪一个使另外一个文明开化:不是中国人用自己的

礼貌、温和和贸易的能力开化了英国人吧。……

从这篇关于对英国人开放的 5 个口岸中的一个——上海——的随笔，您无论如何也不能断定，现在以及随着时间推移的将来上海起着多么辉煌的作用！目前这里的海上贸易周转量胜过了香港、广州、悉尼，仅次于加尔各答，居于第二位。而一切都是因为鸦片！为鸦片中国人付出了自己的茶叶、丝绸、金属、药材、染料、汗水、鲜血、精力、智慧，付出了全部生命。而英国人和美国人冷血地拿走这一切，变成钱，也是这么冷血地对待因为鸦片引起的指责。听到这些指责，他们并不脸红，还彼此推诿。英国政府保持沉默，这是它要做的唯一的一件事，因为政府的很多领导人自己就在印度种植场种植鸦片，装上轮船，运到扬子江来。在离上海 16 海里的吴淞河里，就停泊着一整只鸦片船队。那里就是毒品集散地。其他的船把鸦片运来，卸下，而这些船就在这里销售鸦片。买卖鸦片是被禁止的，甚至被中国政府诅咒，但是无力的诅咒顶什么用？当然，不让运进海关，但是偷偷运来的人除了获得巨大的利润之外，不会受到任何处罚。

政府从这里的海关得到的好处很少，难怪海关的官员们都在以前菩萨开会的大楼里，也就是在庙里开会。中国人贪婪地扑向鸦片，很快就在内部销售鸦片了。中国政府不能随便登船检查，除非它确信在这些船上能够找到鸦片。可它从来也没有找到过，因为那些买办们总是事先给老板通风报信，鸦片或者丢到河里，或者运走：当时政府也因为怀疑无法证实而没法同外国人交涉，所以从没有进行过检查。英国政府辩解说，它无权禁止在印度种植罂粟，而对鸦片是否进入中国进行监督不是它的事，而是中国政府的职责。说这话的正是参加了反对买卖黑人联盟的那个政府！

往丑恶里已经徒劳无益地扔了 1000 块石头，再扔一块软弱的石头也是枉然？奇怪吗？事情很清楚，没有必要争论。被谴责方已经意识到自己的罪过，保持沉默，判决已经宣布，可是却无人执行！

只消给您说这里的鸦片贸易的总数就很可怕。35 年前欧洲人运到整个中国的货物总共价值大约 1500 万两白银，鸦片占 1/4 多一点。12 年前，还在第一次鸦片战争前，运来的货物增加了 1 倍，也就是价值 3000 万两白银，鸦片却占了 4/5，只有 1/5 是其他商品。这是在整个中国。而目前仅运进上海一地的就大大超过此数。上海无可争议地在中国的贸易中起到了头等重要的作用。上海地位的提升不是因为依靠临近的城市:厦门、宁波和福州。这些地方有自己的活动范围,自己的商品种类,这一切至今如此。

但自从北方贸易开辟之后,广州和香港不能不失去部分作用。很多北方地区生产的产品找到了最近的发货点,到这两个地方的货流量就减少了。但是担心这两个地方会完全衰落也是没有根据的。广州在自己城内也有上百万的居民,还有它下属的和临近的几十个州,所以广州永远都是这些居民的市场,这些居民没有必要到别的地方去寻找工作和销售货物。而且它是一个工场手工业城市,大流量运到南部港口的货物要转向另外一个方向并不容易,特别是当这个港口有自己领先的方面的时候。香港也不会因为上海的崛起而衰落,只不过失去一点点机会,而且已经失去了集散地的地位。现在很多船直接到上海,而以前它们是到香港卸货或者装货的。

上海崛起的原因在于它有利的地理位置,位于大河边上,河的上游有几个人口众多、贸易发达的工场手工业城市:南京、苏州。上海本身人口并不多,总共只有 30 万人(在被围困之前)。这对于中国城市来说,人口是少的了。但是上海是这些城市,特别是生产丝绸和茶叶的这些省份的贸易前哨阵地。丝绸和茶叶是中国最重要的两大产品,现在中国购买欧洲和美国的棉织品和毛织品以及其他产品就用它们来支付。只有买卖鸦片才用响当当的银元。……

现在由于中国的风潮,贸易受损了,危机一触即发,给予贸易的打击影响深远,像地震一样。香港、新加坡、印度、英国和美国都能感觉到它。尽管贸易,特别是鸦片贸易并没有停止,但是中国资本家全都跑了,跑到内地去了。同以前相比,销售疲软,尽管量仍然很大。在上海,商铺和大楼都锁上门,富商都跑了,留下的人向暴动者支付军税。这些商人中有一个是天主教徒,被征收了 8 万西班牙比索的税,但事情还没有完,好像还要支付 6 万或者 7 万。

船只尽管没有达到以前的数量,但继续将货物运到上海和郊区,并且不通过海关。道台抗议对海关法的公然违反,找英国领事说理,要求支付关税。英国领事回答说,他不知道地方当局是否有权要求支付关税。当地方当局不能保护贸易的时候,商人们必须自己去关心。无论如何,事情的解决要等到战争结束。根据战争的开始来判断,战争的结束谁也预见不到,至少上海战争不可能很快结束。

在扬子江上游一点的南京，现在是暴动者的总部。那里住着暴动者的总指挥和皇位的觊觎者——太平王。南京的暴动者认为上海太无足轻重，因此没有派援军去上海。法国驻中国公使布尔布隆及其随从乘船去了南京，太平王没有接见他，只是派了自己的秘书会见他。对法国人提出的如果新政府建立之后打算怎么办的问题，太平王回答说，他的臣民作为基督徒，将欧洲人视为兄弟，将在这个意义上行动，但这并不是束缚自己的义务。法国公使就这样返回来，带回这几句话。但这个回答被欧洲人完全接受并写进了通报中。这种基督教是被新教徒传入中国的，或者说由从东方来的聂斯脱里派教徒传入中国的，已经与佛教混合在一起了。

其实基督教是以各种可能的途径传入中国的。您知不知道，是什么促进基督教进入中国的？是中国人对宗教的冷漠态度！他们没有宗教狂热，他们甚至从佛教徒那里都没有感染上这种狂热。孔子的学说不是宗教，而是日常生活的道德，是实践哲学，并不妨碍任何宗教。的确，天主教神职人员在中国人中没有遇到过他们要求追随者所具有的那种激情。也许这个民族正被完全重新改造，这需要长久的等待。但是今后也不会遇到至今也没有遇到过的激烈的反抗，而遇到的只是来自政府作为政治上预防的系统的无力的抵抗，

新教布道的精神比天主教布道精神好像更适合中国人的实践的工业精神。新教徒以贸易开始，随后进行传教。中国人为贸易而高兴，不知不觉就接受了对他们毫无妨碍的宗教。天主教徒则相反，以传教开始，想把天主教及其纯洁和无私的崇拜立刻推广开来。中国人到那时为止完全没有像宗教思想的东西。的确，中国人有崇拜，崇拜天上的神灵，但是这种崇拜不仅没能成为人民大众的义务，而且就像我有一天已经发现的那样，只是成为皇帝的特权和责任。……

有一件事使人担心基督教能否成功——这就是在传播者中间进行的竞争。很遗憾，这种竞争已经部分地存在了。天主教的传教士禁止自己的弟子拥有新教徒出版的书籍，而新教徒运来了几万册书籍并在上海散发。大部分书籍被中国的天主教徒得到，他们带给自己的天主教导师，而导师把这些书烧毁了。……

第三、第五、第十天，还有接下来的日子都一样。我们看书，散步，心不在焉地听着暴动者和帝国主义者密集的枪声，一天吃三顿饭，做完自己的事情，去邮局。日子过得很无聊。“该去另外一个地方了！”我们再三地说。我们认识这里的所有人，所有人也都认识我们了。我们同所有的人都打招呼，都说话。

……

我们就这样寂寞乏味地待到12月15日，突然从邮局接到消息说，近期要与西方列强断交。人们越来越期待东印度邮局的轮船。如果它带来了关于战争的消息，英国军舰就可能要截我们的纵帆船。我们的52炮巡洋舰和20炮轻巡航战船当然比这里的战舰都厉害，但它们在90海里之外，而吴淞河太浅，进不来。纵帆船的船长和待在上海的军官都已经接到命令迅速向马鞍岛靠近，以便同舰队汇合，而容许我自行决定，留下来或者随后乘坐中国船返回。这是一种有篷的船，用竹子做的，很光滑，上了漆，有雕刻，还有各种装饰。但乘坐它们走90海里，太折磨人了，拥挤并让人提心吊胆，而且还会不止一次地被海水冲走。

我不知道该怎么决定，忧郁地坐在自己的箱子上，直到我的同伴们嚷嚷着从旅馆出来。苦力跑进跑出，搬运着行李。大家都走了，8点多钟了，船在10点之前必须离开。我们中很多人在卡宁加马吃饭，而其他人不想吃，包括我。这是告别餐。最后我很快收拾好了，叫来了我们住在旅馆的文书，写了一个纸条，吩咐叫两个苦力，我们就动身了。

苦力带着上色的大灯笼，用很粗的竹竿，抬着我的箱子，吆喝着“啊—啊—啊”。我和文书勉强能跟上他们。来到码头，漆黑一片，那里既没有人，也没有船。苦力叫了一声，从远处的一堆船中，勉强听见有人应了一声就沉默了，但没有人过来。苦力又对着另外一个方向叫了一声，这次声音更大了。从一条大船附近传来了喧闹声，划桨的声音也传来了，划来一条小船。这时从中国帆船那里传来的划桨声更大了。终于我们走了，到处一片黑暗，只有河水在星光下泛着光，就像玻璃。过了半小时我们好不容易到达了纵帆船。远处，在城里响起一阵枪声。

纵帆船上挤满了人：有些人连坐的地方都没有。但在吴淞河里很多人被分到其他船上去了，这里变得宽敞些了。人们睡在地板上、船舱里、板凳上，只要可以睡的地方都睡了人。我在船长的船舱里躺下，船舱里也堆满了木箱、皮箱、包袱。装在笼子里的羊和鸡不停地叫着，让你忘不了它们。里面还有两只活着的野鸡，也许它们是第一次来到这种民主的社会中。……

傍晚我们看见了在停泊地摇晃的我们的舰队。7点钟左右我们的船抛了锚，我们回到了自己的家。到家了！有时候什么叫到家啊？多么可笑！再见了！如果这封信您觉得没意思，别埋怨，观察或事实本身就枯燥乏味。与其责怪我，不如责怪扬子江及其河岸。它们也是贫乏的、令人感到无趣的，不能说仅仅是乏味。它们就这样反映在我的信中也就不难理解了。

暮色笼罩的皇城

——回忆北京

B. 瓦西里耶夫[①]

瓦西里·帕夫洛维奇·瓦西里耶夫(Василий Павлович Васильев, 1818—1900)是俄罗斯东方学最伟大的专家、佛教专家。1840—1850年他在俄罗斯驻北京的东正教传教团工作,在北京卓有成效地、深入地研究了汉语、蒙语、鞑靼语,还掌握了梵语、藏语、满族语。瓦西里耶夫著有一系列语言学和文学、历史和地理学、中国文化方面的著作(如:《中国语法》、《中国经典著作选读》第1—3卷、《中国历史》等等)的作者,他的这些书至今还具有自己的意义。"在瓦西里耶夫身上,我们看到一个汉学家的科学方法与生动的观察者—政论作家少见的结合,他明确地回应了所有对他专业的担忧",他同时代的人这样写道。

特写《回忆北京》首次发表在政论文学报纸《北方蜜蜂报》上(圣彼得堡,1861年1月9—12日,第6—9期),并在他去世之后,收入瓦西里耶夫的选集《发现中国》之中(圣彼得堡,1900年)。

---

① 中文名"王西里"。——译注

越过几道将蒙古和中国分隔的山岭，旅行者、商人或者征服者就来到一片辽阔的平原，在平原上向南望去再也看不到山，这就是中国的开始。现在越过的高山曾经一度成为了异族人的避难所，这些异族人终于被有着惊人的扩张能力和吞没其他民族能力的中华民族所消灭，所吞没。这个巨大的帝国从这里向南向西延伸了很远，它的泥足①直到不久前才被打断，就在它的初始边境地带设立了整个民族的首都。做出这样奇怪选择的理由是什么呢？这里的气候绝对不是全中国最好的，冬天向你袭来的不是漫天大雪，而是滚滚尘土，这是从失去所有植被的山上刮来的。土壤也没有值得夸耀的物产。这里只有中国人的忍耐和勤劳，只是由于大量的施肥，才从这种石灰质土壤中获得一点收成。但是尽管这样，由于干旱或水涝，歉收不断发生。如果不从南方运来粮食，从北方，蒙古运来肉、鱼、野味等，这个国家在目前人口的情况下，不仅不能养活首都，而且还养活不了自己。要有四百万俄石②粮食运到北京供它使用。我们还拿别的东西来说，例如建筑材料，木材从蒙古运来(有时候也从俄罗斯边境运来)或者从中国南方运来，因此一根好的横梁或者木立柱要值我们的200卢布，一口像样的棺材(没有包面，没有任何装饰)这点钱还买不到，还有的木头棺材要值4000卢布！看看北京的商铺，什么样的商品没有啊，包括人们主要穿的麻布和丝绸！这一切中有一根线是本地产品吗？很多人都以为到了北京就可以直接从茶树上摘下茶叶，放到茶壶里面，他们大错而特错了！这里根本就没有茶树，所有的茶叶都是从南方运来的，未必比我们恰克图的茶叶更便宜，更不用说比广州的茶叶了。由于中国人居住了几千年，你在他们的土地上找不到一个野生的浆果，而最善鸣的鸟，除了乌鸦和麻雀，对于北京居民来说几乎是神话了……

由于修建了很多大坝，在整个北京只有泉水。在被花岗石包围的宏伟的水渠底部你勉强能够发现它。你不要以为这水渠的水能喝，没有人离得开井水。而好的水井都在城外，因为城内可能是人口太过稠密，又因为中国人几千年来一直在踩踏自己的土地，往地里倒了很多水，所以水渠里的水就像沼泽地

---

① 源自《圣经》中的“泥足巨人”这一成语。——译注

② 俄石为旧时俄国体积单位，相当于209.91升。——译注

里的水一样是苦的，不卫生的。

在这么一个角落里矗立着世界上最伟大的首都之一！就算它是属于另外一个民族，而不是中国人，它也是最伟大的首都。中国人夸耀他们刚一出生就永远位居中央。要知道，无论是读他们的书，还是读他们智者的话，都没有说明他们首都的意义、首都的影响和为什么需要这个地方！他们提供的某种证明是现在的选择。显然哪儿的人都是人，都一样，当他们赞同夸奖什么的时候，无论如何都能找到美好的方面。照我们看，任何不幸选择的主要过错在于历史。很早以前，还在读小学的时候我们就被教导说，历史的原因是最神圣的，谁也不应该去涉足。遗憾的只是我们的导师们和教授们一点不了解中国的历史。要不然他们那时就会说完全不同的话了，因为旁观者清嘛。对于中国的历史因素我们并不是像对自己的历史那样偏颇，那时我们就确信我们俄罗斯俗语中的真理：一个傻瓜扔一块石头到水中，十个聪明人也捞不上来！……

对北京成为首都历史的说法是这样的：你相信全人类的历史，特别是中国历史在公元前存在多少年，北京作为城市在公元前就已经存在多少年了。你相信在公元前 2500 年中国人就有尧帝和舜帝，那么您就会相信，那时已经有了北京。甚至于如果你相信尧帝和舜帝，你就必须相信有黄帝。根据中国历史，他是中国历史上第一个帝王，他在北京附近建立了自己的丰功伟绩，就从这里升天了。这个帝王生活得还早些——大约在公元前 3000 年(只算整数)。这关我们什么事，我们嘲笑中国的全部历史，他们都是些什么样的历史学家啊？也许这也同我们的希罗多德们或者德国的学者们一样，他们硬要证明存在于迦勒底人那里的历史文献有三万年，或者相信《摩诃婆罗多》和《罗摩衍那》早于荷马的《伊利亚特》，不是吗？我们换一个方式来解释中国历史。在现在中国巨大的空间中以前住着各种部落，很野蛮，在巨大空间的正中心，在黄河两岸，这条从山里流出的黄河流向的正是一块平原，平原的边上就是北京。在这些部落中(我们认定现在所有的中国人都源自他们)形成了一个规范的国家。这个国家处于其他部落的中央，它想或者被迫征服这些部落。于是侯爵们被派去照料这个新国家的各个地方和边界。他们起初是为国王工作，后来考虑的是自己。因为他们的行动进行得更为成功，事情的最终结果是：边疆的侯爵变成了分封的大公，成为比先前自己的国王更加强大的国王，已经没有地方可以扩展了。新国家的扩展很快就在平原上得以完成，同时黄河流入最近才著名的天津和大沽不远处的直隶湾①。由于黄河以北包围着这个平原的山区边的中国的公侯需要防范山民的进犯或者要进攻山民，北京的位置最具战略意义，它位于交通要道上，中国正是沿着这条道路在各个历史时期与北方交往。住在北京的分封的大公们后来拥有了大片的领地，既有平原，也有山区，还有山后面的土地。他们想也许有一天能够控制全中国，但整头鹿，正像中国的历史学家们所形容的那样，并没有落入他们的掌心。当中国第一次统一起来的时候，北京成为一个主要的省城，并且这个荣誉保持了很久，直到公元后，差不多持续了1000年。这段时间内没有一个中国君王想过将它变成首都。(那时中国君王的思想是多么的正确啊!)但灾难降落到中国了，中国愤怒了，分裂了。那时已经占领了空前辽阔领域的伟大民族又重新成为一头鹿，于是猎人们都从四面八方来中原逐鹿。这时在北方，也就是现在的蒙古，居住着强悍的契丹人。逐鹿者之一(无论是过去的中国人还是现在的中国人都咒骂他们)，更加狡诈，把契丹人叫来帮助自己，靠契丹人的帮助夺取了这头鹿。作为帮助的酬谢，他把这个猎物的一大块肥肉割给契丹人，而这一大块肥肉里的一部分就是北京。这是公元10世纪的事。在新的统治者的眼里，北京的作用完全可从另外一个方面表现出来，这是对中国采取行动的一个据点。而离开北京，他们任何时候都可能做到。因为离这里不远就是山区。撤出北京对游牧民族来说，在夏天也是非常必要的，因为他们不习惯中国夏天的炎热。于是北京第一次得到了首都的称号，只是有一个区别，契丹人的首都有5个，相对于位于北方的其他4个契丹人的首都来说，北京具有无可争议的优势，比如说，它与永远富饶和长于贸易的中国的联系。命运变化莫测，在12世纪，契丹人的领地落入女真人，也就是现在的满人的祖先之手。北京成为这些新的征服者的首都。又过了100年，成吉思汗出现，他夺取了他在世上遇到的一切。北京又变成了蒙古人的首都，顺便说说，蒙古人统治了整个中国。的确，本来可以寻找一个更加中心的首都，但对于来自蒙古的国君来说，契丹人给予北京的

---

① 原文如此。1929年“直隶湾”改为“渤海湾”。——译注

偏爱更加合理。北京就在自己祖国的门槛上，它呼吸的几乎是一样的空气，任何时候都在自己的家里。经验证明了这一点：老辈中国人比新辈中国人更加勇敢，并不是那么长久地服从异国国君。幸运降临在一个寺庙的和尚身上，他在南京登上了尧帝和舜帝的王位，派出自己的将军去收复北京。成吉思汗的后人就这样轻易地跑回家了，就像现在的清朝皇帝在英法联军的进逼下撤离北京一样。在纯粹的中国王朝恢复后，北京第一次失去了首都的称号，但会很久吗？过了30年，在幸运的和尚死后，被父亲赏封在北京的儿子不愿服从自己的侄儿，带着军队去了南京，宣布自己就是皇帝。但是他也并没有留在南京这个南方的京城，因为他不相信所有的人会真心地承认他的权力，再加上对给他铺平了通往皇位道路的城市某种程度上的偏爱。这样北京（它本来的意思是北方的京城）就成为了掌控全中国的纯粹的中国王朝的京城。也是在这里，现在的清朝国君取代了这个王朝。当然，这些清朝国君有全部理由按照契丹和蒙古人的做法，不选择其他地方作为首都。人们在讨论，如果现在的中国首都靠海不是那么近，那么联军就拿皇帝没办法，也就不会签署那么有利的和约。真是这样吗？我们不知道联军的真正目的是什么，我们可以怀疑他们对中国的了解。但回忆过去，我们认为，哪怕他们不愿意并且不知道怎么着手进行这事，他们也能到达首都，即使它在离海岸千里之外。中国人在军事上远远落后于自己800年前的祖先。而契丹人和女真人，更不用说蒙古人了，尽管没有人数众多的军队，也不怕深入到中国的腹地，难道现在的欧洲一流强国比中亚的游牧民族和野蛮人还要差吗？

我们又攀登我们开始登的那些山，为了进入中华帝国的首都。我现在要描绘我们自己第一次去北京的那条路。在最后的山麓后面有一条宽阔的山谷。沿着这条山谷有几千名旅行者走过。也许，他们根本没有想过，曾几何时这里发生过著名的战斗。在这场战斗中中国皇帝作了瓦剌人的俘虏，两千多人的军队也被打散了。越靠近山，路越陡峭；这里有一个要塞岔道，在它后面是新修的长城，新长城也修得很坚固，沿着山峰的方向延伸着，顺着陡坡进入深渊，再沿着无法攀登的山崖到达被白云环绕的高峰。长城城墙上所有地方马车都可以自由行驶。这座怯懦的纪念碑，这种劳动的无谓浪费，多么具有教育意义啊！但现在我们前面的路还很长，让我们走得更快些！在城墙后面就是一条山谷,它在群山之间逐渐变窄,变成峡谷,峡谷时而往上,时而往下,时而往左,时而往右。从山上(这些山常常靠得很近,从这座山扔石头可扔到另外一座去)扔石头就可以埋葬整支军队。石头的体积各种各样,而且路上的石头已经够多的了,以至于驮着你的骡子仅能找到勉强可以行走的地方。但你无论如何都不敢相信骡子的稳定性,不是所有的地方你都敢骑它,宁愿自己下来走,而不愿与骡子一块冒险……有些地方小茅舍紧靠山崖边,还被葡萄掩映着。在有些刀劈斧切的悬崖边孤孤单单矗立着一座塔。在两三个地方有小客栈,有些小客栈有施主做善事,免费给疲惫不堪的过往旅客提供茶水。但主要的是,沿着峡谷在连续走了 23 俄里极其耗费精力的最艰难的路程之后,你得通过一个无人地带,如果你不愿想象散落在您周围的石头就是那些居住在这些国家的人,他们像石头一样一动不动,看不出形状。这就是那条被简短描写过的著名的峡谷,我们沿着这条峡谷几乎与英国人同时来到北京平原。只是不那么幸运的是,在从喀布尔返回途中,取道的是克列别尔峡谷。那时候关于这条峡谷可以写多少东西啊!可是关于我们的居庸关却没有任何人回忆过,那时我们就坚信,它一定会超过其他所有峡谷。但是我们那时是否认为,过几年之后还是那些英国人将出现在以前只有蒙古人到达过的那条峡谷的不远处吗?

从峡谷的出口到北京大约有 30 俄里,但这条路尽管在这样一个人口众多的国家里,又靠近住满了人的首都,并没有想象的那样热闹。冬天当然行走的人会多得多,但是行人是相邻的蒙古人。那时经常遇到的是迈着有节奏的大步行走的草原骆驼,而不是迈着碎步的毛驴或者不灵活的马车。应该把这事的原因归于国家的生产并不是为了用自己的产品满足首都的需要。任何人耕种土地都只是为了填饱自己的肚子,剩余的粮食拿到沿路的其他城市去卖。而北京,正像我们所说的,粮食靠外面供给,沿着东边和西边的道路运来。东边西边的道路热闹非凡,完全是另外一种生活景象。但是在你经过的每一座城市里,到处是一片忙乱和拥挤。起初您会以为这里的人全都跑来看你来了——完全不对!这是很平常的城市街道的访问者,如果你去农村,你会觉得奇怪,哪里钻出这么多的孩子。成年人全都忙着工作,只有孩子们在街上跑。根据他们的数量你会相信,关于中国人口众多的说法不是杜撰的。其实,在这个国家中，路上遇到的那些大村庄绝对不比我们莫斯科郊外的那些省的村庄更大。但你不要忘了，中国人选择村子更多的是为了某种手艺，他喜欢居住在属于他的那个地方。因而在村子周围的四面八方，这里和那里，零零星星的到处都有小房子。但是你的眼睛在自己周围看不到任何令人愉快的东西。地方好像毫无生机，因为这里水和树很少；而且你不得不经常乘车走沟沟坎坎的路，路穿行在两道土墙之间，高高的土墙后面是田野。旅行者多次惊奇地发现，中国人能水平测量自己的道路，为此开山也不是难事，尤其是挖出土面的斜坡来。我不知道，这样的系统到底有多少好处，也就是说不明白它是简化交通体系还是让交通体系更加困难。大雨之后，这些道路总是一片泥泞，甚至道路时常变成河床。那时候交通中断，这个地区本身也被水淹了。

但你现在走近北京了！地方变得有生气一些了，你能够发现到处都有一簇簇美丽的小树林，一路上都栽满了树，时而还能看见一些小房子，碰见一些纪念碑。原来北京的四周都有墓地。在耕地缺少的中国，他们没有像我们那样的墓地的概念，也就是在一块专门的土地上所有死人的坟墓都彼此挨着。那里埋葬的只是没有房子的穷人和默默无闻的外来者。如果某个富有一些的人死了，那他一人的坟墓占的空间比我们首都的任何一个墓地所占的空间都要大得多，而大公尤其是帝王们的墓地就更不用说了。他们的墓地那是修的一座座城。例如，离我们前面提到的那个峡谷不远处就有过去王朝的帝王们的陵墓。它们已经大大缩减了自己以前的规模，但从它们的边界开始只到第一大厅就有不少于5俄里长。在这条路上什么样的奇迹没有啊！在这条路上你能看见用整块石头来雕刻的大象、骆驼、人等等，全部的个头都很大。你走过宏伟的大门、圆柱、埃及般的方尖碑。在中国富人一般都想死后仍然像生前一样生活，所以他们尽量把自己死后的地方弄得尽可能好一些宽敞一些，这样他们才能安宁。人们修建各种建筑物，栽满了树，在树中间有白色树皮的雪松，与他关于死后生活的思想相一致。

由于这些情况，紧靠北京的周边地区相当漂亮，但还是显得死气沉沉，因为死者家属还没有调任或者破产，那么他们要求墓地要尽可能安静。有一次，有个看护孔子墓地的孔子后人被严厉地惩罚了，就是因为他允许参观者进入他祖先的墓地，而这些参观者在草地上踩出几条小道。瞧，墓地规矩到了何种地步！

再往前走，你终于看见北京城本身了。但是你想要什么，你其实看见的是什么呢？除了一个塔楼再也没有什么了。塔楼的顶部凸起，塔楼墙的侧面露出檐口，檐口就像是从其他更低的房顶延伸部分组成的。在任何一个别的地方，旅行者都会不由自主地讲述他去的那个城市给他留下的印象。谁不善于在描述呈现在他面前的鲜活的图景或者全景图的时候滔滔不绝，他一定要请求把他派到中国来旅行。他可以安心了。中国全部的1500个城市不会在他走近它们的时候，迫使他去考虑该怎么来描述。这所有的1500个城市以及更多的好地方都被围墙挡住了讨厌的眼睛。因为这些围墙，你什么也看不见。不要以为，如果你从另外一个方向来到北京，它就会更加漂亮地展现在你的面前。不，任何道路都会把你带到某个塔楼前，要穿过这个塔楼下面的城门你才能进入首都，所有的大路，当然不是小路，都只通向这些塔楼和城门。对这种建筑风格，就像对这些塔楼一样，不能去思考很多。关于它们，诗人也不会说它们直插云霄，幻想者也不会把它们的优美比喻成亭亭玉立的美女。也许只有建筑师才懂得在古代巴比伦的人们怎样修建那些柱子，因为在太古时代之后最初的形式不能与太古时代之前的形式差别太大。厚重、粗笨、缺乏美感——就是这样。看到这个塔楼，你的心上像压上了一块沉重的石头。尖刻点说，塔楼就像放在平面空间中刚刚匀称劈开的一块岩石。这样，由于城市有墙，什么也看不见。为了看见，就必须从西边登上离北京最近的山，但那时你看见的又是什么呢？一排排房顶，此外什么也没有。其他的城市，甚至伊斯兰教的城市，以高高的寺庙为特征，而这里连像宫殿的大厅那么高的寺庙都没有。其实皇宫那金色的屋顶在远处与普通的房顶融成一片。只有两三处有点特别，一个高地上的白色方尖碑，带有钟楼和鼓楼的塔楼，也许还有所谓的煤山，山上覆盖着树木，漂亮的亭子从树木后面显露出来。这些特别的所在吸引你的目光，但这也需要你在远处用很好的望远镜才能看见它们。否则要欣赏北京，你就必须登上围绕着首都的城墙，但是这里只有最近的东西你会觉得很不一样；你看见小广场、小池塘、小茅屋、带花园的宫殿，接下来，一切又融合成一望无际的房顶。我们必须意识到，从城墙上四处张望北京，尽管城墙很宽敞，但甚至连在城墙对面也看不见它的全部塔楼或者城门。

要到达这些塔楼或者城墙上的城门，从我们看见它们的那个地点还必须走很久。从墓地，从乡村小茅屋你会不知不觉地来到市郊，也就是被叫做城外居住区的连绵不断的房子或者街道。这种城外居住区在每座中国城市都能遇到。除此之外——几乎每座城市的每座城门前面都有，所以根据城门的数量你就已经可以事先确定城外居住区的数量了。北京的另外一个城外居住区，也就是这个城外居住区的主要街道，延伸有 5 俄里多，此外，它旁边还有很多胡同和街道。当别人对你说北京有 300 万居民的时候，你当然不能从这个数字中排除城外居住区了，更不能排除城区以内所有离城墙很远的地方。在这种情况下，这个巨大的数目差不多以推测为根据，但是对于了解北京周围地区的人来说，这个数目无论如何都不过分；甚至为了效果还可以增加 100 万。不过，我们还是快去城市本身看看吧。

老实说，我们早就在城里了。我们是不是有人只把城墙里面的空间叫做城市？尽管“城市”一词被认为是一座围墙，然而我们把这样的围墙叫做城堡，而城市则是从城墙后面开始的。中国人一切则相反。在中国并不是任何一个被城墙围起来的地方都有城市的名称，于是他们开始谴责我们虚荣，说我们把那些照他们看还不如一个村庄的小地方也叫做城市！总之，如果我们已经在中国的城市或者城外居住区，那么你就要求我们报告世界上最大的首都给了我们什么样的印象。你就等着吧！我们很快就会谈到城墙内首都的街道。我们只说说北京城外的一些居住区有石头路面，也就是整条街都是用巨大的花岗石石板或是天然石板砌成的。即便这样也不能保证你能够平安地乘坐中国的轻便二轮马车进城。路面已经是几百年前建成的，很多地方都凹凸不平，主要的是，中国马车的轮箍有齿（他们认为这样才讲究，而且很舒适，对于石头路面来说，接触点更小），在这种路面上留下深深的车辙。你坐在车里非常摇晃，就像乘坐俄罗斯通常的邮车在前一天的泥泞的、刚刚结冰的邮车道路上行走。

因此城外居住区的居民和房子主要沿着从城门开始的街道集中。在这些街道和房子之间经常有一些大的地段，分布着菜园子和私人墓地。在这里，夏天在树荫下，你经常会遇到搭起的夏季饭店，城里人在这里喝茶纳凉，下棋，猜谜，有时候甚至还作诗。有一些常年的郊外饭店，靠着池塘，林荫道，还有一些娱乐设施。比如，我推荐城南郊外的小鱼坊就是如意的小去处。另一些地段有小庙和广场,军队在广场上进行操练和演习。还有一些朋友带着弓箭结伴来到这里。他们练习打猎,按照还在孔子以前就留下的习俗,常常在夏季饭店结束自己的游玩。这不,这里有一条不大的车道(也就是一条直接通向田野的很窄的小路),在它前面的一匹马旁边聚集了一群人。有人刚一骑上这匹马,马就飞奔到这条小路的尽头,然后自己停下又慢步走回来。显然这里在训练骑马。马被训练得很熟悉这条小路,知道自己的职责,不必催促它。但如果你骑着它去另外的地方,你想矫健敏捷地驰骋一阵,你会让它吃尽苦头。事实上清朝的八旗子弟们就是骑着这种驯马场的马迎战联军的!

但是城外居住区在这里就结束了,城墙在你面前还是绵延不断的一条线,因为城墙是非常规整的四边形,每一边都有 5 俄里长。说起来很轻松,但在这样的空间中你看不见城墙的尽头。不过你还没有直接进入城门。应该知道,如果每一座中国的城市都被城墙所包围,那么每一座城墙都被一条河或干脆是一条沟壑所包围,沟里一定有水。

修建城墙没有沟壑怎么可能呢?你从哪里运土来填有几俄丈高几俄丈厚的城墙呢?不要以为你看见外面是石头和砖,里面也是用这些材料来砌成的,其实里面除了泥土,什么也没有。不,中国人一举两得。他们挖土填城墙,而在挖土的地方自然形成水沟。这非常简单,也很划算。你在他们的花园里看到的各种别致的池塘和曲径通幽的小山的巧妙结合也是这样的,其实这事不难理解,因为在挖土筑山的地方自然就形成池塘了。

当然,你通过护城河的时候必须过桥。这座桥自然也是石头的,拱形石桥,因为在中国人们不熟悉木桥。他们很善于将每一块石头都像木头那样处理,切割巨大的花岗石非常容易,就像切割原木。居民们把散在河岸的鹅卵石捡来修建小房。护城河河岸是花岗石的,通往北京的运河的河岸也是花岗石的,一点也不稀奇。当然,现在很多地方都倒塌了,支撑不住了。该从桥上直接进入城门!不,等一等!这只能让皇帝进出,而且不是所有的城门都让皇帝通行。在城墙上的城门前面,还有一个半圆的墙,完全遮住了主城门,中国人把它叫做月亮墙,也就是半个月亮的形状。如果桥对面的这面城墙上有一个城门,这城门就在主城墙上,那么打开它们只是为了皇帝出行时通过,而你就只能绕过半月墙,并在与主城墙联结的地方找到侧门,通过侧门之后你从右边来到一个由半月墙形成的巨大广场。你别怕，在这些城门前面还有一个警卫室，一幢营房似的长建筑。这样的建筑你在别的城门入口处都能遇到。但是在这里任何与军事有关的东西你都看不到，没有持枪的哨兵在巡逻，看不到大炮，也看不到弓箭，也不要求你出示身份证。没有，罪过！这里是海关，要检查你的行李，为的是不让你带进必须纳税的东西。但因为你是外国人，谁敢打扰你吗？英国人和那些工业国的人们把自己的货物运进中国，他们过的是怎样的生活！要知道他们甚至能为中国商人运货，以便逃避关税。假设说以后中国政府不像现在这样让步，要求上关税，而那时海关人员敢像欺侮中国的臣民一样欺侮外国人吗？让我们回忆一下，至今为止，那些派使臣来给北京皇宫进贡的国家，他们难过的只是不允许他们更经常地纳贡。为了一点点皇宫应得的贡品，总是付出更高昂的代价（按古老的规则“给的要比接受的多”）。商队总是必需的，商队在使团的保护下运进自己的货物，运出买的货物，不仅不上税，而且还用公家的马来运送！

这样，我们已经来到中国的城市内，还是首都！看见普通的中国城市并不难，吉尔吉斯人就从奥姆斯克边界线来到普通的中国城市，我们恰克图的商人离中国城市就只有一步之遥。沿着阿穆尔河航行的俄罗斯人也常到中国城市黑河，欧洲人早就熟悉沿海城市。但出现在盟军最后胜利攻入前的中国的首都，还是一件令人羡慕的事。不久前欧洲人还抱怨，只有我们俄罗斯人在北京待下来了！的确，不久前我们一个著名的旅行者季姆科夫斯基就是这样开始自己引人入胜的描述的：“命运赠予我罕见的幸运——我到了北京。”那个俄罗斯人在北京这个城市生活了 10 年，没有看见一个欧洲人的新面孔，也没有看见自己同胞的新面孔，多少次他在绝望中诅咒这个罕见的幸运！……对于俄罗斯人来说，当然主要的不满是他们的孤独，他们的活动没有得到鼓励，他们时而表现出的努力没有得到支持，他们的被欺骗的希望或者所遭受的周围所有人的冷遇丝毫没有得到安慰……毫无疑问，我们待在北京极大地影响了欧洲人向往北京的热情，但可以肯定地说，他们羡慕错了……

现在你已经匆匆来到北京的大街上，城墙已经在你身后，难道不再在它们前面停一停？不，不要这么着急地去看那些有生命的人！没有他们建造的那些无生命的纪念碑，你未必能够很好地正确地理解他们。更仔细地看看，你就会相信这些纪念碑表现出中国世界的全部灵魂，而人们自己却像没有灵魂的机器一样在行动。在所有的国家中，人们都在竭力用东西炫耀自己的存在。当然他们要竭力表达出来的东西就是他们的主要操心事，他们在生活中感兴趣的事。例如，埃及人为自己的死亡事先做好准备，修建了我们称之为金字塔的宏伟陵墓。又例如，古希腊人给我们留下了自己的雕像，为了纪念他们为生命而活过。例如，中世纪和整个西方世界给后代们留下了巨大的庙宇。一些庙宇是为了纪念自己的宗教虔诚，另一些则是为了纪念宗教狂或宗教狂的残暴行为(比如伊斯兰教徒)。而在中国人那里什么样的纪念碑你找不到啊？他们不是为了现在，也不是为了将来而活着，他们所有的聪明才智都朝着过去，他们所有的传说都只是夸大了他们身上现在的恐惧和怯懦。他们从古代遗留下来的一切就是这些气势宏伟的纪念碑。由于气候和建筑特点，无论是宫殿还是寺庙都不能保持上千年。但当时沿着崇山峻岭却蜿蜒着2000年的纪念碑，它准备既在工程的徒劳无益方面，也在工程的浩大方面与埃及金字塔一比高低，这就是长城。但是这座比将中国全部城市和重要的城外居住区围住的所有城墙更复杂的长城，这座在西方任何一个小学生都知道的长城意味着什么呢？瞧，中国历史生活的所有努力都花到什么上去了！在西方没有城市必须要用城墙围起来的概念。在西方直径两俄里的城堡就已经算非常大了。中国人急急忙忙地用墙不仅把自己的住处围起来，而且还尽可能地把耕地也围起来！在中国我们只能相信关于埃克巴塔那的城墙的厚度和巴比伦城墙的轮廓的古代传说不是杜撰出来的(巴比伦的居民直到第三天才知道，城市被敌人占领了)。但在中国，不只是北京可以夸耀自己城墙的宽大。还有一些城市，不只是省城，还有一些府城县城，其空间也可以与北京一比高下。这就是在过去王朝的头脑中存在的那个规划：城墙长20俄里，高5俄丈，宽8俄丈，不算突出的棱堡和外边的齿。当时的政府觉得还不够，它还想围住所有的城外居住区，关于这些居住区我们上面已经提到过了。这样一来，外墙就围住了不少于80俄里的空间。但是这个计划由于王朝的衰弱而没有实现，只来得及围住了南边延伸了14俄里的城外居住区！是否需要说所有这些努力都只有一个目的——保护墙内人不受敌人，还有强盗和起义者的侵犯呢？我们很理解，为什么弱国要在与强国的边界上建城堡。但谁敢想能与中国这个国家竞争？它在所有时候不论是在人口还是在生产财富方面都超过别的所有国家。然而就在各个时期，中国在面对几个勇猛的游牧民族或不顾死活的强盗时常常非常害怕。当敌人逼近的时候，分散在村庄的人就带着自己的全部财产急急忙忙地躲到我们描写过的这个城市的城墙里来；但是如果敌人稍稍强大一些，这些城墙又能起到什么作用呢？难道中国的城市和首都是第一次被一小撮敌人征服吗？对于欧洲人来说，关于成功没什么好思考的。如果没有城墙，那么在人口众多的首都可能会有某种危险，但是中国的城墙正好修来让人数不多的敌人军队能够控制人口众多的城市。敌人只要在城墙上站稳脚跟，整个城市的居民都在它的手心了，就像被捕的鱼或网中之鱼。像北京这样的大城市，有9道城门，因而只要敌人登上宽度足以让大炮运动的城墙，连一个居民都逃不出敌人的手心。他们不费吹灰之力就可以让城里的居民饿死，只要他们不让运进食品。他们还可以索取任何赔款。广州的例子就已经向欧洲人证明了城墙的存在对欧洲人是多么有利，在北京历史已经重演了！

早先听说过到北京的旅行者进城之后，自然期待有什么非凡的、前所未见的东西让他吃惊。欧洲人预先准备欣喜若狂，这种欣喜是首都独特的建筑使他产生的，他事先想起《一千零一夜》中关于神奇东方的那些片段。但是他来到宽阔的大街，左右打量，放过细节。他越往前走越觉得这些细节凸显出来，因此他还控制着自己的判断，紧张地注视着前面。街道的起点一点不像首都，他对自己说，要知道北京很大。他走了1俄里，又走了1俄里，再走了1俄里，前面总有什么东西在等着他，终于他惊奇地发现他已经穿过了全城。这是什么，难道这不是嘲讽吗？难道这是真的？我们走过的那些街道，就同全城的街道一样，也许比它们要好些；它们与先前走过的别的城市的街道和城外居住区的街道有什么区别吗？让我们来仔细地分析一下，我们来总结一下看到的东西。从我们穿过的城门开始，通常延伸着宽阔的大街(20多俄丈宽)，但是它没到对面的城墙，而是转弯朝着另外一个方向通到另外一条街，这条街一直延伸到相反方向的尽头。从东或从西而来的街道都通到紫禁城。一条平坦但或者是泥泞或者满是尘土的公路，超过了一般道路的水平，沿着街道延伸。上帝保佑，如果说这条公路还洒水的话，那是因为总是有大量路人留在木桶中和坑坑洼洼中的垃圾。这条公路是特别用于皇帝和官员们出行的，但由于在中国自由的发展，任何人都可以走这条路。它的宽度可以容纳两辆迎面而来的马车通过，而且两旁还可以走行人。顺着这条公路的两边也是道路，用来通行运输重物的载重马车，因为警察全神注意的只是中间的道路的维持（请注意，这里街道的干净不要指望房主！），那么可以判断这些道路处于什么样的状态之中，在下雨的时候这些道路上的坑显然可以陷下一只骆驼。接下来，在这条路的后面，你看见大部分地方都要高一些，形成了一种行人通过的人行道。但是没有铺砌，已经毁坏得不成样子了，被掘断了——这里曾经铺设过排水管，但这是很久很久以前的事情了！在与这个高处齐平的地方就是建筑，根据这些建筑可以得出结论，现在处于凹处的道路曾经也与建筑物在同一高度上，但随着时间的推移，由于冲刷道路低下去了。——对面就是南边的城外居住区。在那里的胡同中道路比房子的水平线要高得多，因此，我们从路上沿着台阶下来到房子里，就像进地窖一样。

这还要加上各种垃圾，堆满了中间那条公路的两边。垃圾是从路两边的屋子里扔出来的，还有用来给这条路洒水用的木桶，木桶发出难闻的气味。夏天等待着你的还有另外一种愉快——路上到处是坑坑洼洼的，里面装满污泥浊水，哪怕你衣领上挂有香囊，无论你怎样捂紧鼻子都无济于事。这种香气你要享用几个月，直到那些坑里的水完全蒸发掉，那时坑已经填起来。不过你不要以为，你在街上碰不到随地大小便的人，特别是晚上中国人喜欢在户外坐一坐，抽抽烟。

这是一条路。路上的建筑是什么样的呢？让我们尽可能地了解一下吧。在主要的街道上很难见到住房。这里除了几座宫殿和寺庙，其他的空间全部被一排排小商铺占满了！北京到底有多少小商铺，我们没法写清。我们一个传教士请求警察局给他一个清单，人家给了他一个整数20万！也许难以置信，但从另一方面看，如果设想一下，在这个统计中有1500个理发匠（在中国甚至乞丐也不自己理发，况且在这里理发不光是刮胡子，还要剃头，据此判断，1500并不很多），你也不敢推翻这样的数字。小商铺在街面上占的面积通常并不大。每一个铺子都有自己特别的招牌，老远从招牌上你就可以看出它经营什么。小饭馆的招牌是带有纸流苏的茶壶，货币兑换处或者银行是一扎厚厚的钱，鞋匠铺是一只鞋，有一人高，等等。所有这些都五光十色，让你目不暇接，然而这一切都肮脏不堪，破旧。虽然在中国商人们喜欢炫耀自己商铺的漂亮，但不能与欧洲商店的高雅相提并论。通常最漂亮的商店被认为是药店（简单地说就是化学品杂货铺）和茶叶店，里面有许多雕刻品和镀金物，但由于这里的气候，镀金物很快就失去了光泽，而雕刻品要走近仔细观察才能评价它的价值。通常商店看起来都装饰得很漂亮，如果铺子里面有柱子、桌子和其他家具，都上了漆，但一个干净的店铺里面至少有 20 处地方是破旧的，或者是门槛破了，或者是柱子表层剥落了。至于给最普通人用的设施就更没法说了，那里的肮脏让人恶心。例如，进剧院时，你遇见的不是门，而是一个门帘，你碰它一次，你一天手都洗不干净。现在我们可以公正地说，女人对优雅的环境影响很大。在中国女人不去商店——那努力夸耀非常漂亮的装饰品又是为了什么人呢？我们多次听到中国人赞扬他们城市里某些地段的商店漂亮。但这就向我们证明了男人不可能要求很高，只有女人教会他关心优雅。我们偶然去了北京几家最好的饭店，去那里的客人并不比去其他欧洲城市的饭店里的客人少。去这些饭店的不仅是年轻人，还有职位很高的官员，然而这些饭店的环境整洁程度要差得多。几乎每个饭店都需要先经过位于前面的厨房，在这里向我们迎面扑来的是一股热浪和各种各样的气味。将你带到一个最好的房间，但它的陈设都有些什么呢？光秃秃的桌子、纸糊的窗子、一张长沙发和几把满是油污的椅子。穿着油腻衣服的仆人给你点菜，然后用肮脏的木托盘把菜端来，而且还从贴身衣服的最上部分拿出一沓纸巾来供你吃饭的时候擦嘴巴——难道这就证明了，中国人对优雅感的理解就是我们已经学会的那种形式吗？

随着时间的推移，当你走进中国人的生活，你习惯了每走一步都碰到这种不干净和不整洁的时候，那么很自然，这一切不好的东西中最好的你就开始喜欢了，就像在最好的欧洲城市里你注意的不只是那些来自别人环境中的东西。最近我们仔细观察了北京，去了它的大街，把目光停留在比别的装饰过的商店更好的商店。但我们着手回忆和描写的第一印象，说的还是上面已经说过的那些。我们一直走到了我们的客栈，带着迫不及待的期待，很快就要开始真正的北京，真正的都城，具有干净的大街、豪华的商店、罕见建筑艺术的房屋、漫步的上流社会的人群！天啊！这一切都是带有欧洲情绪的完全不了解东方生活的幻想。这里的人们并不漫步。这里的房子正面并不朝街——所以如果前面是一排商铺阻断，后面才是住宅的话，那么你什么也看不见，除了光秃秃的栅栏或者是附属于房屋的杂用房的围墙之外，偶尔有一棵小树从栅栏后面伸出来。你不止一次经过正在塌落和完全塌掉的围墙。这里的警察一点不管城市的干净整洁；警察认为假如你有家产，没有警察的强制你自己也会去修复自己的栅栏。总之，当你经过富人的房子，王爷的宫殿或者著名的寺庙的时候，你还是没有中国的建筑是否漂亮和最好的房子的最好装饰到底在哪里的概念。为此你需要进入到房子的里面，穿过几进院落，那时你就会看到离街道越远就越干净。第一进院落也许只是马厩和仆人的住房；在另一进院落是主人的书房、他的主客厅，接下来，其他的院落是女人的房间。在我们这里叫做前厅、客厅、卧室、办公室、饭厅的地方，在中国，所有这些房间都位于单独的房子里，而这些房子甚至又在单独的院落里；而几层楼的大楼根本就没有（在什么地方拙劣地模仿建有两层楼的房子）。怎么又没有想起人，到处都是人，每个人都想用他达不到的东西，也就是他不具有的东西在人前显出与众不同。我们有很多地方，可是我们的房子还往上盖。在中国每一小块地都很金贵，但是富人却竭力让自己的房子尽可能多占地。中国人用篱笆桩来计算自己房子的大小，就像我们用窗户来计算一样。自己的房子有2000～3000个篱笆桩，当然是非常体面的房子，中国人都梦想！在北京有很多王爷府，如果我们说，他们中的很多人所占的空间不比我们的彼得保罗要塞少，看来一点也没有夸张。不过，部分有钱人给自己选住宅大多选在转弯抹角的胡同里。我们描述过宽度在20俄丈以上的一条大街的特征，可是这条街有胡同伸向四面八方，这些胡同又连接着偏僻的小巷，这些小巷通过一辆轻便马车都很不容易。在这里主要住的城市市民，这里较少喧哗，较少商铺（主要胡同除外），较少车辆，因而也不那么脏。在这里富人就住在穷人的房子近旁，富人从中国各省运来财富。你现在认得出他的房子，因为尽管在你面前只有栅栏、大门和马厩的墙，但砖的砌法表明这不是普通的房子。穷人的栅栏用灰泥随随便便抹一下，而富人的栅栏用粘土筑成，有的地方还砌砖来连接。富人的栅栏上的砖是磨好的，与另外一块砖相契合，很难发现它的接缝。大门尽管不大，因为在中国一切都是有尺寸的，但木头是新漆过的。第一进院落的地铺得非常平整。再往里走，你会发现遇见的房间一间比一间干净。窗框是用整块的黑木做的，家具全是柏木的、紫檀木的，甚至是红木的。富人书房装饰有许许多多各种各样的小玩意和昂贵的东西，但我们只想描述一下外貌。富人房子的特点是有红色的门廊，檐口和向外突出的屋梁有彩绘。具有难以置信的价值的粗大柱子必须支撑这些屋梁；支撑房顶的人字梁的两端必须用纯朱砂颜料涂成红色。然后是花园，花园里有独出心裁的池塘、人工石山、花坛、亭子。毫无疑问，在北京这样的富人的房子很多，非常多，但是要列举出来，形成关于它们的概念，还需要去逛，不是逛街，而是乘热气球升到空中。那时也许我们就能够发现北京的确值得叫都城。也许同时人们会发现，如果北京的富人这样发展的话，那么又怎样来设想它那人口超过世界上所有首都的城市居民的发展。我们自己都不情愿相信这样的设想。我们还记得，在北京比富人的房子宽敞的还有更加宽敞的寺庙，更为宽敞的是他们的王府和他们祭祀的地方（祭天、祭地、祭太阳、祭月亮等），最后，还有比所有的建筑都宽敞的皇宫。此外，还有很多部和各种各样的社交场所，还有给外国人提供的客栈，最后，还有广场。除这些之外，想起北京的人口数量应该包括所有属于北京的城外居住区和郊区；想起北京被城墙围起来的那一部分，加上南边的城外居住区，延伸了29俄里；想起在这个首都里有5000座庙宇，8万个和尚，仅皇族后代就3万多个，不少于20万个的被纳入领取俸禄名单的所谓旗人，巨大的人口数量又变得可能了。要知道，如果领取俸禄的旗人算20万，那么这还是成年人口，不算老人和孩子。此外，并不是所有的旗人都领取俸禄。他们中有很多人至死都等不来空缺。在这种情况下旗人家庭的数量至少是空缺数量的2倍，而在中国家庭中一般不少于5口人。在中国所有的人都早婚，大家都关心有没有后代。但我们还没有计算非军人，也就是纯粹的中国人口，当地的居民和从帝国的四面八方涌进来的人口。所有的商人和商铺、饭店里的伙计，所有的劳动阶级都由中国人组成——光是乞丐这里就有4万个。虽然富人的房子占的面积很宽，但是不应该忘记，他们家中还有很多仆人。中国的仆人众多。让自己的院子里住满食客的亚洲习俗在这里占有统治地位。说句实话，这里的仆人几乎一钱不值。仆人对一个月60戈比的工钱就满足了，而在别的地方只要能糊口就准备去当差了。王府也是这样，也不是空的，常常有几百个家庭根据需要登记在他们名下。商人的铺子因为同样的原因也是挤满了伙计和管家。任何人都想进商铺，但并不是每个人都能白白地被录用，为此需要亲戚、情面或者至少要有人介绍。寺庙也不是空荡荡的：在雍和宫有近1000名喇嘛，在别的寺庙也有几百个喇嘛。私人的寺庙也不是无人的，它们成为保存货物的仓库或者甚至成为日常的院子。而且，如果富人要尽量扩张的话，那么穷人却没有一点奢望。不超过一平方俄丈的两个篱笆桩之间的一个篱笆区或者一个房间就可以住一家人。一切都在这里：厨房、卧室、储藏室、客厅。这样生活的不只10万旗人，而关于外地来的中国人更是无话可说。

说了这些之后，北京的所有主要大街车水马龙、熙熙攘攘就毫不奇怪了。还请你注意，女人总是很少在街上抛头露面，所以在街上行走的几乎全是男人。在同一时间在一个巨大的空间中通行，常常发生这样的事情，几辆马车在一个地方卸货，半个小时甚至更多的时间都无法通行。

但我们尽力把中国街道的热闹情景像我们最初感受到的那样展现出来。城门口总是非常拥挤，一些人急着进城，另一些人急着出城。这不，你超过了一辆木轴两轮大车，车上满载着各种粮食的麻袋，这些粮食是农民运来卖的。他的大车上套的什么啊！骡子、马、小毛驴，甚至牛，总之，农民家中有的一切牲口。这辆式样陈旧其实有着很多好处的大车在缓缓前进，与此同时，迎着你急急忙忙地跑来推着自己的独轮手推车的送水工。独轮手推车安装在一个轮子上，轮子被固定在中间的轴上。车两侧放了四五个小圆桶，当它装满了水，水足有我们的大圆桶一半那么多。如果把这个独轮手推车给一个不习惯干这活的身强力壮的农民，他也推不动或者马上推个底朝天。我们的送水工走在车后面，双手抓住独轮车短短的车辕，系在车辕两端上的带子挂在他的脖子上。这时有五六个人挑着青菜赶到你前面去了，他们匆匆忙忙赶到城里去卖菜。他们的筐子系在长长的扁担上，但扁担没有像我们的那样弯成弓形，而是直的，略微有点弯。筐子微微有点摇晃，里面装着白菜、香瓜、甜菜和其他青菜。毛驴拉着板车温顺地向你驶来。你刚发现在一辆双轮轻便大马车前面有小动物，这种马车的内部空间有我们俄罗斯的炉子那么大，只是从车厢的底板到顶篷要稍微高一些，所以车里可以坐人，不过一直要低着头弯着腰坐着。然而你看见在这种车里坐着整整5个大人和孩子，他们竟然能巧妙地想办法坐下，有的坐在膝盖上，有的坐在赶车人的位置（而赶车人自己步行）——这应该向中国人学习。在这大车后面还跟着一对骆驼，它们把脖子伸到你这一边来当成自己义不容辞的责任，好像想说，它们发现你了。在骆驼脖子上一定挂着一直不停地响着的小铃铛；在驼峰上驮着石煤口袋是北京骆驼寻常的义务，北京的主人不会让它驮别的重物。但是冬天经常有蒙古的什么王爷骑着口外的骆驼矫健地进京，而在它背上驮的是兔子、野猪和其他野兽。在骆驼后面又紧跟着送葬队伍，赤脚的乞丐，但穿着丧服，也就是穿着黑衣服，戴着黑帽子，两人一排举着各种象征人物、伞、扇子、标枪、杆子等等。经常这些象征物有整整1俄里长。然后又抬着各种各样的祭品，接着是供奉死者灵牌的漂亮的小亭子，最后才出现灵柩。这里没有灵柩车，穷人死了就用手抬，富人家的灵柩有时候上百人去抬。送葬是很神圣的，所有的人都要给它让道。常常有这种情况，送葬队伍迎面碰到婚礼队伍。婚礼队伍也要占这么巨大的空间，因为新娘的每一样嫁妆都要单独抬。要不要说说北京专门出租结婚和丧葬用品的商铺？在北京街头碰到轿子的情况最少，而在旅游者描写别的省的游记中时而提到轿子。在这里有权坐轿子的只能是王爷和最高级的官员。看着轿夫们抬着轿子飞奔而过很有意思！前前后后的随从们也要紧跟着他们跑。轿夫全都身强力壮，当然穿得也很好。抬王爷是很荣耀的，需要很讲究艺术，首先要和着别人的节拍走，其次特别重要的是让坐轿的人感觉很平稳。这一点也要求抬棺材的人做到，死者的亲属特别关心，希望死者没有任何晃动地到达新的居住地。其实在有权乘坐轿子的富人家里，马车夫必须一直在马车旁边跑。马车也就是那种我们见毛驴拉过的双轮轻便马车，只是稍微大一些，漂亮一些。读者是否会原谅我们，因为我们曾经在小毛驴无法通行的山区旅行的时候也享受了被人用肩膀抬的滋味！通常是在最近的村子里雇轿夫，花价值相当于一个卢布的银子他们就可以把你抬上最高的山峰，平安把你送到对面的山脚下。如果愿意还可以继续。但这里需要的已经不是轿子，而是绑在两根竿子上的滑竿。除了满足于被人抬着，比较平稳之外，坐久了胸口和腰都开始疼了。

我们已经说过女人很少在街上抛头露面，只有在某些节日里丈夫才允许她们离家去寺庙或者去探亲访友。那时候马车来来往往就更多了。同时夫人们的女仆也陪伴着自己的主子，坐在赶车人的位置上，常常女仆比主子还漂亮。所以,除了在街上过往或者去办事或者去探亲访友的上流社会人士之外,在这里你不要去寻找漂亮和新奇的服装。当然这里也有服装时髦的先生,但是大多数乘车的人和步行的行人与街道的整洁度是一致的。破衣烂衫或者是显眼的补丁在这里算不得什么。你会看见穿着打补丁衣服的女主人站在门口与沿街叫卖的小贩讨价还价。你不要以为这是一个乞丐。不,乞丐有自己特别的衣服,也就是像他妈妈生他时那样光着身子,全身很脏,结满了疮痂。时常你会在街上不仅碰到仆人,而且还会碰到就穿着内衣从自己房子出来的房子主人。但请停一停——这不,我们一块走近当铺,你是否看见走在你前面的那个人就穿着我们现在正在描述的那样的衣服,也就是只穿着内衣呢?你看看吧,他在做什么!他从身上脱下其他的衣服是为了进当铺典当……那里不会拒绝他的,因为当铺一定会什么都收的。

1860

符拉迪沃斯托克与辽东半岛的中国人

H. 加林-米海伊洛夫斯基

尼古拉·格奥尔吉耶维奇·(叶戈罗维奇)·米海伊洛夫斯基(Николай Георгиевич (Егорович) Михайловский, 1852—1906)更为著名的是他的文学笔名:尼·加林和尼·加林-米海伊洛夫斯基。他是一位天才的小说家、戏剧家和政论作家。1898 年的夏天、秋天和冬天 H. 加林完成了环绕地球的旅行:沿着西伯利亚去了远东,然后取道太平洋去了美国,又取道大西洋返回欧洲。这趟旅行的第一段就是一次特殊的"出差":参加 A. И. 兹韦金采夫组织的科学考察队活动,目的是"了解符拉迪沃斯托克和旅顺港之间的地区生产力"。于是就产生了他著名的日记体裁的著作《朝鲜、满洲里和辽东半岛行》(下面登载的是节选)。H. 加林在中国由于情况复杂只待了一周,去了曲阜和上海,但是他在途中经常遇到中国人,他专门记录他们的篇幅最生动。

8月24日

在符拉迪沃斯托克前面大约15—20俄里的地方，铁路靠近了海湾，就一直沿着海湾走。这是一个巨大的海湾，世界上最好的海湾之一，全封闭，有3个出海口。

城市没有立刻将自己最好的部分展现在眼前。但在肮脏的郊区已经感觉到某种大而有力的东西。高层楼房、各种工厂。房顶密密地盖着波形锌铁板，这就把符拉迪沃斯托克与其他所有西伯利亚的城市显著地区别开来，赋予了它外国城市的风貌。

到了城中心这个印象更强烈了，在那里有许多豪华雅致的、精巧的大型建筑。这里的大部分建筑当然是属于公家的，但也有很多私人的大楼。还有在布拉戈维申斯克(海兰泡)那样的公司："孔斯特和阿尔伯尔斯"、"秋林"，还有很多中国和日本的商店。在这里除了酒之外，都是离岸交货。

在大街上有大群大群的中国人、朝鲜人、军人和水兵。在停泊场有白色的战舰、各种驱逐舰。总之符拉迪沃斯托克给人一种特别的与以前完全不同的全新印象，这儿的市民骄傲地说：

"这已经不是西伯利亚了。"

在这里有建筑狂热，就像布拉戈维申斯克和哈巴罗夫斯克一样，但是规模更大。

从这里最好的宾馆"太平洋"向四面八方看出去，许多中国人在修房子，施工的声响影响到宾馆的每一个房间。敲击声随着第一缕阳光就传进了房间，在这种吵闹声中，在这种8月明亮的阳光中没法入睡。特别的阳光——纯粹是秋天的，带来了宁静和平和。……

我们沿着街道走，来来去去的是我们的水兵，俄罗斯人、德国人，他们都穿戴得干干净净，衣着讲究。太太们和军官们在散步，出租马车、私人轻便马车驶过。这是城市一条主干道——斯维特兰斯卡娅大街；下面就是海湾、舰船。太阳落山了，成群结队的中国人和朝鲜人下班回家。

中国人好动，他们穿着蓝色短上衣，也是那样宽大的裤子，系着背带。脚上穿的鞋子下面钉了两层厚厚的毡子。下面一层毡子不到脚尖，这样平衡就得不到稳定。中国人很活跃，带着很重的喉音。长长的辫子总是黑色的，很硬，正中间的头发几乎拖到地上。有的人头发不够，他就在头发上编上带子。

中国人是石匠、挑夫、仆人；日本人是工匠。上等的中国人和日本人在这里都做买卖。俄罗斯人只会赶马车。

“这些黄种人具有某种神妙莫测的东西：他们能通过我们，而我们却不行……”

说这话的是一个当地人。

我们在这时走近了一个禁止通行的地方，有人对我们说：

“不能走！”

“这对我们自己人是个秘密”，当地人解释说：“而这些拥有神妙莫测的东西的人在那里：石匠、木匠、仆人、保姆、厨师，他们哪里都可以通过，没有他们不行。他们知道一切，他们在这里的人数比我们俄罗斯人多好几倍，我们在他们中行走、生活，就如同被催眠了一样。”

这里的一切的确都掌握在黄种人手上。比如，让我们来试一试，一个想建房子的房主，在自己的工厂烧砖，而不是向中国人买砖。中国的工人把你自己的砖送到你手上，几乎比你在中国人那里买砖要贵一倍。

“砖还不好，易碎。”

如果主人开始骂，中国人就会扔下工作走开，谁也不会再来给这个老板干活了，直到他与工人代表达成新的协议。

只有一个中国人可以叫做代表，他非常艺术地领导着这里的全部中国人，随心所欲地向他们征收各种各样的苛捐杂税。他把一部分分给别人，另一部分就装进了他那大口袋。但是所有问题，包括护照是否正确等问题，对于中国人来说，都不可怕了，而且在中国人的聚集之处狂热的赌博都可以自由地进行。

忍耐和勤劳的中国人原来都是狂热的赌棍，有时候一晚上可以输掉他积攒起来的全部财富。以苏格拉底式的冷静输掉了，然后又去工作。

中国街区很脏，住得很拥挤，在住 200 个俄罗斯人的房子里，要住 2000 个中国人。这样的居住环境简直就是藏垢纳污的场所，是疾病滋生的源头。

比如现在最厉害的痢疾就在肆虐传播。

中国人一切都无所谓，老是赌……每一个赌场为了有经营的权力都要支付每天 100 卢布。这样 3 个赌场一年要支付上十万卢布……官方允许他们赌博，用他们的钱来改善城市的部分条件：给他们修卫生条件好的房子，使他们养成爱清洁的习惯……

我去过中国人住的房子，那里臭气熏天，让人喘不过气来，脏得没法形容。我看见进行赌博的房间和一群肮脏冷漠的人，他们围在一个蒙着麻布的桌前。我们一出现，马上就响起一声短促的口哨，人群懒懒地离开了。一个善于钻营的小眉小眼的中国人走近我们，讨好地解释说：

“这个，这是，这个，他们是在玩骰子……”

我认识了一个非常有趣的当地人。

“这一切都是我亲眼所见”，他说，“发生在我 15 岁的时候，老板是一个中国人。要是他今天放弃工作离开这个城市的话，我们都得死。你想想圣巴托罗缪之夜[①]，我们中谁也活不了。例如，他们就是这样把我们的菜园主排挤了。开始几乎是白送，而当所有的俄罗斯人都被挤走之后，现在买一个西瓜要 1 卢布，一个苹果要 7 个戈比。他们就是这样惩治对他们有害的人。一个职员领头反对这里的中国人。结果有人告密说领头的受了贿，作为证据提交了一本中国人写的商业用书，书中列举了他的支出，说他受贿……而调查的时候，当侦查员说指控受贿证据不足还需要证人时，又提供了 12 个证人……中国人当他事业需要的时候，撒谎算不得什么……这就是你的中国人……你想对他们怎么样……满族人打他们，打啊，而现在满族人只剩下王朝和几个警察了……”我的熟人忧郁地做着自己的结论，“我们为我们不流血的胜利——占领旅顺港感到骄傲，而过不了半个世纪，中国人就要庆祝这样不流血地占领整个西伯利亚，等等……”

在符拉迪沃斯托克，正好在太平洋宾馆的对面，正在修建一幢房子，一大群中国人在那里干活，赤身裸体，只稍稍遮挡住身体中间一点点。这是体格健壮、有力气、呈深铜色的躯体。他们每个人都是很好的雕塑素材。欧洲人的眼

① 圣巴托罗缪是法国的狂欢节，时间是每年的 8 月 25 日。由于天主教对胡格诺教徒的屠杀发生在 1572 年圣巴托罗缪节的前夜，故这一天被称圣巴托罗缪之夜。这里指：大屠杀，血洗。——译注

光已经习惯了只是病怏怏的那种类型的中国人，那种中国人这里也有。但是如果说另外一种类型的中国人，那么美丽的体形，漂亮的脸庞，漂亮的手足，优雅的仪态和风度，加上精湛的雕刻艺术，他们即使不超过欧洲最优雅的代表，也不会比他们逊色。……

我看着朝鲜那个方向。再也看不见朝鲜，它消失了，融化在乳白色的月光之中。

然而中国海岸的火光越来越近，在茫茫的远处出现无数桅杆的黑色轮廓。

黑夜放大了轮船的尺寸，它们就像威严的军舰舰队、轮船舰队。实际上这只是一些平帆船，或者稍微大一点点。在大海上航行，这种船经常会成为海盗们和海上风暴的牺牲品。

海滨路，房子和商铺，它们的灯光也出现了。

我们已经到达码头，在灯笼的照耀下，一大群肮脏的干各种活的人向我们围过来：有水手、搬运工、商贩。他们的衣服在肮脏的程度、颜色、式样上与任何红胡子都没有两样：蓝色的上衣，像靴子一样的白色裤子，又穿了第二层裤子，但是只遮住了前面，裹着厚厚的钉有毡子底的毛织鞋；头上戴的帽子或者是圆的，小的，没有帽檐，顶上有个红色的，蓝色的，或黑色的球，或者还是那种小圆帽，就像墨丘利那样的帽子，有两个小帽耳。

这一大群人看着我们，感到意外地愉快，就像从来没有见过的鸟儿在夜幕中飞到了他们身边。这些鸟受他们控制，绝不飞离他们，用这些鸟来做什么？以后想的时间还很多，现在先满足第一个好奇心。

靠得更近了，他们挨着我们的衣服了，说着话，交流着印象，笑着。

我们也贪婪地去捕捉这里特别的，典型的，一下子还不能准确确定的东西。

这里所有的中国人都不是客居他乡，而是在自己的故乡。这些脸都属于我们到现在在茶叶包装盒上和轻歌剧中已经习惯看见的那种民族。而在茶叶包装盒上和轻歌剧中中国人一定都被描绘成斜眼，胖胖的，不灵活，一定留着山羊胡子，剃了头，一定穿着长衫。

当然，如果按照这些描绘，这群人中没有一个是中国人。这完全是与在符拉迪沃斯托克一样的人，强壮、匀称的身材，黑脸庞，面庞线条匀称，有种柔性美，有时让人感到很惊讶。这里站着一个干瘦的西班牙人，尖尖的脸，黑得像煤一样的大眼睛。这是一个懒懒的意大利人，用自己好像燃烧着火的漂亮的眼睛看着你。这是一个摆出经典姿势的严肃的罗马人，脸刮得光光的。这是一个纯犹太人那样的人，面容清秀，眼神和动作都很敏捷。这是一个愉快的法国人，轻轻地抽动了一下他那硕大的土豆鼻子。只是没有浅黄色头发的人，所以你很少想到斯拉夫人、德国人、英国人。

但是一群中国人穿上俄罗斯人的衣服，剪掉辫子，留上大胡子和小胡子，随便拿着什么，从外表上与任何一个俄罗斯的黑发男子没有任何区别。头发已经花白的老年中国人，法律允许留大胡子和小胡子，甚至穿制服，你很容易把他们误认为是俄罗斯殖民地的典型的德国人。

应该坚决彻底地放弃对中国人类型的总体概念，尤其是漫画似的类型概念，从事茶叶和中国其他商品贸易的商人有责任在自己的商标中把这种类型概念反映出来。

把目光从人群中转向街道，房子。

对这样宽阔的大街、用石头和砖头建造的房子已经感到生疏了。可这里却有巨大的仓库，带有高高的石头围墙——这一切都很壮观，坚固，修得很结实。微微拱起的房顶盖着黑瓦，白色的石灰条纹是他们砌的接缝，显示他们工作得非常好。

黑色砖头的接缝处也是这样砌的，颜色是通过高温加水烧制达到的（不过常常会损害硬度）。

每一步都能够看出不仅对坚固，而且对漂亮，甚至对雅致的追求。

这些龙、这些信号桅杆、红色的柱子、红色的纵向金字招牌、鸟笼、鲜花店。……

旅馆、晚餐、面包、好茶、梨子、栗子，这些非常漂亮的建筑、这些宽阔的大街、这整个码头及其人们的热闹的夜生活、灯笼——这一切都是在黑暗的饥寒交迫的贫穷的朝鲜之后，都是在所有这些患有忧郁性精神病，徘徊在乱坟岗上追求幸福的人们之后。这里对比的是精力、生活、某种巨大的，完全是另外一种范围。

我所看见的整个朝鲜在这一个角落面前就像一个玩具，玩具似的小木屋，木偶似的居民，玩具似的孩子似的童话般的需求。

当然，我直接到了中国，不然这一切会是另外一个样子：我会把他们的梨子同我们的相比较，把他们的平房和我们的高楼相比较，把他们的港湾同我们的相比较。

但是现在有了朝鲜作为参照，我一下子就深深地意识到中国文化的优越和一个民族比另一个民族更强大。

南方城市温暖的夜，每一步所感到的南方的影像、南方的人、南方的街头生活、炒栗子的香味。

我们沿着城里宽阔的大街走着，寻找自己的安身之处。我们身边飞快地走过中国少年，手里拎着篮子，口里喊叫着什么。

这是卖食物，栗子。一个中国人醒过来，把他叫到身边，吃了，又睡了。

这叫做唤醒饥饿人。

所有的旅馆都人满为患，巨大的院子里塞满了马、牛、骡子和毛驴。

催人入睡的空气中传来这些毛驴欢快的叫声，还有卖栗子的叫声，疲惫和睡意让人眼睛都睁不开了。我们继续走着，好像周围的一切都是梦，曾经到过这里，曾经看见过这情景。

终于我们找到了旅馆，在城市的边上，在一排巨大的石头围墙的后面。

10月19—10月25日

醒得很早，但是一些好奇的人比我们醒得更早，一群无所事事的中国人，现在怀着怕见生人那种温厚的好奇心站着等着什么事情发生……结果，我们只好当着他们的面穿衣洗漱。

院子里已经停着为我们准备好的轻便马车。应该去看看。

在两个巨大的车轮上安装了一个栅状的车厢，四面围有蓝色的麻布。车厢的高度比半个身体高一点点，长度有三分之二个身体，宽度有一个半身体。一个人坐不充分，两个人坐不舒服，三个人坐好像不可思议，但中国人已然安排坐5个人，前排坐2个。

当然是没有弹簧的，所以座位安装在轴上，一直都非常颠簸。大车下山的时候，你连同行李都滚到马车夫身边了。上山的时候，又把你推到最后面，行李压着你。在碰到大坑的时候，时而是你的头时而是你的手时而是你的背撞着那狭窄的车厢、硬邦邦的车厢壁。

这样的路有400俄里。

套了3匹骡子：一匹驾辕，两匹拉边套走在前面。

在整个朝鲜就是这种轻便马车也没有。他们的马车更难看，坐起来更难受，更不方便。马车的设计要求的力量也极不合理，难以想象。

一匹马安排去拖完全适合装在炮架下的10普特重的车轮，这是多余的重量；我们乘坐的轻便马车要轻巧一些，载重量也要多1倍，在那里30普特的重量可以由6—7头牲口来拖：公牛、奶牛、骡子、马、毛驴，全体一起拉。

几头牛与第7头小毛驴搭配在一起非常感人。小毛驴无动于衷地扇着它的长耳朵，在这个混乱的搭配中从自己那些大个的同伴后面庄重地看着你。

车轮整个用很厚的铁皮包好，接头处有很尖的轮缘，像犁头一样，驶过后留下很深的车辙。

对于石子路来说，这很不好，但在软路面中，车辙达半俄尺深，总是同时碰到这种情况，车辙的一边完全陷入地面，另外一边要好些，所以除了令人受不了的震动和歪斜之外，车要快跑简直不可思议。

是的，寸步难行，应该感到奇怪，乘车怎么前行啊。

“有什么办法”，马车夫解释说，“除了两轮大车外，法律不允许另外造轻便马车。只有中国皇帝才能乘坐四轮马车”。

对于一个没有去过任何地方的人来说，其他四万万人因为在五千年中无事可做难道就可以处于杜撰出来的野蛮的环境中。

这不，过来一个中国女人。很不幸的女人，用蹄子代替脚走路的残疾人。她的步态很丑陋，摇摇晃晃。她看见我们，急忙躲避，但没有考虑到拿的东西，结果连同东西一起摔到地上。一阵哈哈大笑声和叫声。她躺着，她那恐怖的向外斜视的眼睛看着我们(几乎所有女人的眼睛都是斜视的，很克制的类型)，往下是稍微有些肉的脸，肥大扁平的鼻子，厚厚的大嘴唇。她的脸上涂抹着有点发青的白粉。乌黑的头发梳成特殊的发型，戴有银头饰。是的，五千年想出来这样一个丑陋的残疾人。这是一个自己地位的可靠的保护者，同时也是为自己复仇的复仇者。这是一个比四轮马车更加厉害的障碍。

“你要跟我这个残疾人在一块，我绝不离开你，哪儿也不去，我也不放你走”。

障碍会说话，还活生生的，其他的一切都是由比可兰经更糟糕的智者孔子在很多世纪前就预先注定了的。

在这方面还有一个关于孔子的传说非常典型。

有一次，孔子带着3000弟子走进一个偏僻的河谷。在那里的一棵果树下东面和西面都坐着一个女人。西边的女人身材匀称，很漂亮，东边的女人丑陋，长腰短腿。

孔子对弟子们说，“真正是一个漂亮女人和一个残疾女人”。

他指着东边那个妇女。

“但是当你不得不用线穿一颗千孔念珠时，你再来找我帮忙”，东边的女人说。

“她不仅残疾，而且还傻”，孔子说，“我们真不应该再在这里逗留了”。

他带着自己的弟子回到城里。就在当天皇帝把孔子叫到身边，让他用线穿一颗有千个孔的念珠。于是孔子想起了东边的那个女人，就去找她……

他还是在那个河谷里找到了她，还是在那棵树下，还是在那个地方，但西边那个女人不再同她在一块了。

“是的”，孔子说，“我的确向你请教来了”。

“我就是在等你”，女人回答说。

于是她从孔子手上接过念珠，把它放在蜂蜜里，拿了根丝线。她把丝线系在一只刚出生的小蚂蚁身上。

然后，把念珠从蜂蜜里取出，她把这只小蚂蚁放在念珠上。

蚂蚁吃完了表面的蜂蜜，又钻进1000个孔，线也就跟着穿进了1000个孔。

“拿去给皇帝吧”，东边的妇女把穿好线的珠子给他说。

于是孔子对她说：

“我现在看见你的智慧了，你不仅预见到了皇帝给我的任务，而且还完成了这个任务。我一直以为自己很聪明，直到现在我才看见我的智慧在你面前是多么微不足道，所以我不是为了自己的利益，而是为了我的人民的利益恳求你，给我展示你智慧的伟大源泉。如果你获得了他的学说，就说出这个伟大导师的名字，为了学到他哪怕一点点的大智慧，我将不惜献出自己的一生。”

“你会得到全部智慧，但不是在这里，在地上。当你对这里应该了解的东西有了足够了解之后，你会从我这里得到智慧。”

“你是什么人？”

“我是天的使者。”

“但为什么需要在像连珠这样微不足道的现象中表现出大智慧？”

“因为”，女人说着站了起来，“天希望他的使者，伟大的孔子，能够回答人的头脑中能够想到的一切问题，从最大的问题到最小的问题”。

东边的女人一边说着，一边就升天了，而孔子匍匐在地上，就这样想了一夜。这位哲人想了一整夜的东西，那么普通人要活一千次才能明白。

伟大的孔子就是这样打造人民的，直到在魔力圈中将人民全部打造好，在魔力圈前面已经无路可走，也无路可退。在魔力圈中一切都停滞不前，在无结果的思想框框中只有伪古典主义的知识分子才能在静止的东西上自圆其说。

车轮、船的形状、家、衣服、女人、教育——一切都被永远地安装到自己永恒的模子中，被坚固的地质年代的螺丝钉固定下来。

好像为了证实我的想法，这里传来一条新消息：皇太后废了自己儿子的皇位，废除了他关于允许官员剪掉辫子和穿欧洲服装的诏令。

这条消息传达出的意思很明确，不能有什么别的新鲜玩意。

“但要知道，辫子是你们受奴役的象征，这是满族人迫使你们梳辫子以示服从。”

“是的，当然。”

这个回答让我想起我们俄罗斯人。他会给你说出自己最直白的偏见。这种偏见他儿子只能在真正上了好学校后才能摆脱，但对你表达的抗议他立马就可以表示同意。他同意了，可在他的眼中你一下子变成了不遵循他那个法则的人，他从今以后还是会按照他的法则行事。……

商铺、大街上热闹非凡，笨拙的大车、挑夫、行人、叫声、豆油的味道……但米饭很好。这里是郊区——宽阔的街道、尘土、太阳、温暖、海边波光粼粼，这一切都让人想起当你骑马从尼古拉耶夫走时看见的南方，敖德萨的什么地方，佩列西比的什么地方。

令人愉快的阳光、久违的平原、耕地、乡村小木房、秋天的和平劳动:收割、运禾捆。一些人用扁担挑着两个筐子,筐子用长长的绳子系在底部,固定在扁担两端。人们停下来,用三个齿的小叉子从地上抓起什么东西放在筐子里。

“他们在做什么?”

“拾肥料。”

“这些人在干什么?”

“把玉米根从土里挖出来。”

“用来干什么?”

“作燃料。”

“他们在那边,林子里,在扫什么?”

“扫落叶作燃料。”

我们走过河边的一片小树林。树林被精心照料,打扫得很干净,就像我们这里打扫花园中的小路。

“难道所有的树林都这样扫?”

“这里的树林很少,当然,都这样扫。”

“要砍树吗?”

“是栽树,而不是砍树。”

“这一堆堆的是什么?”

“堆肥:有厩肥、淤泥、草木灰、垃圾、死动物。”

这个五千年的文化就这样一下子展现在我的面前。

“这些树条箱里是什么啊? 还有写满字的小木牌,在那里,那上面,在这些杆子上?”

“这是胡匪的头;小木牌上写着为什么要砍他们的头。”

天啊,真可怕,一颗几乎已经腐烂的头用自己黯淡的眼睛无动于衷地看着。

“如果不砍头,他们也活不成,该砍。”

“但胡匪就是残酷法律的后果。”

“当然是的”,我的中国车夫冷漠地同意了。

他说:“把他们的身体埋在一个坑里,背朝上,脚和手都这样盘起来,好让被砍掉头的尸体的脖子靠在后面一个尸体的屁股上。”

“这是为什么?”

“为了让所有的人都笑。”

我气愤得心尖发颤。

“就是这样的法律。”

卑鄙的法律,似乎只是忙着公然嘲弄人的最神圣的一切:使劳动变得畸形,使妇女变得丑陋,除此之外,还在自身令人憎恶的无聊中,在自身无限的肆无忌惮中嘲弄尸体。

“审判很短暂,没工夫去仔细甄别,这里有很多无辜的人。有一个重要的官员被杀了,不得不为他负责,必须找出罪魁祸首。抓了一些人,你承认了吧,要是不承认,就拷打,反正都要承认的。有的人有钱,就可以买一个人来代替自己,被买的那个人就被处死了。”

“买人很贵吗?”

“一般吧,15 个美元或多一点。”

“不贵。”

“是的,不贵。我自己也是从上海方向来的。那里的人多得很。我们原来一共有 13 个兄弟姊妹。7 个兄弟中 4 个活着长大了,姊妹们刚一生下来就被扔到街上了。只有最后一个妹妹被一个来自上海的女人花钱买了去。”

“为什么?”

“为了唱歌跳舞。在那里,在上海,在这里,在中国到处都很快乐,有很多这样的……”

“这是些什么人,都去哪里?”

“去城里,干活。”

“他们为什么不在自己的地里干活?”

“因为他们没有地。”

“怎么能没有呢? 每个中国人都有自己的地和自己养的猪。”

车夫笑了。

“大家都在地里干活,是长工,但不是东家。只有一个东家,他有很多长工,10个,20个,60个。"

"这些东家地很多吗?"

"不超过50俄亩,多了法律不允许。"

"谁的土地?"

"东家的。"

"不,不是东家的",我说,"他只是从国家那里租赁来的"。

"我不知道;任何东家都可以出卖自己的地,谁有钱都可以买。谁不好好干活,就必须卖地,谁好好干活,谁就能活。"

这就是说,这里的情况也同我去过的满洲里一样。

为了检验,我们在一个农场附近停了下来。

房子全是用石头和青砖砌的,房顶全是黑瓦。这里的建筑都是这种类型。如果是石头建筑,都是用巨石砌的,连接处都有勾缝,非常漂亮。石头是大理石般灰色的、粉色的、青色的。

大院子也是被这种石砌围墙围起来的。

在院子正面的墙上有两道门。门上有战神的形象。他穿着难看的衣服,胡子拖到地上,拿着枪和弓,丑陋不堪。

在两道门之间和侧面是前厢房,在那里进行各种活动。这时有人正在腌咸菜,洗大豆。

从敞开的大门可以看见里面居住的房间。

几扇窗户都是精雕细刻的,上面贴了纸,门上贴有红色的对联,写满了黑色的中国大字。

在所有的房子前都有一个台阶,有一俄尺半高,砌得特别细致。房顶用石灰把瓦一块叠在另一块之上,有非常漂亮的曲线。

从外面看,整个建筑的审美无可挑剔。

但外表是骗人的,里面又脏又不舒适。

房间是一排高高的板棚,里面的板床有一俄尺半高,板床之间是过道。房间与整个房子一样宽,全都相通。小朝鲜的舒适和整洁在这里完全没有痕迹。在院子前面的街上我们碰到东家和他的长工。

确切地说,这也是院子的一部分,因为围墙的两面墙向前突出,而正面的墙却没有了。

在这里，就在这个地方，正好一条小溪流过，几颗柳树垂在河上。透过柳枝能够看见远处的田野，群山那新奇别致的轮廓，蓝色的天空，还有远处的海像一条蓝色的带子闪着光，那里的光比阳光还耀眼。

东家和长工们正在运肥料。这样的肥料堆在每个农场都有。

他们好几次把肥料从一个地方搬到另一个地方。田里没有活了，也许因为这个，也许因为下雨了，总是在肥料堆旁边干农活。

气味令人难以忍受。

显然东家即使在中国人中间也是一个非常务实的人。

所有的粮食（主要是玉米和高粱）都已经脱粒了，禾秸都扎成大草垛，玉米秆也扎成草垛，能够看见的山冈上的树林中的落叶也都收集起来。离房子不远处已经在进行秋耕和耙地。在所有的田野里是一样的庄稼，在所有的田野上都是年轻人、半大孩子和老人挑着自己的筐子，贪婪地寻找着牲口的粪便。第一印象非常强烈。但是接着缺点就突出了。

在农具方面很落后。这些农具在当时就离理想差得太远，只举耙子的例子就足够了。耙板大约有 1 俄尺半长，耙齿穿进耙板朝着各个方向。耙板的两端系在牲口的脖子上，人站在耙板上，人的重量把耙齿压进地里。牲口拖着耙板上的人，而人像杂技演员一样一直在保持平衡。靶地的质量也不好，生产率太低下。

但是祖祖辈辈都是这样干活的。这里还有一个例子，在街上有一头上了套的毛驴拉着一个不大的磨盘，一个女人或者男人跟着毛驴围着磨盘走，不时用手把从磨盘里磨出来的面推一下。这种磨生产的效率是一天磨两三普特。既没有风磨，也没有水磨。

对肥料的关心令人奇怪，就像熊成天把一个木墩子从一个地方拖到另一个地方。真的，已经在地头上的肥料，拾起来拎回家，每棵根都挖出来也拿回家。为此要花多少多余的人工啊？支出在 1 俄亩上的钱相当于我们的 20 卢布。用这 20 卢布来买全新的肥料好像更划算。至此还要从海边或河边运来各种草、淤泥作肥料，就像这里搬运肥料一样。

用这些根来取暖也是不划算的，因为这里的铁匠铺就烧石煤打铁。

“挖这种石煤远吗?”

“5 里地,挖多少都行。”

“为什么你们的炉子不烧煤呢?”

中国人不说话了,只是看着向他们不断提出“为什么”的人,对于他们来说,“为什么”的问题是不存在的。所有的“为什么”很早很早以前就解决了,反复解决了,对于他们,现在的当地居民来说,除了不折不扣地做他们聪明的祖先做过的事情外,什么问题也没有。

这样提出问题使人不得不崇拜的并非是五千年的文化,并非是史前时代和不合算的生产工具和方法,而是中华民族的令人惊讶的忍耐和力量。

一个被经济的随意性(深居简出的残疾妇女、必须的工具:耙子、两轮马车、轮船等等)压抑的民族,被国家的随意性(行贿受贿、敲诈勒索、严刑拷打、绞刑、作为其结果的胡匪、经常性的暴动)压抑的民族,被对自己无用的知识分子压迫、被扭曲的宗教(孔子)压抑的民族是怎么生活的,——活着并表现出令人惊叹的生命力和精力。

在这里不容置疑的只有一点:当一个民族现在已经萎缩的思考能力再生的时候,它的创造力也会随着再生。中国人热爱劳动,精力充沛,他们有希望得到很多。

只有在充分掌握欧洲的(当然,只有欧洲的)进步的时候,他们统治世界的可怕问题就可能通过他们提出。

但也许这话只是说说而已,因为中国人、德国人、法国人在世界经济中已经失去了自己现在的民族意义,这样一来,问题的可怕性自然就消失了。

而在这之前,中国人只是能干但是贫穷可怜。“每个中国人都有自己的一块地和自己的一头猪”,“中国人解决了资本的问题,就像解决靠什么养活一样”,这两句话在很大程度上只是两句话而已。

就在这几天里我才看见了中国的无产阶级大众,就像我们的一样。至于生计,如果不得不通过把孩子扔到街上,不得不通过用野大蒜和一把高粱米来养活人的途径解决生计问题,这又算什么解决呢?这种食品我们西方的犹太人并不会羡慕,对于他们来说,在安息日有一块鲱鱼岂不太奢侈了?

另外的问题是:中国人是否能够归附欧洲文化,在什么时间内,通过什么方式？也许只有未来的几代人才能对这些问题作出回答，因为现在对中国本质的认识完全处于初始状态，何况我这个旅行者只能鸟瞰我完全陌生的生活，又能够说什么呢？只能有一些印象，真诚的或者不真诚的，有成见的或者自由的。在自己的印象中我想成为一个真诚自由的观察者。

今天我们还是继续绕着走，直到傍晚我们才走到一条大路上。

又是白天和太阳，四周又是田野，到处还是密密麻麻的勤劳的人们，很多牲口。粮食足够养活一支军队。辽阔的地方、富足的生活、和平。这是地球的一个祥和的角落，在这里是10月23日，白天气温25度，在这里葡萄已经成熟了，生长着梨子树和李子树，在这里勤劳的人民把海边的沙滩变成良田。

傍晚，我们又走上一条大路，并在一个大车店过夜。

当我们吃完饭也像其他客人一样在木板床上躺下之后，我旁边的中国游客借助翻译(我们现在爱护翻译就像爱护自己的眼睛)问我：

"你们单独旅行不怕吗？"

"在我们国家里，中国人也单独旅行"，我回答。

我的回答给大家留下了非常好的印象，人们都从四面八方向我友好地点头。

"在我们这里也一样，你们想去哪里就去哪里吧，可坏人到处都有。"

四周响起了叫声：

"这是对的，哪里都有坏人。"

早上给我们送来了账单，没有多收我们一个戈比，这与他们多收所有人的钱的说法相反，而且这样不多收钱的情况随时随地可见。所以我坚决抗议对中国人欺骗和狡诈的任何指责。

在商业活动中可以信任中国人的大笔数目的承诺。在所有的银行中都有中国人。中国的工人群体由于自己的一个成员受到不公正的侮辱而全体放弃工作，同时失去自己的薪金。所有这一切都表明他们没有欺骗，并不狡诈。相反，正好是有些人常常利用中国人的这些品质，他们心安理得地和比任何人都大声地说："中国人是骗子。"

10 月 26 日

从比捷沃[1]到旅顺港一带与我们已经经过的辽东半岛海岸相比则是另一番景象。

地形多山，耕地少了，这里的收成大大减少。没有那种对土地的关心，没有农业生产那种和平繁忙热闹的景象，没有了在田野中劳作的人群，没有在农家小屋周围正在给玉米高粱脱粒的人群，没有了运送混合肥料的人群。

这里的农业好像成为第二位的事情，在房子里和房子周围的人少了，老人多了，很多房子都是空的。他们的居民到旅顺挣钱去了还是害怕外族进攻全部都迁走了？

10 月 27 日

越走近旅顺，俄罗斯人明显地越多。

在两个海之间的狭窄地带看得见两边海岸，在狭窄地带的中间，耸立着整整一座土筑城堡。

这里就是俄罗斯军营。正在进行操练，一群军官站在岸边。

从中国城市金州（暂时还是完全独立的），一条大路通向山里。山后面就是旅顺港。这座中国城市在我们的控制下得到保全，因为它属于中国皇帝的什么亲戚。首先周围的地方都要给这些皇亲国戚缴纳赋税，现在当地居民给我们缴纳赋税，但是皇亲国戚不会错过机会，想方设法为自己勒索到第二次贡赋。

路上行人熙熙攘攘：有步行的，有乘坐两轮大车的，有骑毛驴的。那种非常漂亮的上等毛驴，高个细腿，浅色的毛像丝绸一样细腻柔软。显然，这种毛驴很贵，骑它们的人都穿得很阔气，坐在阔气的中国马鞍上，还有昂贵的披衣，上面用丝线绣了金色的龙、兽还有格言。

中国人和俄罗斯人带着与我打量周围一样的好奇心在观察我。

---

① 位于朝鲜西海湾的东岸上的一个村庄，在大连和旅顺的东北部。——原注

显然对于所有人来说，现在发生的一切都很新鲜。

为了公正，我不能不指出，有时候在路上会遇到一些俄罗斯人，例如，他们在碰到载有中国人的轻便马车时，极不礼貌地冲过去，叫喊着要中国人立刻给他们让路，不管不顾这个中国人冒着从马车上摔到斜坡上去的危险。

中国人无条件地立刻执行这些要求似乎让叫喊者非常满意，但我不认为他们会让中国人满意。至少这件事让我产生了一种早就忘记了的很古老很古老的沉重的印象。(……)

旅顺口是个很可爱的地方吗？

暂时还不是。也许这是一个必需的残酷的法则，但街上这样的场景哪怕是对和平居民也会产生恶劣的影响。

街上满是军人和他们的太太，在街道中间，一个面部表情最纯真的步兵，戴着警察的号牌，他一只手抓住一条辫子，正在拖着两个中国人。

中国人的脸上是羞愧和惊慌失措，迎面来的中国人都用沮丧的眼光看着，阴沉着脸躲开。

要知道，在俄罗斯的果戈理时代，市长的确抓过别人的胡子，而且没有旁人看见，而这样抓住胡子沿着大街拖着走——从没有见过这种情况。而中国人的辫子也许比俄罗斯人的胡子还要神圣。

关于城市本身，该说点什么呢？

中国的一座小城坐落在海湾边，为了新的需要在急急忙忙地改建。

周围的地区光秃秃的，没有植物，任凭冷风肆虐。

这些风已经开始刮了，沙尘吹下来，打在脸上。在街上感到憋闷，在这些中国人的房子里，即使它们已经改建成适应另外一种生活，同样感到憋闷。

人与人是兄弟

B. 涅米罗维奇-丹琴科[①]

小说家、诗人、记者瓦西里·伊万诺维奇·涅米罗维奇-丹琴科（Василий Иванович Немирович-Данченко，1844—1936）除了自己众多的作品（250 多本书）外，使他扬名天下的是他对旅行孜孜不倦的热情。他去过世界五大洲的很多地方，参加过 19 世纪下半叶和 20 世纪上半叶俄罗斯进行的战争。1904—1905 年他从《俄罗斯言论》报社出发，去了远东，直接参加了战斗。1904 年他的书《上战场·从彼得堡到旅顺港》出版。在 1907 年，他的一本小册子《满洲里：对日战争的图片和场景》发表。1908 年，在反对专制主义的辛亥革命（1911—1913）日益逼近的前夕，作家又来到中国。这次旅行的结果是他写的系列随笔《在黄龙的王国里》。（以下摘录的就是其中一部分）在书中他记录了中国的局势，特别是满洲里的局势（《新选集》，50 卷，彼得堡，1916 年，第 34—35 卷）。1922 年，他离开了苏俄，生活在柏林和布拉格。

---

① 又译“丹钦科”。——译注

在进入中国的门槛上

这是什么样的国家啊！金字塔一样的山峰在平坦的原野上就像人举起的手，就这样一下子拔地而起——没有小山冈，没有支脉，孤零零的。而接下来是第二座、第三座。戈壁滩那边什么也没有，这里有些地方已经能够看到小树林，一群群凤头麦鸡听到我们行路的响声便飞了起来……

位于北方的满洲里还是那么严峻和难看。据说，满洲里各种金属储量非常丰富，但它严厉地看着外来人，目光一点也不高兴。春天野鸭成群结队飞到这里来，每一次出行，中国人都要带成百只已经烤熟了的野鸭。这种鸭的价格从10戈比到20个戈比不等。

太阳已经淹没在粉红色雾霭笼罩的平静的海中。碧空如洗，东方显得发白。星星怯生生地隐约出现……当西边只剩下一片火烧云的时候，世界就像变得更宽了，更远了……

现在大中国已经离我们不远了，人类这个几千年的谜默默无语，永远都在进行自己巨大的本能的思考。这个思考是我们所不理解的。当它软弱的时候，无法攻克它；当它强大的时候，却被抢劫，被侮辱，被毒打，受尽折磨，而它还是因为自己的神秘依然威严……心灵和思想都力图要了解这个由几万万人组成的彻底封闭的家庭，就像在其中的更小的单位——单个的家庭——也都封闭着一样。眼睛竭力要看到南方的什么东西，从南方在我的眼前升起了一个民族的可怕幻景，这个民族一旦苏醒过来，可能消灭和吞食掉足足半个人类……

周围热情涌动，战争震动了大地。领袖们纷纷起来，天才纷纷诞生，大型企业建立，成千的铁制庞然大物航行在波涛汹涌的水中，另外数千个铁制的庞然大物在寻找新的地方、新的空间来抢劫，来发横财。科学把自己的士兵和蒙难者派到那里——而它，这个古老的民族，还躺在自己模模糊糊的幻想中，而在黄色巨龙的怀抱里沉睡的是充满幻想的美女，她是被神圣纯洁的上苍派到大地上来的，为的是不让人们发现大地的肮脏、恐惧，它可怕的现实，过去的耻辱，现在的痛苦和未来的坟墓……这个哲学家民族还在睡觉……完全是的，还在睡吗？

寺 庙

一座小庙……

在它前面有几棵树。它们在北方满洲里的贫瘠土地上长得不好。有四道门，在门上少不了有石头狗，呲着牙，张着大嘴，而圆圆的大眼睛好像想跳出来。在整面墙上画有一只巨龙，保存得很好。龙盘成一环环弹性的圈，张开可怕的爪子。

大门敞开着，但后面一点，院子的里面还有一堵墙，上面也有龙。中国人这样建筑是为了活着的龙不要到他们这里来。龙只要飞进大门，就会撞在墙上……

这座庙保存着感动人的回忆。它的和尚遇到俄罗斯伤员，并把他们带回庙里细心照料。有两个死了，他们的墓就在角落上。一个活下来了，现在他正在给我讲述这个动人的故事。

“连我妈妈也不可能像这样照顾我！我至死也不会忘记这些和尚。把我护理好，他们还给我马，好让我去找自己人。这些人很朴实，他们知道上帝，爱上帝……他们按戒律生活。我在他们的庙里也祈祷，然后我问，他们是否感到委屈，因为我的信仰不同。他们认同我这种作法，说：信仰是不同，可上天是一个。虽然同一个东西叫法不同，各人都按自己的叫法，其实都一样，玫瑰终究是玫瑰。”

听了这个故事之后，我觉得巨龙与地狱的狗好像不是那么可怕了。和尚们用内墙来隔开可怕的怪物，可没有把心与别人的灾难和痛苦割断。

人与人是兄弟

左边在射击。间或传来低沉的炮声。耳朵都震聋了。峡谷里现在在生死相搏。

远处的炮声突然响了一下，又停下来。远处淹没在金色的霞光中，周围一片荒凉，四周是雪青色的尖顶群山。在峡谷里觉得好像还有什么是活着的。感觉到在动。在那里，在不祥的令人难以忍受的寂静中，枪炮间或又吼叫起来,爆发出一阵猛烈的枪声,然后一切又安静下来……

道路沿着这个峡谷弯弯曲曲地延伸着……这里一位中国哲学家在石头上题有字:“要死的,想想最后的时刻!”

这种提醒正好是时候,正好是地点。

峡谷里一片阴影,就像谁的巨大的黑色翅膀扔到这里了,高处出现了一座漂亮得令人惊奇的寺庙,一个很老很老的和尚从高处平静地望着我们这群不知要去什么地方和为什么要去那里的人,当时他明白的只有一种不可回避的死亡。太阳照耀着高处的他和他的寺庙。

另外一个人走近老和尚。他们久久地目送着我们,摇着头。在世界上有很多天、地、水、空气。满洲里春天的花香气袭人,三春柳多孔的粉红色树枝迎面客气地徐徐摆动着。远处淹没在明亮的阳光中,田野绿油油,一片辽阔。一个人在这样的美妙中再也找不到更好的东西了,当他被派到另外一个也是这样的“铁定的死亡”中去,他被标枪的枪尖刺着,被冰冷的军刀、冰冷的马刀砍着……好像他觉得这个不可避免的死亡久久地暂缓执行是那么可怕。

我望了望那两个老和尚,掉头向蓝色峡谷的新弯处走去。他们俩还是那么摇着头,在寺庙那有图案的新奇别致的房顶上,一切都闪耀着落日的光辉,越来越明亮……

“这是他们的和尚吗?”一个士兵问我。

“是的。”

“很好的人民。”

“你知道他们?”

“上次中国战争的时候他们收留了我这个伤员。让上帝保佑他们健康吧。他们按自己的方式治疗。往我的伤口上敷上一些咀嚼过的草药,因此完全不痛了。还让喝那样的草药,给我吃米饭,吃鸡。我伤一好,就吩咐我去找自己人,其中一个老和尚还给我写了一个纸条,把它送到将军那里。”

“纸条上写的什么?”

“那是后来我的军官给我们说的。按他们方式写着‘人与人是兄弟’。”

“怎么,将军感谢他们的和尚了吗?”

“听说给了他50卢布,不过,和尚出于自尊没有要。”

我回忆起在中国的一个小村庄的一座房子上写着这样的格言:“要奖励一桩真正的善事,整个世界的宝物都太少了。”

“将军给他喝了茶,同他谈了很久……我后来去送他,送这个老和尚,为的是我们的人谁也不欺侮他。也是各种各样的人都有,有些人不是出于恶,而是出于愚昧无知……”

碧云寺一游

B. 阿列克谢耶夫[①]

瓦西里·米海伊洛维奇·阿列克谢耶夫(Василий Михайлович Алексеев, 1881—1951)是世界著名的中国学学者,现代俄罗斯中国学的奠基人,著有多本中国文学史、艺术史和文化史的书;他还是很多中国诗歌散文的俄语译者;是词典学家和语言学家;著名的教育家。他在1920—1940年代的彼得堡和列宁格勒的教育和科研机构培养了一大批杰出的中国学人才。他曾在北京、巴黎、伦敦的大学讲学。在1907年4月—10月、1909年1月、1912年5月—7月、1926年7月—8月他4次来中国。阿列克谢耶夫在很多年间所做的大量的研究成果有很大一部分都没有出版(尽管在生前已经发表了大约280部作品),由于他女儿M.B.班科夫斯卡娅孜孜不倦的努力,加上一些专家的支持和参与,才在不久前得以出版。这其中就包括《在旧中国:1907年旅行日记》一书,以下内容就摘自本书。

① 中文名:阿理克。

1907年4月,北京。难看但很壮实的毛驴驼着我走出北京。从公路上拐下来,沿着乡间土路颠簸着。这条路不比我们俄罗斯的路好也不比俄罗斯的路差。四周是长着小麦、水稻、荷花的田野。赤着胳膊晒得发黑的农民,在齐膝盖深的粘泥里,用双手在揉着这些泥,好像揉面一样。中国人要得到他们需要的食物"老米"真不容易。有时候出现小山岗。小山岗是必然利用起来的。时而在那上面有一座亭子,亭子里的题词别出心裁地暗示着某种东西,好像说是在山里的微风自由的吹拂下,诗情画意般的休息非常甜美愉快;时而小山岗的一侧有一座不大的和尚的墓塔,不然就是掩映在松柏之中的整个寺庙从平坦的原野上懒洋洋地和缓缓地向上钻出来。在大山冈上是王公们和有钱人的避暑行宫。例如有一座山就被现在掌权的被称为皇太后的西宫娘娘的心爱的避暑宫殿占着。

道路在很多墓地之间绕来绕去,墓地呈四方形,周围必然栽满了象征着永垂不朽的树:松树或柏树。在这个生机勃勃的园子里,能够看见一些不大的土坟墓。每一处这样的墓地都属于一个家族,通常开始是第一个祖先埋葬在这里。在饥饿的中国,有钱人和施暴者愚昧无知的迷信强占了多么巨大的土地!当你了解了中国,就会清楚地明白,人臆造的这种野蛮是怎样使生活条件变得复杂的时候,你会感到多么可怕啊。活的中国要被死的中国所压制。

我走过中国的小村庄,在这些村子里是一排排土筑的房子。每一座房子都属于一个家族的成员。叔叔和侄儿,兄弟,更不用说父亲和孩子,只要有可能都住在一起。孩子们在院子的大门旁玩耍,招人喜欢地裸露着肚皮,头剃得光光的,像沙漠中的一块绿洲一样,留下了一束头发,用一条红头绳扎起来。红色在中国具有吉祥的意义,可以辟邪,避开对人,特别是在人的孩提时代非常危险的妖魔鬼怪。

当沿着难以通行的道路骑着疲惫不堪的毛驴经过最后一些房子,登上一座小山岗的时候,太阳已经快当顶了。从山冈上穿过一排大门,我慢慢地走进了碧云寺。

我在一座大院子中间下了毛驴,听到几只狗可怕的叫声。我往右走进院子,四处张望。从一个大理石怪物的口里漂亮地喷出一股清澈喷香的水。在左右两侧分列着钟楼和鼓楼。这是一个富有中国风韵的两层建筑,也就是盖着瓦的房顶都是飞檐，在房顶和墙壁之间有雕刻的图案。在鼓楼中一个巨大的鼓安放在一头躺着的大象雕像身上(大象也像其他很多宗教象征一样，与佛教一起在公元1世纪进入中国艺术之中①)。在鼓上还贴着一张黄纸条幅，写着："南无阿弥陀佛"。"南无"是梵语的译音，意思是"我召唤你"。"菩萨"(пуса)是对梵语"菩萨"(бодисатва)的错误的中文译音。用这个来称呼应该成为佛的人。在中国佛教中，也就是说在进入中国土地的印度佛教中，我们徒劳无益地在语言、象征、形象中寻找着深刻的继承性。所有类型的菩萨、罗汉、佛都融合成了一个难以分辨的东西。例如，对于中国人来说，菩萨如果不是佛，那么也是这种类型中的一个。总的说来，这是一种精神。精神是一样的，所以在这个话题上故弄玄虚是多余的。

我登上露台，走进一座被隔成两半的大殿，每一半里面都站立着一个巨大的武士雕像，脸上表情很凶恶，就像被可怕的抽搐歪曲了脸。两个都穿着想象的铠甲，铠甲上的图案复杂花哨，画的是龙的鳞片，胸部上是老虎的头；老虎的尾巴垂到光脚穿的草鞋旁边。在武士头周围有非常程式化图案的散开的带子，这是中国神仙的雕像特有的。两个武士身体的肌肉都被一个个紧裹身上的大圆圈勒得轮廓突出，两个都很威严地向前倾斜。

这两个武士的作用就在于保护寺庙不受魔鬼的入侵。而它们明显的影响就在于孩子们和进庙的人们害怕他们胜过害怕魔鬼。用普通人的话说，他们就叫做吓唬人的东西，或者叫"哼哈"二将。② 我又来到一个院子。左边和右边的房子都是用来给和尚剃度的。神殿③就在我正面，有一个题词："智慧殿"(也就是佛殿)。里面有三尊佛像，坐的姿势好像在沉思，有印度风格：双腿盘起来，脚掌翻过来朝上。佛像下面是一朵莲花，这是所有亚洲佛教中有神圣含义的花。

---

① 公元65年，汉朝一个皇帝在诏书中写了几个来自印度语的词：佛教、和尚、隐居者。这个事实被看做是佛教传入中国最早的证明。——原注

② 后面一个称呼很有意思的是，它是一个象声词：人们认为，其中一个吓唬人时，用力从鼻子里出气，于是就发出"哼"的声音，而另外一个是从嘴里出气，就发出"哈"的声音。——原注

③ 中国寺庙通常是这样的——这是一座大房子，里面的墙是格子的，都有图案装饰，这些图案比其他房子的图案更独出心裁。这种格子墙实际上就形成了小窗户，上面糊上纸。只有在城市中新修的建筑才使用玻璃。这是新东西。——原注

进来了几个和尚，开始念经了，也就是从梵文翻译成中文的佛经。这是从鼻子里单调地哼，带着拖音，音调很低，一点也不清楚。念经还伴随着敲打木鱼和铜碗。身穿黄色袈裟的住持在离神殿不远的燃着火的黄碗前，拜了几拜，并且往院子里的地面倒酒。然后就离开到里面去了。凄凉而焦虑的念经声仍然不断。

我沿着大理石台阶拾阶而上。正方形的大殿有几个入口过厅。在大殿的正中央也高耸着一个正方形的顶，就像我们的圆顶一样。大殿里光线很暗，墙壁是独出心裁的格子墙，贴上了纸，光线不好。这是五百罗汉堂，也就是说，是佛祖所有的学生。500 个镀金的木质雕像，有的在哈哈大笑，有的在沉思，有的很恐怖，有的三个头，有的三只眼，等等。而在他们周围是各种物品、动物、小孩。一个在同一只鹿说话，另一个在同一条龙、一只虎、一只鹤说话等等。一个在从酒壶里倒酒，另一个在从碗里喝酒——总之，非常有趣的各种各样的生活场景。当然这 500 个佛祖弟子的来历在经书中都有解释。

在所有这些身着豪华服饰的人物组成的队列交叉处还有几个全副武装的印度姑娘。完成她们服饰的复杂的图案显然是雕塑家的主要任务。应该指出，就雕塑的细腻来说，未必能够找到与中国一样的雕塑家。每一个最细小的细节都刻画出来了，特别是涉及想象中的武士装束，这是中国艺术家的特点。同时他根据民间传说发展起来的自己的想象，将很多东西都刻画得非常和谐，这里已经有点偏离了外国的传统。

我走进邻近的神殿，大雄宝殿。佛祖坐在莲花和其他圣花上。他周围是一大群来自各种神话和传说中的神，其中大部分都被雕塑家的手中国化了。在佛祖的上方有一个类似圆顶的东西。在构图的中央是一条身上布满圆形鳞片的盘龙，它的背景是曲折回旋的逗号，象征着浪涛。圆顶的侧面覆盖着凸出的几何图案装饰，用极大的鉴赏力构思得极奇妙地对称。所有这些都是用木头做成，再镀金的，让人产生美好的印象，是真正大师的手笔。

大厅侧面是十八罗汉的塑像，也就是佛祖最亲近的学生。他们的塑像有很多标志，就像是他们生平的形象说明。他们的头上悬着各种形状的山石云海。在这些山石云海中我们能看见各种类型和具有各种作用的神仙、仙女、龙、天兵天将等等。佛教所有刁钻古怪的想象这里全都有。形象众多、色彩丰富、刁钻古怪的整个形式与细节与纯真的技艺交织在一起，让人头痛。为了弄清楚这里表现出什么，需要非常了解佛教给中国文学带来的大量神奇的描写和故事。当这一切都塑造出来或者清楚地刻画出来的时候，这些自印度引进的作品中的情节已经中国化，只是具有神奇的成分和外国姓名。这一切都堆积在一起，交织在一起……一个细节使另外一个细节复杂化。这里缺乏清楚的说明，说明哪些与印度不一样，是中国自己的想象所作的补充——就这样在我们面前的东西，在原则上与天主教和东正教教堂中的是一样的，但更加独出心裁，要分析理解还有困难。

我走进一个单独的神殿，也许这里供奉的人物的表情让人很喜欢，他叫布达罗汉，俗话叫大肚罗汉弥勒佛，也就是肚子很大的马伊特列（一个菩萨的名字）。正像后一个外号所表现的那样，这是一个非常胖的人物，脸上表情很知足。

大肚罗汉弥勒佛四周有表情凶恶的四大天王雕塑，他们脚踩在几个赤身裸体的小鬼身上。这几个小鬼故意雕得很小很瘦弱。这是进入到中国艺术中的印度和西藏的魔鬼崇拜的残余。人物刻画都有标志。这些标志的名字应该按照中文的读法，就像下面的字谜一样，一个人物手持宝剑，（剑锋中文读作“风”），另外一个在弹中国的琵琶（调），第三个手拿一把大雨伞（雨），第四个用一只手制服一条蜥蜴（顺）。所具有的 4 种复杂的表现有双重解释（众所周知，中国有些符号常常读音一样）：

风	调	雨	顺
剑锋	戏弄	雨中的蜥蜴	使其顺服
风	静静的	雨	听话的

上面一行字放在互相依赖的语法中，是一个吉祥的成语：“风调雨顺”（对你的祝愿）。通常说这句话的时候，是暗指第二个意思。整个句子表现的就是下面的意思：“如果风柔和，雨及时，那么国家就会获得荣誉，人民得到安宁。”这是了解中国式的佛教崇拜的极好例子。

这一组 4 个雕像在中国每一座佛教寺庙中都能够看到。

所有这些神殿里里外外都给人一种没有出路的压抑感。由于天气不好，房顶到处都腐烂了，里面卷起来，露出腐烂的房架，下面的一切都有一层灰尘和碎片。柱子也腐烂了，大厅飞檐上复杂别致的图案装饰也断了，掉下来了——这一切都堆在地上，掉在塑像的身上，到处都是，没有人来收拾，也从没有收拾过。格墙上糊的纸千疮百孔，灰尘从孔中毫无障碍地钻进来。几乎所有的中国寺庙都有这样的问题。皇宫里面的某个太监、大官或者干脆就是某个地主，平时做坏事做得不耐烦了，用抢劫来的金子修建寺庙，请来工匠和建筑师干活。他们为了挣几个铜板非常努力和细心地工作，并认为自己是在做善事。于是，一座非常好的艺术纪念碑就这样建起来了。使用的材料都非常坚固。中国人是评价东西的结实和坚固的行家里手，赎罪者都盘算过："用这种材料来修建的建筑物将保持不止100年。在这之前我的罪孽要祈求宽恕。在那边一切对我都无所谓。"寺庙有收入，当然足够让寺庙保持应该的样子，但它的和尚住持却弄成另外一种情况。首先是因为，进入这个中国劳动人民瞧不起的阶层的通常是社会渣滓、懒汉或者生来就是骗子。通常和尚是这样一种人，他对他读的书，或者对他说的话做的事情，都不太理解。他对他是为谁服务也不太理解，更不用说对他的信仰了，因为这引起所有中国人的耻笑。这种类型的人的贪婪超过了任何描写。他们游手好闲，生活有目共睹。愚蠢地死守教条造成一系列令人气愤之事，还有专门针对这些事的谚语。难道这种人会关心寺庙的保护、清洁的外表、修补等等吗？不，从来不会！寺庙的住持事情本来就多极了。应该去城里拜访有钱的赞助者，委托他们记下要捐款的捐款人名单，在这些捐款中最大的数字是和尚自己的手写的，当然不过是虚构的。然后小小的虚荣心发生作用，应该把钱弄到手。这样的拜访是需要时间的，还需要钻到房子的女人那一半院落去。那里，顺便说一句，除了和尚和老道之外，别的男性是不让进去的。所以要好好地编出各种谎话，这样填充闺阁永恒的无所事事之后，只有到那时才能使捐款人的名单兑现。琐事还真不少。

那其他和尚呢，他们念完经之后，除了现在做的，未必思考什么，真幸运，可以什么也不做。

于是委托给和尚们管理的艺术纪念碑就出现荒废不堪的景象：房顶腐烂了，柱子和墙壁歪斜了，到处坑坑洼洼，积满了水，大理石巨石倒下来了……活跃的野草从所有的缝隙愉快地张望着。

在墙上、在入口处、在门柱上、在鼓上、在有各种用途的箱子上，都可以看见黄纸条幅，上面主要是佛教性质的题词（其实，有时候因为和尚们幼稚的犬儒主义，庙里能碰到这样的条幅："招财进宝"，在祈求者放钱进去的捐钱箱上能看到4个符号组成的花字图案。类似的题词在商铺里通常也能遇到，当然，在神灵和菩萨们的寺庙中它占的地方最小）。在显眼的地方有一条标语："当今皇上万岁，万岁，万万岁！"也像在所有的国家一样，在中国教会也是现存秩序和最高当局的维护者。写着这种字句的牌子挂在帝国所有寺庙显眼的地方，在基督教的、佛教的、道教的、伊斯兰教的、犹太教的寺庙里。

伴随着对皇帝万岁的这种祝愿，还有对国家和平安宁的祝愿。我们在前文就看见有一个这样的祝愿"风调雨顺"。我还举一个例子："我们的山河永存"，也就是"我们的国家在自己的疆界内固若金汤"。

到处都是题词，它们可以证明和尚行为的纯洁或者给予了他们应有的指导。

"般若。"

"净土。"

"解脱。"

"高尚"，这两个字写在寺庙门槛旁边两块马约利卡彩陶制品的板上，提示语让教徒相信东正教圣餐仪式中的一句话"带着对上帝的害怕和信仰走进来"。

"禁止吸烟"，"小心烟火"——与其说这是对旁人说的，不如说是对和尚自己说的。

"正衣冠，守秩序，恭敬完成礼仪"。题词"灯（即光）在菩提"被和尚们字面上理解，挂在庙里，在灯笼上。

在书橱上的题词包含对一个历史典故的暗示："静演三车"。这个典故是：后来被称为武帝的汉朝皇帝（公元前200年）一次出去旅行，随身带了5车书。那时的书是竹简，不像现在的书那样轻，容量那样大。在路上所有这些书偶然被烧掉了。在汉武帝的随员中，有一个人叫张安石。他能够背出大约3车书的内容。现在说到具有好记性的博览群书的人时就说：他学富五车（也就是在他的思想中，有时候甚至说在腹中有五车书）。

我继续在寺庙中闲逛。

两个漂亮的亭子，圆顶，盖的是弧形的瓦。亭子里有一块巨大的大理石竖立在一个乌龟的背上。这是在执政时被叫做“高宗”（乾隆，1736—1796）[①]的清朝皇帝所为。他花巨资装饰和修缮13世纪修建的这座寺庙，决定要铭刻出自己所做的事情。为此目的，他御笔亲书，记述了他重修碧云寺的情况，后吩咐将其译为藏文、蒙文和满文，并刻在大理石碑上，把刻好的石碑安放进专门的亭子里。此外，乾隆还亲自书写了大量取自佛教书籍的别出心裁的词句，用来装饰寺庙的墙壁。

我现在从木头、瓦、铜的王国出来，进入大理石的王国。在我的面前是一排排大理石的台阶，从一个汉白玉石牌坊通向另一个石牌坊，一直通到一个巨大的佛塔（关于佛塔，我们下面还有讲到）前，并顺着佛塔蜿蜒直到隐没在一片白光之中。巨大的柏树，枝繁叶茂，把自己的树枝伸向四面八方。树枝钻入牌坊的窟窿里，穿过台阶，从大理石的墙缝伸出来，延伸得很远很高，最后，在很高的高处，长成独立的树丛。它们挡住了视线，让人只能看见半个幽暗的小白塔。多么野性的美！

第一道大理石牌坊上面全是石雕图案。顺便说一句，图案其实就像下面谈到的人物，与佛教没有任何关系，但它表现出神秘的主题。在普通的文化水平不高的中国人的概念中，这些主题都一样，不管它是佛教的还是道教的，或者是别的什么的。

这道牌坊的图案的主要题材是云。云占据横梁的中心，有着心形曲线，分布对称。它环绕着两个圆柱，变窄了，歪歪扭扭，一层一层，上面拱形的镶板上也布满了云。中国几百年来让人不可理解的神秘象征、所谓的卦强有力地镌刻在侧面的镶板上。这是整条和断断续续的线条的组合，被世界观的二元论编织成中国哲学家的最复杂的体系。看着巨大的侧面镶板，上面非常细腻地雕出一大堆一个重叠在另外一个之上的细节，令人眼花缭乱，我知道这叫做

① 中国禁止对皇帝不管是生前还是死后直呼其名，而是使用吉祥的称呼来代替名字，换言之，使用由两个字组成的简短的句子，表达对皇帝本人或者对国家福祉的辞藻华丽的祝愿。这一习俗开始于公元前121年。——原注

“二龙戏珠”。两条龙极度卷曲地位于云彩和海浪中，浪花在中国艺术中被画成尾向上的逗号，“戏”就是张开狭窄的嘴巴，环状地伸开两边的胡须，扑向一个球。球闪耀着齿状的光环，光环融入云彩的总背景中。

这种中国的石雕图案给那些能够欣赏它的人以巨大的满足感。你感到自己知道了受过独特教育的一代一代人智力工作的精微之处，知道了独特形成的不可动摇的古老文明的精微之处，你看见以文化智慧长期孜孜不倦的探索为基础的暗示怎样化为在装饰图案中完全表现出其复杂性的象征。

在牌坊的下部是具有不同主题的石雕图案，图案的主题与佛教也没有任何共同之处。正面是中国历史传说的插图，画的是体现中国人 4 种主要美德的形象：忠、孝、廉、节。说明这些美德的历史人物穿着相宜的衣服，他们的姿势很庄重，而且仆人在他们面前拿着他们昔日行当的主要物件。图案的边饰是一组组非常漂亮的树、花和云彩。忠的榜样选的是诸葛亮，在公元 2—3 世纪觊觎全中国皇位的有 3 个人，他担任其中一人的丞相。尽管皇帝临死时下诏，在皇位继承人明显不适合统治人民的情况下，允许诸葛亮自己登基作皇帝，但是诸葛亮没有这样做，而是辅佐引起不幸的皇帝，当他辅佐的皇帝的事业毁灭之后，他也与皇帝死在一起。

在这里作为孝顺老人的榜样选的历史人物是李密和狄仁杰。

李密生活在公元 3 世纪。皇帝想招他进宫作为太子的老师。李密在呈文中动人心弦地写道：“我必须留在家中伺候我的老祖母。如果没有她，我看不到今天的世界。如果没有我，她不可能活得这么长久。”皇帝被感动了，下诏帮助这位孝顺的孙子照料祖母，直到她去世。后给李密封了官进了爵。

另一个狄仁杰生活在公元 7 世纪。这是一个非常罕见的孝顺儿子。在自己的母亲死后，他一直思念她。有一次他登上一座山，看见高高的天上飘着白云，他感叹道：“这是上天在哀悼我那躺在坟墓中的母亲”（白色在中国是哀悼的颜色）。就是现在，在中国如果谁家死了老人，在他家门上也要贴上用蓝色的纸写的白色的字的挽联，后一句就暗指狄仁杰：“守孝道不知红日已经升起”，“想双亲观察白云正在飞逝”。前一句暗示儿子之孝的另一个榜样，这种榜样在中国历史传说中总是特别多。

牌坊的浮雕上廉的榜样选的是陶渊明（公元 5 世纪），他拒绝去见新上任的官员，拒绝在他面前叩头。“为一天五斗米而折腰”，他说，“这是在贬低我自己”。说完他回到自己的家乡，用自己的双手建造了一个小庄园。这样的例子当然要多少有多少，但这里讲的是一个杰出的诗人，中国文学杰作的作者，因此成为陶渊明长诗内容的这个事实，家喻户晓。

我沿着大理石阶梯朝着佛塔方向继续往上攀登。

佛塔是一个巨大的白色建筑物，分 3 层。塔身全都被浮雕所覆盖，雕的是在寻找神启的菩萨。一些菩萨有许多头，一些有许多手，一些戴着冠状头饰、手镯、耳环等等。

佛塔的上层是宝座顶，上有 5 座 13 层塔，塔向上逐层内收，中央一大塔，四隅各有一小塔，在主塔的塔后还长着一棵苍劲古松。在所有 5 个塔上都装饰有圆圆的平底浅盆形铁质塔刹，塔刹中央铸有八卦，是中国传统的神秘象征。塔刹上端又立一小塔。塔的建筑师担心破坏风水(迷信的说法)，所以决定给塔戴上铁帽子，仿佛这样一来就把塔掩藏起来不受全知的看不见的力量的侵扰，让它们保护神秘的象征。为了这个目的，在周围，沿着整个山谷，修建了 72 座塔，这 72 座塔的作用就是用自己的分散和高度来再现被占卦所决定和被高塔破坏了的和谐。

这就是风水，我把它定义为关于人的各种创造活动——修房子，修庙宇、塔、陵墓、商店、工厂等——需要地表位置的时候，根据地表的形式来占的卦，这是中国迷信中最令人好奇的一种形式。

我沿着漂亮的台阶登上二层。这里是宝座，里面坐着身穿肥大的黄外衣的神仙。在宝座上方有题词：“显灵的力量发出光芒”，说的是佛塔建立在上面的力量。我沿着黑暗的台阶爬到顶上。当我进行这项复杂的体力锻炼的时候，我的同伴，那个中国人，开心地尖叫起来，从山巅再传回来响亮的回声。这回声——他干嘛要弄出这回声？——让他更开心了。

从宝座顶望出去，寺庙和平原是一派神奇的景象。奇形怪状的松柏排成宽宽的一排，一直延伸到山谷里，寺庙的房顶和星形的亭子掩映在松柏中，若隐若现。亭子里有教育后代的大理石石碑。大理石牌坊、护栏、台阶、阶梯透过自由伸展的树枝泛着白光，一大堵红墙阻断了风景，红墙上有好像粘贴在墙上的云彩状斑点，在斑点里闪耀着复杂图案磨光的表面反射的光线。

在寺庙的后面是一个大山谷，谷里有许多塔和小村庄，还有墓地和绿油油的小麦。四周是山，不，不是山，而是一些小山岗。那些难看的堆积物趴在你眼前往上拱起，就像不愿意似的，光秃秃的，单调的，有着不陡的斜坡，圆得毫无意义。透过峡谷看上去，著名的北京就像一个扁平的深色斑点。

当我从塔上下来的时候，看见在我面前有几个和尚躬着身子迎接客人，他们招呼客人进房，让坐，嘘问。我们打听着共同的熟人，住在北京由于寂寞来这里的外国人的鼎鼎大名被一一列举，他们幼稚地告知客人逗留的所有细节：谁嫖娼花了多少钱，或者在牌桌上输了多少，因为他们是为这个才来庙里的，他们如何寻欢作乐。和尚们描绘了一幅普通的风俗画：人们喝酒，喝醉，燃放鞭炮，一路都是鞭炮爆炸后的纸屑；人们哈哈大笑，说俏皮话，挖苦雕像，用铅笔在大理石墙上留下自己的“大”名，给菩萨画上大胡子、小胡子，建立另类的纪念碑，但绝不是“非人工的纪念碑”。①

这些有文化有教养的民族的文化代表快乐极了！

和尚给我提出了许多普通的问题。他们感兴趣的是，我有多少岁，我这么年轻为什么留胡子，有几个孩子，在北京干什么，等等。他们给我沏茶，端来用涂抹了蜂蜜的面团做的糕点招待我。天黑下来，和尚们走出寺庙。我问仆人他们去哪里。仆人咧着嘴笑笑说：“不过散散步而已。”

我坐在客厅，读着墙上的说明和题词。其中最大的一幅说的是寺庙的常住和尚的职责分工。② 我读着题词——喜欢诗歌创作的来访者创作的范例。碧云寺，也就是在高处翱翔和脱离尘世的寺庙，激发很多灵感。

下面就是这类创作的样板：

“走进寺庙，听到落到山里的雨声。山巅映满晚霞。小溪潺潺，唱着悦耳的曲调……我坐在峡谷的小树林里，冷风拂面……竹林背阴处的雪还没有融化……花香从地上传来，包围着我……我想，过去的苦修者都到哪里去了？我

---

① 普希金有一首诗，其中有这样的诗句：“为自己建造了一座非人工的纪念碑”。这里借普希金的诗句来讽刺随处乱画的游客。——译注

② 还有一些和尚一直在外云游。这通常是从一个寺庙到另一个寺庙的半乞丐和尚。他们在剃度的时候得到一个特别的证明，写着他们的法号，通常是按照佛教的题材给起的，还给他们一个品行可靠的证明。和尚们凭着这个证明，就可在寺庙得到食物。他们手上还有一把铁锹，如果在路上碰到死人或者死动物，他们就用这个铁锹来挖土埋葬。——原注

想，我幻想，白白地在自身中寻找着答案，目光滑过寺庙长长的墙壁。”

夜幕降临了。月亮照耀着宽敞的院子。和尚们都不在。仆人们用他们慢吞吞的语言断断续续地说着自己家中的事情，还伴有富有表现力的手势。到处的一切都一样……啊，世上的人们追求和兴趣是多么的一致啊！

第三编

醒狮(1922—1938)

金色的海船

Ю. 加利奇

格奥尔吉·伊万诺维奇·贡恰连科(Георий Иванович Гончаренко, 1877—1942)以Ю. 加利奇(Ю. Галич)这个笔名发表作品。他是一位著名的小说家、诗人、记者。他的文学活动开始于19世纪80年代末90年代初的彼得堡。他还是一位职业军人,上校,1914年他指挥龙骑兵团参加了第一次世界大战的许多战役,获金武器奖和圣乔治勋章。1917年在临时政府时期,他获得将军军衔。1922年他从符拉迪沃斯托克乘船去欧洲,特别访问了上海和香港。1927年,他出版了《金色的海船,漂泊》(以下摘录的是本书首次在俄罗斯出版的版本中关于中国的章节)。1942年12月他自杀身亡,埋葬在海里加波克洛夫公墓。

一条天蓝色的大河

与日本相反，中国海岸很低很昏暗。

四周几百俄里，大海浑浊、肮脏，呈黄绿色。流入大海的河流带来泥沙、肮脏的垃圾。

水变得越来越黄。

傍晚灯塔的灯光又在什么地方闪耀着。我们来到了长江三角洲，或者更准确地说，来到了长江。

这条巨大的河流起初与大海没有任何区别。在蓝色的夜幕中我们穿过吴淞口，一个有着古老城堡的古老城市。

拂晓我们破开黄浦江的波涛前进了。

洛列斯坦号顺着低低的、多沼泽的河岸慢慢逆流而上，江面宽阔，江水湍急，水位很高，有点像涅瓦河。

不时闪过耕地、牧场和农场、稻田、城郊的镇子和中国的村庄。

越靠近上海，工厂、巨大的石油罐车、仓库就越来越多。迎面驶来重型货轮、商人的纵帆船、小驳船、驳船。中国式帆船张着淡黄色的长绒帆、舢板、独木舟在海浪上颠簸。

透过茫茫的薄雾你已经看得见这个巨大的城市了。

它神秘莫测的轮廓越来越清晰。船坞和码头的仓库、林立的高桅杆和一望无际的烟囱也隐约显现出来。在像惊慌不安的大蚂蚁窝一般的码头上，生活沸腾，喧嚣，人们来来往往，川流不息。

传来铁链哗啦声，起重机轧轧声，缆绳的吱吱声，搬运工和苦力喉音很重的叫声，有轨电车的响声，汽笛的吼叫声和苏醒过来的白天那不停息的喧闹声。

锚链扑通一声放到海里。

这一章结束了。

在我面前是新的一页……

南 京 路

我沿着骄阳似火的北滨路前行，北滨路上人来人往，闪耀着热情似火的白天的色彩。我在熙熙攘攘的人群中，在无轨电车的响声中，在黄包车的叫喊声中，在飞驶的声音低哑的摩托车的轰鸣中一下子就迷路了。

接下来就是南京路，这是上海穿过城市的主要交通要道。这里富丽堂皇：鲜艳夺目的商店橱窗、招眼的汉字、五颜六色的招牌和旗帜、丝绸和黄金、热带织物、雪茄烟、水果、宝石、饭店和钱庄、钟表店、毛皮和体育用品商店。在最中心的街道两边都是高楼大厦，里面的财富多得说不清楚，两个竞争者，上海的韦特海姆们——沙逊洋行和哈同洋行。

到处都是黄色的海洋。

男人头戴丝绸瓜皮帽，身穿短上衣，肥大的长衫，脚穿长袜子和软底鞋，鼻子上架着眼镜，严肃、举止得体、平和矜持。富人身穿白色长衫，人力车夫和苦力身穿打了补丁的蓝色短裤。

无声笑着的小女人头发梳得又平又光，身穿紫色的、雪青色的、黄色的小翻领衬衫，穿着同样颜色的裤子，戴着耳环和镶嵌着宝石的戒指以及其他珠宝首饰。姑娘们虽然臀部和胸部都不大，但容貌仍有特殊的可爱之处：梳着刘海儿，漆黑发亮的头发梳成一根长长的辫子，让人想起马尾巴。一些机灵的中国小孩在脚边钻来钻去。帽子、全是帽子，没有尽头……

中国正在得到解放，正在从世纪睡梦中苏醒过来。

在街上不时碰到一些衣着考究的年轻人，苍白的脸上斜视着两只眼睛，穿着雅致的欧洲服装，受过良好的教育，会英语，一付假绅士的风度和姿态。甚至中国女人也渐渐地把裤子换成窄裙，好像从没缠过足。

中国正在改变面貌，正在将千百年来的生活方式随同旧衣服一块扔掉。它正在进入另外一种文明之中。但长江和黄浦江那浑黄湍急的发出神秘的淙淙响声的水还要流淌很多年，水中充满佛教寺庙的传说，龙的神话和稻田的芳香……

在气味难闻的向四面八方伸展的小巷子里有许多商铺和中国食品店，墙壁上都挂满了熏火腿。从天花板上吊下绳子，绳子上系着扒了毛的刚腌的母鸡、野鸡、鸭子等其他被宰杀的家禽。

柜台上放满不一般的食物：海参、鱼、内脏、干青蛙、牡蛎、虾米、某种动物的蛋、茧、甲虫、醋渍的幼虫（蜜蜂幼虫、蛆等）、水母、章鱼、鳐。一些从未见过的蔬菜：海带、燕窝、水草、野菜，还有一罐罐中国的水果软糕、果酱、核桃和冰糖。

在这些小饭馆里还有饮料，从著名的高粱白酒到中国当地的葡萄酒。它们全装在大橡木桶里。特别著名的是“游蛇”酒和“猴子”酒。

这些酒这样叫是因为所指的动物很多年来一直装在这些容器中，给酒赋予一种特殊的浓厚的香味。据说“游蛇”酒会让人灵活有力。“猴子”酒能滋阴壮阳。

很遗憾，我没有品尝它们，所以不能断定这些令人惊叹的饮料到底有什么特性。

从门大大敞开的街头厨房里飘出来刺鼻的油烟。赤裸着上身的厨师们在做受人喜欢的中国菜肴——用豆油炸米饼，烤红色的甜土豆，揉做饺子的面，清洗动物和家禽的内脏。

在里面的小桌子后面，在冒出难闻气味的厨房周围，人力车夫和苦力有滋有味地吃着中国菜，从陶瓷小茶碗里喝着芳香的茶。人们玩纸牌和打麻将，还用自己喉音很重的方言激烈地骂人。

在一个小酒馆旁边有一群肮脏的没有工作的中国人。他们待在那里一动不动，嘴半张着，流着口水，贪婪地吞咽着食物发出的浓烈味道。

油炸的声音吱吱作响，油烟滚滚，十分呛人。

老板灵活地抓起所需要的一份菜，倒了很多浓烈的酒，放进各种颜色的调料，笑着递给顾客。中国人都是罕见的美食家。他们的饭菜比享有盛誉的法国饭菜要精细，味道要重些。他们在这门艺术中没有竞争对手。所有的东西都很可口，十分好吃。只是不要去打听做菜的原料。

这里是一个中国药店。无数的瓶瓶罐罐里面装着药粉、药膏、药片、药丸和有奇效的人参。人参有不同的大小和不同的色调。它的根部形状很像人的身体，有一个小小的头，大肚子的躯干和长长的四肢。它越是像人，它的价值就越高。瞧，玻璃下面，就像放珠宝一样，放着有益健康的鹿茸。

钱庄很凉爽，被一支吸烟用的蜡烛懒懒地照得半明半暗。在神仙的圣像和铜像之间，在一摞摞的银元、银两、铜板后面，坐着一个肥胖的老头，像菩萨一样，神情专注，带着一个大眼镜，非常性感。一只蟋蟀在一个柳条小笼子里啾啾地叫着……

再回到中国饭菜上来。需要指出，中国厨师被认为是东方最好的厨师。他们被聘请到最好的饭店、餐厅和轮船上去工作。上海最富有的商人都聘用他们。

有人说，在一个英国人圈子中大家都非常欣赏一种中国厨师做的汤。这个中国人拒绝透露职业秘密。受好奇心驱使，有一次女主人溜进厨房，揭开锅盖，被吓得目瞪口呆。在锅中一只黑色的大老鼠被烫得上蹿下跳，产生的汁液流进沸腾的汤里。

说到这种汤女主人不能不激动。中国人还生气了。“干什么这么嚷嚷？好像发生了什么特别的事情一样……让每个人都凭良心去做吧！……重要的是让人们彼此生活和睦……”

厨师还开导女主人说：

“别叫！……一切都会好的！……汤是你的，老鼠是我的！……”

上海速写

沸腾的南京路在黄浦江边结束了，接着就是豪华的滨江路——外滩。

巨大的庭院、饭店、银行和两个英国人的纪念碑(他们为了中国多年来从事有益的管理工作)。钢筋混凝土的高楼大厦、办公楼、闪闪发光的珠宝店、显眼夺目的巴黎最时髦的商品的百货商店。有鲜艳草坪的小草地，带喷泉和花坛的街心花园鲜花盛开。

接下来是一座横跨苏州河的吊桥，宏伟的建筑群，许多豪华的领事馆，飘扬着各国的旗帜——俄罗斯的、德国的、美国的、日本的。俄罗斯领事馆的大楼最漂亮。

然后是百老汇、福州路、华德路，接着大街小巷，像迷宫一样，热闹非凡。五光十色的彩色金字招牌，工人们的叫声、敲打声和哈哈大笑声。街上的商人好像一群白色的绵羊，用鼻音说话。瑞士汽车发出短而密的喇叭声，鞋匠和棺材匠用锤子不断敲击着。小店里留声机尖声唱着，重复放着同一张中国歌曲唱片。

地上，在蔬菜筐子和水果筐子旁边懒散地躺着乞丐，没有手的、瞎了眼的、聋了的、没有脚的、伤口化脓的。他们跟在行人后面爬着，抓住他们的衣服，吻着他们的脚印……

再往下走，是长江那林立的桅杆，远洋轮船、炮艇、护卫舰、引航舰笨重的船身以及货栈、仓库、船坞。几万个苦力光着臂膀从早到深夜忙着装卸货物。

“嘿—哼，嘿—哼！……”

不远处传来他们嘶哑的嗡嗡声，汇合成一股接连不断的单调的嘈杂声。旁边走过满身肌肉晒成棕色的人们，他们两人一组，用竹子扁担抬着几十普特重的货物，弯着腰。裸露在外面满身是汗的身体发亮。很多人发亮的辫子盘在头上。眼睛由于阳光照射都发红了。而前面就是黄浦江，浑浊湍急的江水不停息地滚滚向前……

在所有的角落上都有中国警察，而在最热闹的地方则有印度巡捕，他们戴着民族头饰，即用宽大的五颜六色的花布包裹着头，身穿黑色制服，手里拿着一根大棒，身材高大，默默无语，有着梦幻般的表情，像雕像一样站着。

上海是整个中国东方贸易的中心仓库和主要枢纽，是进出口城市，是庆祝活动、奢华和享受的中心。

沿着长江往上游再向北一点就是中国古代明朝的都城——南京，一个现在被抛弃被遗忘的城市，城里有一个古塔，还有令人神魂颠倒和让人忧郁的莫愁湖、著名的贡院和1.2万间单人考室。那里还有明朝开国皇帝的陵墓。

再上面就是汉口——中国茶叶的贸易中心，一个巨大的交通枢纽，铁路同北京相连。

上海是世界上最大的港口之一，货物吞吐量只有伦敦、纽约、汉堡可以相匹敌。每天有不少于500艘远洋轮船在黄浦江抛锚，还不算内河轮船和近海航运船以及无数的帆船。

上海还有不少于4500个大中型企业。外国银行的总资本达到两亿美元。给英国的工业和商业企业投资就达7500万英镑。

上海具有许多面积很大的外国租界，或者享有治外法权的租借地。

法国租界给人留下特别好的印象——领事馆路、蒙托邦和八里桥、霞飞路和拉法耶特街。这里安静、整洁、舒适。一幢幢单独的建筑和别墅点缀着串串热带花卉，掩映在茂密的木兰、棕榈、法国梧桐、杜鹃花之中。而在十字路口没有印度巡捕和中国警察，站着的是虚弱的法国瘦警察，他们身穿蓝色的法国制服，头戴独特的扇形帽，上面还装饰有一个发光的时髦的球……

傍晚我乘坐人力车回旅馆。

“啪嗒—啪嗒！”“两条腿的马”的脚后跟有规律地敲击着地面。

人力车在光滑的柏油马路上无声地滑过，很省力，也很快。在车辕底部旁边挂了一个小灯笼。迎面而来的人力车的灯笼就像萤火虫。天气很暖和，在黄昏的空中弥漫着一股不熟悉的芳香。白色的衣服在闪动，女人的笑声在流淌。

但又回到南京路了。

南京路灯火通明，霓虹灯变化着，炫耀着奢华和财富。特别是哈同洋行挂满了无数彩灯，广告、标语牌、流动的汉字，在最顶上还有一只灯光小老鼠和一只灯光猫不停跑着，远处看就像是节日里用彩灯装饰的埃菲尔铁塔。

现代中国

中国人讲彼此间毫无共同之处的20种方言。把这些方言联系起来的只有共同的文字。中国北方人个子大，肌肉发达，诚实、质朴。南方人个小，瘦削，灵活，多阴谋诡计，喜欢撒谎。

一个中国是传统的，是哲学家的、伟大学者的中国，是有着自己的礼节、迷信和偏见的官员和和尚的中国。

另一个中国是人口众多的，吃苦耐劳的，勤快的（在这方面他们没有竞争对手）的大国。任何手艺人在忍耐、生活要求低和劳动方面都无法超越中国人。任何一个商人在机智灵活方面都无法与中国人相提并论。

中国人与日本人的共性很少。这是两个完全不同的，在很多方面甚至是彼此相反的民族。

日本人好战，狡猾，是潜在的禽兽，是民族征服者，是深入骨髓的民族主义者，是实质上丧失了创造的广度和深度的无与伦比的模仿者。

中国人是平和的庄稼人，商人，是千百年来独特文明的产物，是多才多艺的民族，是理解力很强的民族，是具有创造幻想的民族。

甚至在身体方面日本人和中国人之间也有很大的差别。日本人个子不大，矮壮，结实，除了虾夷人外，是在外形方面非常相同的人种。中国人要高些，身材瘦削，有很多非常不一样的类型……

汉语如同日语一样，与欧洲语言当然没有任何共同之处。在中国人那里从前也像古代埃及人一样，没有字母，没有元音和辅音。写一个词就画一个符号，或者写一个汉字。当给字标音的时候，就借助单音节的同音字。存在着基本字符和派生字符。

当然，把这些字收集起来比我们的字母要丰富得多，不是35个字母，至少数得出3.5万个。

要写出“男”，就应该写两条线，线成对角，往上收缩。两条折线交叉的线条就写出“女”。为了表示爱，需要把“男”和“女”放在一起。这种情况数不胜数。

可以想象，这是多么令人费解！

所有这些字符在18个省的理解都一样。但它们的发音则有完全不同的18种。这里有一个与我们的语言概念截然相反的现象，也就是概念的形成和用词来传达概念的情况。中国人是从字形到思想，发音在他们那里是位于第二位的。

人的每一个思想都由特别的字符来表达。这不仅是语言，而是一整套哲学，极富智慧，思想深刻。认识最多汉字被认为是最有学问的标志……

佛，或者说释迦牟尼，传说原是印度王子，生活在公元前4世纪。是他奠定了现在已经传播到半个地球的伟大的亚洲宗教的基础。不过中国的佛教已经发生了很多变化。

孔子是伟大的哲学家，中庸和道德学说的传播者，他是民族崇拜的对象。老子是孔子的先驱，深刻思考了玄学，远不是那么伟大。孔子提出了实践规律和习俗，很多人至今还用它们来管理人民的精神生活。他的道德格言和诗句天天都在中国的学校里重复：

“己所不欲，勿施于人！”

孔子在基督教纪元前500年就这样说过。

中国是一个有无数宗教和不同教派的国家。最主要的宗教是佛教、儒教、道教。所有宗教都和睦共处，互相借用教条，借用宗教仪式。

关于中国，关于中国人及他们的语言、日常生活、宗教和文学可以写整整几大本书。语言很特别，就像中华民族本身很特别一样。中华民族将英勇的忍耐与高度的诚实，将哲学的宁静、强烈表现和领会力强与数千年的智慧结合在一起。

中国的悲剧

世界上最富有的国家，具有自己的原料和取之不尽的宝藏，具有巨大的销售市场，在最近一百年特别吸引外国人的注意。

利用中国内部的虚弱和国家没有自卫能力，英国人和葡萄牙人、法国人和美国人、德国人和日本人，甚至俄罗斯人以各种借口，深入这个国家，从它身上咬下一块又一块肉。

英国人咬下香港，葡萄牙人咬下澳门，法国人咬下印度支那半岛，俄罗斯人咬下沿海地区，日本人咬下朝鲜和台湾岛、旅顺港和整个南满洲里。在上海、天津、汉口设立许多外国租界，形成某种“国中之国”，这些地方就这样接连不断地从中国的身体上一块接一块地被咬下来。

列强大规模地开采原始矿藏，收购原料，欧洲和美国的商品充斥中国。无疑，外国人带来了现代文明——铺设道路，建造工厂，开办医院学校，排出沼泽地的水，砍伐森林，传播基督教真理，介绍现代文明。同时老想着给中国人提供速射大炮、机关枪、飞机、坦克、外国教官。

但欧洲人与亚洲人的心灵格格不入。由于贪婪的和经常是野蛮的剥削而产生的遮遮掩掩的侵略政策，连同对中国的所谓势力范围的划分，即对中国的瓜分，引起中国人对这些“白色魔鬼”的仇恨并把仇恨积聚在心中。

不必怀疑，在先进的善于进行民族主义思考的中国知识分子的影响下，这种形势迟早会导致可怕的爆炸，会导致威胁。这种威胁的最初轰隆声已经传来，非常清晰。

因为自私贪财的欧洲未必能及时放弃自己的经济地位和威信。

中国大众本身也为追逐更加有利的报酬而喜欢大范围的移民。

中国人居住地的地图太大了。

美洲的太平洋沿岸、澳大利亚、菲律宾、巽他群岛、西伯利亚和俄罗斯远东——中国人多极了。外国政府现在要采取法律措施来阻止这股黄流渗透到自己境内。俄罗斯是个例外,俄罗斯远东地区在中国人手中几乎集中了所有的手艺和零售贸易,马车运输、矿山和木材采伐的工作。

在所有的外国人中,俄罗斯人与中国人处得比别国人更好。关系一直很友好,宽容友善。随着俄罗斯威信扫地,关系有些变化了。因为像所有亚洲人一样,中国人也不尊重成为弱者的人。在远东就经常能够看到这样的情景,以前可怜温顺的中国人挑衅地甩给俄罗斯人一句话:

"现在我的'船长'你的'走'!"

15 年前中国让世界惊奇,从最集权的专制转向共和。但这只是一个表面的变化,因为革命实际上几乎一点没有改变这幢古老大楼的内部。

现在中国正在经历持久的无政府状态的时代。

政治、经济、民族问题交织在一起,成为一团乱麻。外国人自私自利的打算加剧了这个混乱。日本采取观望立场,在内心深处指望成为中国命运的主宰。

其实,在很多世纪的历史中,中国经历的不是这样的震荡。当然,它现在经历了,它的肌体变得更加有承受力,更加强健。

在这个伟大的国家中和平和宁静一定会重新恢复。就像一首愉快的歌里唱到的:

长——长,
青——中国,
美好的地方!……

上海的赛马

我在上海待了两个星期。

这段时间我乘坐人力车非常认真地走遍了这座城市和它的近郊。我走遍了它的大街小巷、贫民区、商铺、寺庙。

我去了所有俄语报纸的编辑部,从充满激情的兹韦兹季奇女士的君主制立场的《上海新时代》开始,到忧郁的公民谢麦什卡的红色的《上海新生活》。

我访问了自己的朋友。

一个朋友办了一个旅馆,另一个在银行里做会计,一个著名的将军讲授俄语课和英语课,一个骑兵上校在教几个闲得无聊的中国女士骑马。

这是一些幸运的人。

要在上海安顿下来很不容易。在这个美元的王国中必须进入外国人的圈子。与他们打交道需要精力、顽强的毅力、成功、特别的灵活。

这里不需要艺术。

正像大家证实的,女演员切尔卡斯卡娅非常穷。利普科夫斯卡娅的巡回演出遭到冷遇。甚至非常耀眼的明星安娜·巴甫洛娃也只有短暂的成功。

这是三百多万人口的大城市。在这个黄色的海洋中,就像在一个小岛上一样生活着2.5万个欧洲人,主要是英国人、法国人、美国人、葡萄牙人、犹太人,都是饱食终日、脑满肠肥的经理、经纪人、掮客、大型企业的老板或者管理人员。我看见他们懒懒地坐在豪华的高级轿车里,嘴里叼着雪茄,急速地在南京路上飞驰而过。他们没有精神生活,时间总是用在生意和运动之中……

顺便要说说中国劳动的经济条件,它们具有独特性。

中国的旧工业是建立在某种家庭体系基础之上的。中国的企业老板力图让家庭成员、亲属,至少也要是非常熟悉的面孔围绕在自己身边。无论是按生活方式还是按衣着老板和自己的工人区分不开。在老板和工人之间充满彼此的一致和彼此的信任。

工作日从日出开始直到很晚,时间很长。但很多时间都用于闲聊,玩他们喜欢的麻将,老板都积极参与这些活动。时而是喝茶,时而是街上突然爆发的喧闹声使得所有的人都从工厂或者作坊蜂拥而出,在长时间的争论和议论之后,再重新工作。

现在这个旧时的风气已经消失。老板和工作人员之间的直接联系被破坏了。工作时间由于更大的劳动生产率而缩短。工人开始受到严格监督,为私事离开是不允许的。

这一切都是不满的根源。在工人中越来越经常发生的罢工和骚乱与其说是由于革命的宣传，不如说是由于在现代思想的影响下老的、陈旧的方式的毁灭。

我顺利地出席了上海的赛马会。

赛马的季节正是11月初，在难以忍受的闷热的夏天之后，有一个秋高气爽的天气。

这个隆重的活动就像一个特别的节日，非常红火，持续了3天。事先准备了很久，人们从四面八方聚集到这里，所有的票被抢购一空，下注和打赌的金额达到几百万上海元。

这些赛马活动有点像英国的德尔比赛马或者巴黎的大奖赛，具有那种本质特征。纯粹的马的运动使黄面孔的观众兴趣盎然，一点不亚于对偶尔发横财的追求。赛马用的都是当地品种的马，当然，远远逊色于纯种的英国跑马。

所有身着无可挑剔的西服、皮衣和轻便女装的欧洲人，认为出席这个盛会是最神圣的职责。不仅仅是跑马厅，而且北浦灵路以及所有相连接的街道都是成千上万的人，叫喊着，充满热情，激动兴奋。

有轨电车暂停行使，摩托车缓缓鱼贯而行。大车、人力车钻来钻去，高傲的印度锡克人骑着健壮的花马，包着花头巾，佩戴着军刀，带钢制鳞片的肩章在肩上闪闪发光。

行了！

终于，我对上海的生活厌倦了。

它那湍急狂热的激流，它的财富、光亮、贪得无厌的狂奔，无意中使人受到刺激。在这里你意识到自己的卑微。这里只有金钱才是唯一的主宰和上帝。

另一方面，像黄浦江上的“国际巴比伦”中存在的这种奢侈和贫困的可怕反差（这种奢侈是闻所未闻的），在世界上任何地方好像都没有。

黄浦江流着浑浊的神秘的水。耳边还响起钟声、叫声、吼叫声和喧哗声，无轨电车的鸣笛声和警笛声。而在后面，就像神奇美妙的芭蕾舞，就像无法言说的节日的装饰品，奇妙的、童话般的上海闪耀着明亮的灯光……

香　港

香港是英国人统治中国海的一个据点。香港位于陡峭的岩石岛上，紧靠陆地。从战术的角度看，它是一个重要的要塞。

英国人从1841年开始控制这个岛屿。他们利用了一个微不足道的事情将其纳入自己的版图。

英国商人运了一批鸦片到中国并卖给了中国人。中国政府对扩散这种毒品感到愤怒，扣押了运到广州的鸦片并将其扔到海里。英国发动了战争，很快取得胜利，给自己留下了这个岛屿作为损失赔偿。

但是应该承认，英国善于利用自己的所获。一百年前这里还是一个全是石头的光秃秃的荒岛。现在这是一座豪华的大城市，拥有宫殿，郁郁葱葱的花园，富丽堂皇的欧洲商店、饭店、办公楼和银行。这是人类才能的最好作品之一。香港是世界上最繁忙的港口之一。

宽敞的停泊场充斥着难以计数的轮船笨重的船体，有英国和日本的、美国的、荷兰的和中国的。不远处停着由几艘正在冒烟的巡洋舰组成的一支英国舰队。

港口的建筑物，办公楼、仓库、船坞排成一条线，显得灰蒙蒙的。在它们的后面看得见占有很大面积的城市。在绿色的背景中半山上的别墅闪着白光。陡峭的山峰冲霄而起，直入蓝天——维多利亚……

甲板上正在装棉花。

两艘载重驳船正在靠近轮船船舷。船舱舱门已经打开。绞盘、起重机、滑轮发出轰隆声和刺耳的声音。三四十个苦力用喉音大声地喊叫着，忙碌着，把用铁丝捆起来的棉花包放进船舱里。

轮船上出现了几个小贩，身穿肥大的黑色外衣，头戴大草帽。

一些人的篮子里是木瓜、磨好的粮食、香蕉、橘子。另一些人的篮子里是信封、信笺、明信片、香烟。还有一些人的篮子里是一些铜制品、小匣子、鼻烟壶、海里的贝壳、神仙的雕像。

“非常好！……非常好！……”

一个中国老头微笑着，黄色的脸上满是皱纹，他拿出一把制作非常精致的青铜装饰刀。还上来了一些洗衣女工和银钱兑换商。银钱兑换商特别惹人厌烦。他们把香港银元、英国的各种面值的银币弄得叮当作响：

“先生，换钱吧？”

“你有金子吗，先生？……”

在蓝色的波涛中漂动着灵活的舢板。

一个中国老太太，背着一个孩子，穿着勉强能蔽体的黑色衣服，掌着舵。一个半大姑娘用长杆撑船并控制船帆。一个中国人抽着烟卷。在小船上有很多女人，个子矮小，瘦削，穿着黑衣服，黑色的头发梳得光光的。水手的活在这里通常是由女人干的。

就像在中国的大江大河上一样，这里也存在漂浮的街区。人们出生在这个街区中，在这个街区中生活一辈子，也死在这个街区。这就是所谓的“生活在水上的人”。中国南方人的生活之枯燥是非常特别的。

广州位于大陆上，在沿着珠江逆流而上行使4个小时路程的地方。广州是继北京、上海之后的第三大城市和第三重要的城市，是中国革命的首都，是极端的社会主义学说的发源地，而极端的社会主义学说是由稳重的孙中山博士开创的，由具有自由思想的狂热的南方人传播到全国。不能容忍外国人在这里表现得尤为突出。

广州是中国南部的贸易中心，非常富有又极其贫穷，人口非常多，拥有古老的纪念碑，极具特点，从著名的五层楼的“炮台”开始，到“花船”——游动的卖淫窟——结束。

太　平　山

我沿着放下的舷梯下来，跳进了舢板。

几分钟后我到达码头，跳上岸，消失在迷宫似的狭窄的、发出难闻气味的、肮脏的小巷里。

转了好几个之字形弯道，我来到主要的街道——维多利亚城的皇后大道，沿着人行道前行。街上华丽的橱窗、汉字、模压的连体字、招牌、旗帜显眼夺目。

有轨电车叮叮当当地响着，汽车隆隆着响。香港的人力车夫头带像雨伞一样的大草帽，轻快地滑行。被太阳晒成棕色的苦力抬着轿子。叫声、铃声、吼声、嘈杂声、噼里啪啦的响声、叮当声不绝于耳。

我仔细打量着街心花园，那里有 6 个表现大不列颠伟大的纪念碑。巡洋舰队的海军军官们走过，穿着考究的白色制服，脸刮得光光的，保养得很好，端正的脸上带着目空一切的神情。高傲的夫人们坐的轿子随着轿夫的步伐有节奏地摇晃着。走过几个黝黑的穆拉托人、葡萄牙人。印度卫兵包着头巾，手持大棒，就像石头雕像一样站在角落里。

到处也都是黄色的世界——不安定的、花花绿绿的、忙碌的世界。人们身穿肥大的黑色长衫和黑色短上衣。黑颜色在中国南方人那里是占有优势的颜色。

街道的尽头是一个不大的林荫道式的街心花园。

左边是许多宏伟的大楼：饭店、领事馆、办公楼、银行；右边是爬满了常春藤的陡峭岩石。旁边是通往著名的太平山的有轨电车站。

我付了 30 分钱，坐上了缆车车厢，慢慢地往上爬。

感到一种说不出来的感觉。高楼、道路、街心花园、人都在晃动，让人觉得一切都是低的，斜的。每到一站都要停一分钟，走了最多半小时。

与我同时走出车厢的有 3 个英国士兵、两个小男孩和一个蓝眼睛的年轻小姐。英国士兵有着红褐色的头发，嘴上刮得光光的，穿着做工精细的结实的浅绿色咔叽军服。小男孩戴着帽子，白色的领子和领带。年轻小姐手里拿着一个网球球拍。

我站在 3000 英尺的高地上，但由于不习惯空气稀薄而耳朵嗡嗡作响。

在一座很像宫殿的兵营的旁边，英国士兵穿着背心和短裤在踢足球。

在我面前就是山顶宾馆。

在峭壁上方盘旋着一条平坦的混凝土公路，上面有护栏，有混凝土的椅子，有桥，有为排雨水留的洞。四周是热带绿色植物，所有的斜坡上都载着木兰、藤萝花、棕榈。城市在下面展开，延伸。而远处是静静的停泊场，停靠着舰艇那寂静无声的身躯，反射着灯光的珍珠般蓝色的水，还有大陆蛋白色群山那蔚蓝色的烟雾。

我走到山巅，在花岗石的峭壁上坐下，久久地观察着这难以忘怀的景色……

金色的轮船

香港！……

在意识中浮现出童年的片断，布塞纳尔的长篇小说——贼窝和中国的小酒馆，杜布朗金币的响亮声音，烟草的烟和鸦片馆，大海的鉴赏家、征服者和著名的香港海盗……

香港海盗还在不久前乘着自己船帆破成条条的黑色帆船乘风破浪，胆大妄为地抢劫了过往的船只。

两艘帆船用坚固的椰子缆绳连起来，在一个没有星星的夜里在两个岛屿之间一条狭窄的水道上停下来，这是商人的必经之路，他们在这里等待牺牲品。商人突然被套上缆绳，被拉到血腥强盗的船边，落入他们的魔爪。

现在关于他们几乎没有再听说什么了。

英国的浅水重炮艇、多管速射散弹炮和喷开水的消防唧筒，迫使海盗转向了另外一种可能获利小些、但更为受人尊敬的劳动。

大海在下面闪光。

大海波光粼粼，像珍珠、蓝宝石和绿宝石做成的碗被融化了，五颜六色的光芒交相辉映，散发出潮湿的蒸汽。无数的轮船就像火星一样，飞溅到大海中，宛如在一个由鲜艳的蓝宝石铺成的巨大的牧场上放牧一群金色的卷毛小羊羔。

我会成为一个印象派艺术家吗？

火焰般的眸子从上面流出毫不吝惜的水流，一把把地挥霍着金子……

你还记得海湾的温柔，
珍珠般浅灰色的海浪，
光宛如一条条颤动的琴弦，
而天空中飘浮着轮船……

酷热变成了凉爽，晚霞燃烧着。

我臂肘依靠在用铁链固定在浮标上的亚洲号的船舷上，在沉思中凝视着城市。

现在它特别美丽。

山顶布满了明亮的火光。火光升得越来越高，更高了，你已经分不清哪里是星星，哪里是火光。猎户星座在桅杆上方闪耀着，传来划桨的哗哗声、桨架的敲击声、慢吞吞的神秘的歌声。

不知姓名的歌手在唱什么呢？……

在我眼前呈现出船长的身影。

"是你吗？"

他叫奥斯卡·达里，一只真正的海狼，豪放，敦实，有着毛茸茸的灰白眉毛，眉毛下是两只锐利的眼睛。他很友好地拍拍我的肩膀，说了几句话，就引着我向自己的船舱走去。

宽敞的房间，挂着用镶金边的中国丝绸做的蓝色窗帘，将房间平分成两部分。房间收拾得很有品位，让人感到舒适，有家的感觉。一切都使人感到很亲切。

房间里摆了矮沙发和天鹅绒的软家具。墙上挂着几幅油画、许多照片，还有一幅描绘土耳其帕夏欣赏赤裸的宫女的版画。

在书桌上放着一个大肚子青铜菩萨，他盘着自己的小粗腿笑着。在它上面是一个上了漆的日本笼子，里面有一只黄色的金丝雀。

我们喝着鸡尾酒。

船长回忆起旧圣彼得堡和提供这种神奇啤酒的列伊列尔饭店，后来又说到里加，回忆起在奥托·施瓦茨那里的一种茴香甜酒和芬芳酊剂，他哈哈大笑，深深地吸了一口烟斗，一瞬间就消失在烟雾中。

"顿涅尔维捷尔！"

打开的舷窗外是香港的黑夜。

水在潺潺作声，传来让人感到凄凉的划桨的哗哗声、桨架的敲击声和轻轻的神秘的歌声：

"乌利乌—乌利乌—乌利乌。"

1923

徬徨在“新”“旧”之间

——北京印象

M. 安德烈耶夫

米哈伊尔·格奥尔吉耶维奇·安德烈耶夫(Михаил Георгиевич Андреев, 1888—1945)是历史学家、经济学家、中国学学者,在中国学习(1913)和工作(1925—1927)过,后来返回苏联,成为一名红军指挥官(1928—1945),并在莫斯科几所高校任教,进行科研工作。下面的这篇随笔曾刊登在莫斯科《红色处女地》月刊(1925 年第 5 期,5 月)上。1941 年安德烈耶夫被逮捕,看来是被枪毙或者死在集中营里了。

1913年我第一次有机会来中国，就是到北京。当时北京是中华民国第一任总统袁世凯的总统府所在地，而在这之前北京是满清王朝的皇宫所在地。北京当时就是都城，是主要的政治中心，而且在名义上它到现在还继续是都城和政治中心。在1913年中国只是在自己复兴的道路上胆怯地迈出了第一步。如果说这种复兴开始明显地表现在上海和其他沿海城市的话，那么在北京它是不太明显的。偶尔在北京的大街上能够看到剪掉辫子的中国人或者穿着欧洲或半欧洲服装的中国人，或者骑自行车的中国人。整个北京就两三辆汽车，没有有轨电车。中国人之间互相问候的当地风俗被顽固地遵守着。对在欧洲人生活中已采用的日常用品的需求量很小。在街上遇到的欧洲人还常常引起周围中国人的好奇。到处一眼就能看到中国女人由于缠过足而笨拙地一瘸一拐地走路。人力车夫拉的车高大、笨拙。同时，与这一切相生相伴的是当时更加嘈杂、更加热闹的北京。从那时起14年过去了，北京的变化多大啊！的确，它现在还是肮脏的，发出臭味，尘土飞扬。的确，它现在卫生环境不太好，但问题不在这里。

还是在不久前，北京分成3个区域：皇宫的、满族人的、汉族人的。每个区域现在都还被很高大的围墙围着。围墙的用处就在于不让普通人看见皇宫区域，把汉族人部分和满族人的区域彼此分开，以免满族人的高贵血统与被战胜的汉族人的血统相混合。但是在很久很久以前，隔离汉族人和满族人的围墙就已经失去了真正的意义，只是成了某种纪念碑。现在的情况是满族人完全忘记了自己的语言，被汉族人同化了，他们几乎完全同汉族人一样，过着同样的生活。

而包围着以前的皇宫——另一种叫法是“紫禁城”——的围墙直到袁世凯垮台才彻底失去了意义。中国的目击者讲述，为了方便北京东西城之间的交通，在紫禁城开了几条通道，通道开通后，行人在一开始是怀着胆怯和害怕的心情步行或骑马走过的，每时每刻都害怕因为冒犯圣上被抓住，被严惩。但现在已经不是那样，人力车夫、苦力、洗污水坑的清洁工人都与官员和富商一块大胆地使用这些通道。

以前的皇宫变空了，高官们已经不再身着奇装异服、坐着轿子和骑着马来皇宫了。皇宫慢慢地长满苔藓和野草，很多宫殿、正门、凉亭、寺庙都损坏了。

内廷和库房逐渐变得空无一人。每一个新的临时驻扎官都竭力为自己“弄点东西作纪念”。现在政府将这些地方剩下的东西收集起来,开设了陈设青铜、瓷器、字画、玉石等珍贵器物的博物馆。现在还可以看到非常古老和珍稀的艺术品,但已经不是很多了,而且这些艺术品的价值也不是那么大,因为更加贵重的艺术品“保存”在别处更加“可靠的”人的手中。

随着昔日皇宫意义的失去,通向它的街道和整个地区也衰落了,变穷了。以前曾经有过数十个商店和几百个商铺的地方,有过饭店、小酒馆和大车店的地方,以前曾经是成千的人、马、骡子、毛驴喧闹的地方,现在是人去楼空,一片寂静。皇宫的仆人们分散到四面八方,随着他们一块消失的还有难以计数的当地商铺的顾客。奴仆不再等待自己的主人,不再到小酒馆和饭店里打发时间。大臣们也不用急急忙忙地跑到商店去买礼物来打发和讨好皇帝身边的近臣。瞧,这就是皇宫,通往皇宫的街道冷冷清清,空空荡荡……

就在这段时间里,在北京的其他地区也发生了变化。一些地方荒凉了,一些地方热闹了。而就整体来说,北京,特别是晚上,当街头生活停息和在黑暗中亮起微弱的灯光时,具有我们偏僻的小县城和外省省城的模样。到处是一层楼(很少有两层楼)的黏土或砖石房子,而且这些不起眼的房子周围还围着高高的土围墙,除了商业区之外,街道两边都是没有窗户的接连不断的无缝无孔的围墙,只有通过门才能进到这些围墙里面去。在这些围墙边几乎到处都是肮脏的臭水坑,里面满是垃圾。沿着北京东西主要街道跑着有轨电车,里面总是挤得满满的。有轨电车是北京生活中第一件大事。

北京的第二件大事应该是自来水和排水系统。而这两样东西远不是所有的北京人都能享用的,它们是奢侈品,只有富人和小康之家才能使用,因为要与主管道连接起来对于大多数居民来说费用太昂贵了(20～30 卢布)。所以现在利用这些文明财富的人不超过整个北京市民的 10%。其他的市民在这方面继续按照老祖宗的方法,使用送水工和淘粪工,甚至借助野狗,因为这样又便宜又方便。

清晨,在屋里就可以听到街上“没有上润滑油的大车”吱吱的声音,这是送水工人来了,他用独轮车上两个有盖的大盆运水。大车吱吱地叫着,不是因为大车的确很久没有上油,而是因为这种吱吱声就是一种广告,通知人们送水车到了。送水工人的劳动很繁重，两个大盆装上水至少有20桶。送水工人必须自己从城里的水井里打水，或者从城里的抽水站的桶里取水，为此付一定数额的钱，然后他再自己送水(不是用马或者毛驴)。首先把水送给与他签有每天定量供水协议的人家，而剩下的水和重新打来的水售给所有愿意要的人。送水到家的条件大约是这样的：每天送3桶水，一个月收1.5个卢布。因为中国人的一个月有28天，所以每桶水值2戈比左右。而从收取的1.5个卢布中送水工人自己要为取水而支付给市里70戈比，这样，他只剩80戈比。这些钱里面还有一部分用来支付办理送水执照的费用，还有一部分要上税，等等。因此送水工人如果希望每个月能够给自己和自己的家庭挣上20卢布，那么他每个月就要送2500桶水。每天负重大约20普特，走大约15俄里。尽管这工作如此繁重，像服苦役一样，但在北京有不止1000个送水工人。夏天气温达到摄氏45°，这项工作因此十分辛苦，而更加辛苦的是在冬天，溅出来的水在车上冻成冰，增加了重量，而车轮在结冰的路上又十分滑。应该在这时候看看送水工人，他使出全身气力才能从原地推动大车——只有那个时候你才会理解这是件什么样的工作啊！

淘粪工人的情况也并不好。那也是一项最繁重的劳动，收入十分微薄。如果每个月能够挣到10—15个卢布，不论是送水工人还是淘粪工人就非常高兴和满足了，他们不敢奢望更多的报酬。其实，淘粪工人比送水工人挣得更多，因为他们的收入来自从人家家中运走粪便，还来自把粪便卖到生产肥料的工厂。淘粪工人或者肩上背一个筐子，或者在一个独轮车上装上两个大筐子，把收集到的粪便从城市的一个地方送到另一个地方。他经常运着发出可怕臭味的筐子，沿着行人走的人行道走，这是平常的现象，谁也不会注意。而且又有谁会注意呢？充斥北京街头的人力车夫、苦力、小商贩、无数的乞丐吗？不，他们才顾不上这个呢：他们的注意力完全用去关心“糊口的东西”，这是需要付出很大的努力才能得到的。

中国的人力车夫是怎么回事呢？这是用小小的两轮车去拉人的人，这样说吧，他完成了我们轻便马车的工作，只有一个区别，就是驾辕的不是马，而是他自己。其实也还有另外一个差别。例如，我们的轻便马车如果从十月火车站驶到猎品市场或者其他方向的相同距离的地点，少了1.5个卢布是不会去的，可中国的人力车速度比我们的轻便马车快，同样的距离最多只要10个戈比（合中国的40个铜钱）。这样的人力车夫最近在北京有2.5万人。这支大军是由各种社会地位的人组成的。其中既有贫穷的市民和无田地的农民，也有过去的官吏和受过中等教育的人，还有过去的军人，他们将佩剑变成了人力车，等等。人力车夫大军队伍不是太稳定，影响他们组成的有一年的4个季节，还有政治和经济局势，军事事件。夏天的农忙季节，农村开始大量需要劳动力，所有健康的有力气的熟悉农活的人力车夫都去农村了，城里只剩下体力不行的60岁老人（有时候还要老），还有勉强够13～14岁的孩子。不仅夏天，现在常常有这种情况，在别的季节北京的年轻健壮的人力车夫突然全部消失了。解释这一现象非常简单，城里抓壮丁，把青年人抓去当兵（常常是张作霖的军队）。

中国人力车夫的生活条件，尤其是北京的人力车夫，非常艰难，非常差，暂时还不能建立自己稳定的职业组织。人力车夫很少有自己的车，因为买不起。一辆体面的新车的价格是100卢布左右，就是一辆破旧的车也不低于30—40卢布。要积攒起这笔钱来买自己的车，对于贫穷的中国人来说简直是不可能的事情。大部分中国车夫都是租车。富有的车老板有时候拥有的车达到100辆，租这些车不用交保证金，而是要有可靠的担保（通常是车夫自己连环保）。车可按天、按星期、按月租用。租用的条件首先是看车的质量，还有租期。一天的租金通常是在30到40戈比之间，而且租来的车一天可使用18个小时。乍一看，这租金似乎不是特别高，但如果注意到车夫从自己的乘客们那里收的钱很少，那么租金就显得相当高了。例如，中国人乘人力车走将近1.5俄里的距离，付出的钱不到20戈比，所以车夫为了缴纳租金和养活自己，以及支付办理执照和各种其他最必需的支出——那么他每天的总收入最低也要50—60戈比——这样每天他要小跑大约25俄里，不管是在夏天40°的高温之下，还是在冬天有时候是零下12°的严寒之中，而且如果跑慢了还要时常挨骂。只有少部分车夫能够为有钱人家或者欧洲人的家庭拉车，这样条件要好些，每月能够得到25卢布的工钱，有时候还能得到30卢布；这样的车夫干上一两年，或者能够买上自己的车，或者完全放弃这一行当去做点小买卖。车夫完全从中国人的日常生活中退出去，还要有好几十年。在北京开始修建有轨电车的时间里，车夫们都很担心会失业，但现实表明，北京已经有了两三条有轨电车线路，但人力车夫的数量不仅没有减少，反而增加了。

大部分人还是偶然做车夫的，常年从事这项艰辛工作的人不多。有时候可能遇到已经从事 10～15 年这种工作的，但这种现象很少。最近几年在车夫中出现了建立能够保护自己利益的组织的某种意向。在这方面起领导作用的是作为北京市民的车夫。他们非常了解当地的条件，在北京有自己的“角落”。他们彼此非常熟悉，所以更团结。这样的车夫拉客要的钱总是要多些。但是因为大多数车夫是外地人，常常是被饥饿和贫穷逼迫来的，所以最近在北京当地车夫为改善自己的劳动条件的尝试遭到了失败。当局在形式上禁止 16 岁以下的孩子从事人力车夫工作，但实际上在北京也时常看得到这样的情景：车上懒懒地半躺着一个强壮的中国人，而拉车的是两个瘦削的上身赤裸的孩子，每个大约 12 岁，一个在前面吃力地拉，另一个在后面吃力地推。在中国，人的劳动暂时没有很大的价值，因为供大于求，供比求大概要多十来倍。在中国经济结构中的任何一个行业，只要使用简单的体力劳动，这种体力劳动就会很廉价。例如，在北京街头到处都能看到正在搬运货物的普通苦力，他们就像马和货运汽车，两三个苦力为了三四十个戈比要搬运 40～60 普特的货物。巨大的圆木、花岗石、大石头、铁梁——所有这些都是由浑身是汗精疲力竭的人来搬运。瞧，这些就是在修建大楼的时候搬运石灰、沙子、砖头等的苦力。他们从早上 6 点一直干到晚上八九点，在中午一两点的时候休息一个小时，吃午饭。一天工作十三四个小时只能得到 20～25 个戈比，并且要拿到这点钱他们还必须唱歌，因为在中国有一种说法，如果在建新房子的时候工人们很快乐，唱着歌，那么住在这幢房子里的人将会平安幸福。

现在北京难以计数的中国旅馆和公寓的伙计也处于这样的境地之中。他们也是从早上 6 点干到晚上 9 点，还必须轮流值夜班。表面上看旅馆和公寓伙计的工作好像并不特别累，但如果注意到他们每天必须一直站着几乎连续工作十五六个小时，那么可以肯定地说，他们的工作并不轻松。4 个中国伙计平均要为 25～30 个客房 50～60 个客人服务，这些客房一般分布在两层楼上下。伙计的职责有：经常送开水，不管是白天还是夜里；经常送来干净水，带走脏水，打扫和收拾房间；送午饭和晚饭，收拾用过的餐具；为一些常住客去商店买东西，去邮局寄信等等；收拾和打扫院子，把垃圾和脏水倒出去。冬天在这些工作之外还得加上烧火炉。大部分常住客为了节约都使用置于铁框里的黏土小火炉，每一次生火之前都必须把它们从屋里拿到街上，然后再生火，让火烧旺，等到烟散了，再重新把炉子拿回屋里，让它在屋子里再烧三四个小时。于是为了保持房间的温暖，伙计们必须拎着这个火炉前前后后上楼下楼跑五六次，而这样的火炉不少于15～20个。

在旅馆和公寓的伙计们为自己大量和沉重的劳动又得到什么呢？免费提供的伙食，用蓝色印花布做的衣服，这衣服一直要穿到快要从肩上掉下来为止。酬金是1个月1个卢布，免费提供住处，夏天在露天，冬天就在小储藏室里。尽管劳动报酬这么低，简直就是微不足道，但是对伙计的要求很高，稍微有一点点反对意见，马上就会遭到解雇，因为劳动力的供应远远超过需求。酬金为数不多的补偿是从常住客人那里得到的"茶钱"。但这些茶钱通常一个月一个伙计只有五六十戈比。应该顺便指出的是，伙计指的就是男伙计，因为除了保姆之外，中国根本就没有女伙计。

说到旅馆和公寓的伙计，不能不提到中国公寓本身的问题。在北京，公寓是一个新事物。但在现代生活的条件下它已经变得相当普遍，好像是必不可少的。而在15年前的北京，除了各省的商会为安置本省来京做生意的商人建的公寓之外，没有别的公寓(旅馆，布置了家具的房间)，而且没有这个需要。富人和家道殷实的人、穷人和中等家庭的人都住在自己的房子里。一些人的房子豪华宽敞，另一些人的很小，很肮脏，但是每个人都有房子，或者是属于自己的，或者是租来的。15年前一间五六平方俄丈的小房子一个月的租金不会超过30～40戈比。随着时间的推移，房子的租金也涨了起来，而主要的原因是人们的生活条件变了。在北京，随着新的共和政府的建立也出现了很多外来人口：官员、教师、军阀、商人。他们每个人都需要住房，但在政治形势很不稳定的情况下，并不是每个人都敢置不动产，因此都尽量暂时栖身于临时的住房里。于是精明强干的中国商人就开始按照欧洲旅馆的样板修建公寓。中国人修建的公寓与欧洲旅馆只有一个差别，就是每个房间或者客房都是单独的一幢小房子，这些小房子又位于一个共同的院子里。但是商业利益很快就迫使他们放弃这样的房间布局，开始将几个房间安排在一个或几个更大的一层楼或者两层楼的房子里。现在，拥有 80～100 个房间的三四层楼的公寓已经不稀罕了。这些房间有三四平方俄丈大，有大床、桌子、三四把椅子、洗涤盆、厕所和衣架。租赁条件各种各样，取决于公寓所处的位置、房间的大小、干净的程度，有没有电灯和水管等等。在最近一段时间，一间三四平方俄丈的房间月租金在 6～12 卢布之间，其中包括公寓提供的服务。

如果说，公寓最初的住户是临时来北京居住的人，那么现在公寓里住的已经不仅仅是来求学的学生或临时来北京办事的商人，而且还有一些常住北京的人。经常可以在公寓里碰到一家一家的人，他们一下子租用两个房间，在一个地方生活好几年。这样的家庭逐渐购置自己的家当、家具，就像是住在自己的房子里。对公寓的需求在逐年增长，最近十来年北京建起了 150 多个公寓。公寓的老板挣着大钱，每年都将公寓扩建和改建以迎合住户的口味。研究现代中国的人，不能不注意到公寓的出现和迅速的增长。这个事实证明的不仅是资本的新运用，而主要的还是生活发展的方向。当单个家庭不再孤立地封闭起来，当电灯、自来水、很好的供暖设施等等这些文明的财富开始被中国人看重之后，中国人更多地愿意生活在有一切方便设施的公寓里，而不愿意生活在宽敞的被墙围起来的没有这些方便设施的房子里。住公寓正在成为一种被认为是好的生活方式。

在公寓生活可以只是租用房间，也可以既租用房间还吃饭。饭菜要专门付费，付费多少则取决于饭菜的质量。饭钱 1 个月 6～12 个卢布，主人每天提供午饭、晚饭和日常的开水。午饭和晚饭的区别不大，主要有米饭、汤、搭配了少量肉的蔬菜。一般说来，每天的午饭和晚饭有 4 道十分可口和有营养的菜，这些菜的热量大大超过欧洲食品。北京的洛克菲勒研究所对中国食物进行的试验揭示了它们的质量和营养非常高，最主要的是它们很容易被人体吸收，以至于在欧洲医院里甚至为病人指定某些中国食物。因此，关于中国食物不能吃的偏见在科学上被推翻了。

上面说过了，甚至在旅馆里一个月的饭钱才 6～12 卢布。乍一看会觉得便宜得难以置信，但是在自己料理家务的条件下，养活一个人还更便宜，一个月只需 4～8 卢布。如果注意到大多数中国人的平均工资只有 9～20 卢布，一个家庭往往只有一个成员有劳动能力而没有劳动能力的成员则有 3～5 个，那么对于大多数中国居民，尤其是北京居民来说，这种用于吃饭的小数目就显得太大了，迫使他们转到更为廉价的饮食，把整个家庭的月开支降低到 6～10 个卢布。在这种情况下，中国家庭常常失去自己做饭的可能，为了节约，宁愿吃现成的饭菜。这就是为什么在北京有大量的街头小贩卖熟食。在街头小贩那里吃饭的是苦力、人力车夫、大学生、孩子们、乞丐、家庭的男女主人、小商贩、小官员等等。

不论是清晨天才刚刚开始亮，还是深夜，北京街头都响着街头小贩叫卖食物的声音，他们叫喊着卖热土豆、热饼、面条和其他美味的中国食品。不仅偶然经过的路人，而且围墙里的住户也常常拿着餐具出来，给小贩二三戈比买一份热气腾腾的食物。在这种食品条件下，一个人一天只需五六戈比就够了，一天花 10 戈比就罕见了。如此廉价的食物实质上只是让人不会饿死。在消费这种廉价食物的同时，在无数的中国小酒馆里，还可以买到分量很多的能让人吃得很饱的午餐，当然一般的中国贫民是吃不起的。而且卖可口食物的街头小贩自己只是卖和看着自己的食物，并不吃。当深夜传来街头小贩卖美食的叫卖声时，你会觉得这不是小贩卖东西的声音，而是有人在呼唤帮助、在呼唤大家去买哪怕几个铜板的东西，以便他们能得到某种支持自己生存的东西。

中国街头小贩的一般情况又如何呢？他们这种人在北京有很多，非常多。一些人用肩挑着自己的全部货物，另一些人用手推车推着，卖玩具、水果、旧家具、便宜的日用小百货、织物等。在街上卖、在各种市场上卖，从清晨卖到深夜。当你看到这些小贩时，你会特别清楚地想象到在北京在全中国老百姓为了生存而进行的可怕斗争。很多这样的小贩的货物还不值 1 个卢布，这样少的货物很多人一天也卖不了一半。要知道，自己的肚子需要填，要知道，家里还有饥饿和疲惫不堪的一家人在等着。经常可以在这些不自由的“商人”们的脸上看到沮丧的和对周围一切非常冷漠的表情。在北京这样的小贩大约有 3 万人，今天他是小贩，而明天就可能是人力车夫或者普通的苦力。反过来，他今天是人力车夫或者苦力，而明天他用某种特别的方法弄到三五个卢布，他就成为小贩，做着自己的幸福梦，指望算命先生的预言能实现。这样的算命先生多得很，在北京街头几乎遍地都是。

谈到中国的街头小贩，不能不提到众多拥有自己小商铺的中国小商人，也不能不注意到中国的小手工业者和手艺人。当你看到中国的街头贸易，看到难以计数的大小商铺、商店的时候，你会觉得整个北京都在从事买卖。整条整条的街，甚至一个一个地区，所有的房子都被做买卖的企业所占据。中国的商铺和商店几乎都是早上6点开门，晚上9点关门。午饭时间不关门，星期天和宗教节日也不关门。因此，商店一年四季都不间断地营业，除了春节休息两三天。在这两三天里，商店关门不是因为老板或者店员想休息，而只是因为应该现金结算，因为整个贸易是用特殊信用的赊购赊销方式进行的。北京政府力图迫使商人们在大革命的日子和其他日子里关上商店，但这种努力没有收到成效。商人们知道这样的安排后非常惊讶。他们首先非常认真地让政府相信，他们同革命没有任何关系；其次，如果商店关门了，他们会怎样做；再次，如果商店在对于市民来说是不寻常的时间关门了，市民会有什么样的感受，等等。但对于商人来说最不理解的是，一个旁人凭什么来迫使老板关上自己商店的门。关门这种想法对于北京的商人来说，好像是那么荒谬，不可思议，因此他们认为不需要严肃认真地讨论这种事情。

现在的政治局势对中国的商业很不利。大的批发商店害怕货物囤积，而小商铺没有大笔贷款，不能发展自己的贸易业务。北京最近感到商品短缺，主要就是因为与其他中心地区的关系不正常。北京的很多大商店倒闭了，据说，有些商店还在苟延残喘。流通的主要是日本商品，价廉，但质量很差。日本工厂不惜仿造中国人喜欢使用的外国商品。例如，在中国商店里可以找到有俄罗斯标签的布罗卡尔牌肥皂，但实际上这种肥皂是在日本生产的。低廉的价格，但更主要是日本企业家给中国商人提供的大量贷款，使北京市场的大门为日本商品大大敞开。当然，这种廉价劣质商品的主要消费者是中国的贫民，1个卢布就可以买到1个大铝锅，或者花14个戈比就可以买到1米劣质印花布，花10个戈比就可以买到一大块难闻的香皂，等等。美国商品、法国商品、德国商品、英国商品在北京市场比较少，俄罗斯的商品完全没有，正像上面所说的，被当地和日本生产的假货所替代。但是在北京本地人中至今还有人记得俄罗斯的产品，他们记起的主要是俄罗斯的印花布。

尽管生意不好，但北京的中国商人还是不能立刻放弃老习惯和老方法。到现在在中等商店里还继续雇佣着几十个谁也不需要的伙计，到现在大多数中国商人还是不能改掉索取贵三倍的高价的习惯，等等。但是在这些已经过时的老商人存在的同时，也出现了一批半美国方式的新商人，他们以半美国的方式，力图将贸易合理化。但无论是在老商人之间，还是在新商人之间，都存在着最深切的团结和亲密关系，这主要是由不断地相互贷款所决定的。每一个独立的中国商人的现金都不多。在大部分情况下，任何一个多余的铜板都立刻投入流通。例如，卖布匹的商人会把自己的活动资金借给卖肉的商人，等等。这种贷款会把北京所有的小买卖都牢牢掌握在自己手中，很大一部分市民也靠贷款过日子，在规定的期限中进行现金结算。不按时进行结算和拒绝支付欠款的事情很少发生。这对不履行自己债务责任的商人是一种威胁，他们会遭到所有其他商人的绝对抵制，甚至会为了不进行现金结算而停止发货。不管是大商人还是沿街叫卖的小商贩都同样害怕这样的抵制。商人间存在的团结和亲密关系一方面保证了他们有可能广泛地利用贷款，另一方面使他们完全能够有效地反对来自任何方面的对他们收入的侵犯。这一点现在尤其必要，因为这时候极其需要财政支持的军阀频繁向他们加征税收。北京商人大规模组织起来反对军阀的侵犯的例子以下面一件事情为代表。张作霖占领北京之后，发布命令要求所有卖酒和其他酒精饮料的商店必须缴纳50%的附加税。命令遭到了一致抵制，商人们完全停止了卖酒精饮料，直到命令被取消。

食品和日用消费品逐渐涨价、北京市民没有钱、政治局势不稳定，这一切都相应地影响到北京的贸易。仅在去年的最后7个月，北京的物价上涨了10%～15%。在北京官员缺钱、工人工资低的情况下，物价上涨逐渐导致商品流通减少。例如，如果最近在北京1俄磅肉卖20戈比，10个鸡蛋卖22个戈比，1俄磅面粉卖7个戈比，而工人的日平均工资只有40戈比，那么很自然，对肉、蛋和面粉的消费工人是负担不起的。

应该指出，北京政府机关的大部分官员的物质保障并不比普通工人强。在北京，官员两三年没有领到薪水的政府机关并不少。例如，蒙古西藏事务局就是这样。在这个局里大约有300个官员。在最近3年，除了偶尔发几个卢布外，官员没有得到过薪水。以前，当西藏和蒙古还与中国关系紧密的时候，该局官员的日子不特别难过。当时也没有给他们发薪水，或者发得很少，但是在那个时候，他们每个人都有自己的“纯洁的”收入：在大清帝国时代和袁世凯、黎元洪总统当政时期经常有蒙古和西藏的代表团、各种委员会、普通官员进京,他们随身带来礼品以便办成事情。礼品也就相应地在该局的官员中瓜分了,完全作为对他们的薪水不足或者根本没有得到薪水的补偿。但时代变了,没有礼品了,然而几百个官员还得继续坐在自己的位置上……等待着“美好的过去时光”的返回。

除了为数不多的例外,其他的局、机关和部的情况也好不到哪里去。自然就会产生一个问题:这几万名官员靠什么生活呢?他们有什么样的想法?这就是他们自己对这些问题的回答:“我们来到自己的办公室,不是一早就来,而是午后才来,坐两三个小时,然后就回家了。我们中很多人连续几天完全不来上班——反正也没有工资。而在办公室里我们首先谈论时局,分享传闻,然后才不慌不忙地做自己的事情,这些事情往往几个月毫无进展。也不付我们薪水,1926 年全年一个人平均只给了 10 个卢布,所以文化程度高的人,或者去教书,或者去给人抄抄写写。一些人从事经纪业务,或者受托在机关给人办事,等等。为什么现在生活变得这么艰难?就因为在北京现在没有政府。说极端点,哪怕是张作霖管起北京来也好,也许那时候就会付薪水了。可如果真的是广州政府来北京了,我们的情况会更糟。广州政府会把我们赶走,我们不仅得不到钱,而且连位置也会失去。”

北京的一个普通官员就是这样看的,他现在对自己的命运充满不安和担心,同时完全消极地对待自己的未来,仅仅限于与朋友空谈。在官员中很少能找到这样一些人,他们完全理智地对待现今的局势,但是善于随机应变的人也很多。在现代中国的现实中能够看到惊人的反差。一个人今天身无分文,而明天就会腰缠万贯。北京大部分官员过着半饥半饱的日子,而县里的大老爷们一年能收入两三万。尽管吃不饱肚子,北京的官员们还是不离开自己的职位。一种人希望在政府更换的时候能够找到关系,谋到一个更“温暖的”职位;另一种人有权带着别的什么部门的徽章,感觉自己很安全,不会充军;第三种人在等待着回到过去;只有很少一部分人在诚实地履行自己对国家和人民的职责。但是北京的官员并不像商人们那样团结。官员们分成几个阵营,大家互相进行阴谋活动,他们全都想生活得好却什么事也不做。一个官员公开宣称,“有钱,同朋友喝杯小酒,去去剧院就好得很”。在他看来,这就是生活的全部意义。

官员们现在还继续把农民看做有收入的阶层,认为农民完全有生活保障,不用做什么事情。农民夏天劳动,秋天收获丰富的粮食,卖了,给自己家中买回商品,然后整个冬天就坐在家里抽抽烟斗。官员们认为自己贫困的原因主要在于农民给国家和官员的钱太少了。

但是在保守的官员中开始有了松动,在日常闲聊中已常常出现令人困惑不解的问题:"怎么办?"并且有不少人试图去弄清自己与中国现今形势的关系。第一,对于所有官员(对每个中国人也一样)来说,什么是无可争辩的,这就是对外国人,不仅对生活在北京的,还有那些离得远远的外国人持某种否定的、敌对的态度;第二就是重新审视自己与清朝的关系。在这里必须确定,这种态度的形成对过去的君主政体非常不利。老的官员在回忆自己以前的工作时,在其中发现很多黑暗的,令人难以忍受的东西:对上级奴颜婢膝的态度,物质保障的不稳定,完全依靠上级,等等。过去一个月有 100 卢布俸禄的官员,实际上只能拿到七八十个卢布,这样做很简单:他签字写收到 100 卢布,而实际到手的只有七八十个卢布。拿到这样的钱他一点也不试图去抗议,因为他早就知道,任何抗议都会对他产生严重的后果。唯一值得安慰的是在未来,达到相应级别的时候,他也可以为自己截留下别人的部分薪水;第三,就是对中国现今政治派别的关系的思索。这些关系非常复杂,不能准确定义。在北京官员中可以指出下列主要派别:首先是主张在作为全中国的政治中心的北京建立强硬政权的一派——这种政权的拥护者又分为两大阵营:张作霖阵营和国民党阵营(但是是国民党右翼);其次是主张在中国领土上建立几个独立共和国的派别(这是宽泛地解释自治原则的研究者们的意见)。

在北京的商人圈子里这两种意见都有。中国青年对两种观点的传播,对整个成年人的政治观点的形成,起了不小的作用。哪怕是在最守旧的家庭中,只要有年轻人,特别是大学生,父母都愿意倾听年轻一辈的声音,认为他们的孩子现在接受欧式教育,更能够弄清当前的问题。有些父亲公开宣布,他们常常从物质上支持某一个派别,只是因为他们的孩子要他们这样做。与其说北京的年轻人在当前全部兴趣不仅在国民党右翼的见解上,而且还在更右翼的见解上,不如说是整个北京的资产阶级市民圈子都持这种见解。

现在北京高校的青年学生给人留下很可怕的印象。大部分青年首先学习英语，很少有人学法语和俄语。人们表现出对英语的兴趣，主要是出于纯经济的考虑。在北京，就像在全中国一样，对精通英语的人才需求量很大。但是英语系的大学生基本素质很差，会答出“克伦威尔发现了新大陆”这样荒诞不经的答案。

大部分大学生对科学都不感兴趣。在学校高墙外的大学生生活显得无所事事：打牌，看电影，唱歌，弹民族乐器等等。但是在这个无所事事的生活中，如果你更加仔细地观察，会明显感觉到年轻人的心向往新生活。年轻人很少并且很不愿意去看反映旧时生活的戏或电影；相反，反映中国现代生活的片子或戏剧，特别是以某种方式表现中国年青一代为新的美好生活奋斗的那些电影或戏剧，特别受欢迎，哪怕演得很差。北京大学生在过着无所事事的生活的同时，也非常关注现今的政治问题，任何事件都是长期和激烈争论的对象：大学生竭力要理解现实生活，决定自己对它的态度。

大学生思想流派的标志是在学生中最流行的文学。年青一代中知道中国经典著作的人并不多，即使知道，也很表面。的确，在北京也有社团，有几所学校，它们把用儒家思想来培养青年作为自己的目的，但在这些学校里，完全是按照规定的解释去教授儒学，与南方的青年过分激进的倾向正好相反。在中国青年中非常流行被翻译成汉语的欧洲人文学科的著作。中国社会学的著作也获得相类似的流行。具有某种思想倾向的长篇小说、中篇小说、短篇小说集，青年人乐意买，也乐意读。显然，这一切都证明青年真的在寻找激动他们的中国现代社会问题的答案。但是就整体而言还是要指出，北京的大学生还是相当地反动①和积极性不高。当然，这种反动性应该相对地去理解。此外，不能认为北京所有的大学生人人都是反动的，在大学生中还是有非常有觉悟非常先进的分子。可以碰到这样一些大学生，他们顽强地学习俄语，目的只有一个，就是从本源上找到他们在中国书籍中没有找到的真理。但是这些先进的大学生在现今北京的条件下还不能表现出自己的积极性。当局定期对学生

---

① 作者的祖国当时已建立苏维埃政权，并将马列主义作为全民统一的意识形态加以崇奉，作者显然是从是否接受马列主义的角度来评价北京大学生的思想觉悟反动或进步与否。——译注

宿舍的搜查、对学校的监视，学生们不可能广泛自由地交换意见，这一切都给予更加保守的派别以自由，压制了所有持不同观点的人。他们只剩下一条路：离开北京，到呼吸和生活轻松的地方去。

那么现在北京的青年学生处于什么样的条件之中呢？他们的政治观点和政治信仰是什么呢？——有一点是无可争议的，这些青年人已经彻底割断了与过去的联系，完全真诚地追求生活的新形式和新条件的建立。尽管他们的理论知识不多，但他们欲望的力量非常大。已经成为事实的是，宗教(甚至宗教仪式)与青年一代完全格格不入。这证明了过去已经永不复返了。其实不光是青年学生，而且还有一大部分北京市民也是对宗教问题完全不感兴趣：孔子和菩萨对于大多数人来说，就是一个空名而已。这里就有几个例子。在秋天，当庆祝孔子诞辰的时候，按照警察的命令，北京家家户户都插上旗帜。但是如果出于好奇你去问问过路的中国人为什么要插旗帜，那么他会说他不知道。如果你提出，是不是尊崇孔子，他会回答这与他无关，所以他不知道。政府还在继续举行庆祝仪式来尊崇孔子，而这一切仪式却很少与广大人民群众有关。他们完全不参加这些仪式。例如，在秋天，在孔庙中为庆祝孔子举行"隆重的祭拜"，但这是什么样的"隆重祭拜"啊！内政部的二三十个官员聚集在孔庙中，穿的礼服有点像基督教神职人员的衣服。从街上找来二三十个童男童女，给他们穿上相应的衣服，让他们手里拿着芦笛，人工做的白色树枝、盾牌、星星，排成两排。一个官员从庙里拿出纪念孔子的灵牌，然后就开始唱国歌，唱歌的时候还敲锣打鼓。这个仪式没有市民参加，而那些出席的人主要是来看热闹的。两三百名在场者中间，手里拿着柯达相机的外国人占大部分。在这个隆重的节日里，生活还是老样子。大家都忙着做自己的事，商店照常营业，市民并没有这天是过节的概念。

一般说来，广大市民的过节概念是相当奇怪的。首先，根据一些中国人的说法，节日并不是宗教现象。与公认的仪式相联系的那些节日恰好不涉及老百姓，老百姓并不参加庆祝仪式，甚至不知道它们。在老百姓的眼里，只有可以休息的日子，主要是能吃饱一顿的日子才算是节日。这种看待节日的观点与俄罗斯人的谚语"富人总是过节，穷人过节也是普通日子"就非常合拍。中国的穷人一年最多有六七天可以休息，可以吃饱饭。在中国的节日中吃具有重要的作用,在市场上特定食品的出现可以证明这一点,过节后几天这些食品一下子就消失了,直到下一年才又出现。

但是在几乎完全没有宗教信仰的情况下,老百姓还是顽强地继续保留着许多迷信,人民中间还是存在着对恶魔的迷信和对其他恶的善的神秘力量的迷信。例如,就是现在,在北京还常常能够看到在房子门口的上方有一面镜子。镜子的作用是将恶魔从这个房子赶走,因为人们相信,这个恶魔有丑陋的外表,看见镜子里的自己会吓坏,就会离开。在有些守旧的家庭中,直到今天还遵守下面的习俗:未婚夫在自己家旁碰到未婚妻时,要向她那个方向射三支箭,以便击溃恶魔,不让他们进入房子。证明现今中国人迷信的还有北京街头大量的算命先生。知道自己的命运,知道自己的幸运日,得到怎样躲开敌人和避免不愉快的事情发生的建议,这一切就是通过算命先生实现的。算命先生本人为提供的服务收取几个戈比,而穷人则带着比这几个戈比更多的东西在自己艰难悲哀的生活中去寻找一线希望。

同北京人的迷信一块还顽强地保存着很多古老的习俗和礼仪:婚礼、葬礼等等。但是新的习俗渐渐开始风行并固定下来。在北京街头可以遇到完全按照旧规矩行事的气派的婚礼队伍,但是你会发现有一点不协调:在婚礼队伍的前面是欧洲乐队,弹奏的是欧洲的华尔兹和进行曲。还可以看到另外一种婚礼图景:闪闪发亮的汽车里面坐的是穿着玫瑰色的欧洲服装的新娘和戴着大礼帽、穿着燕尾服、胸口上佩戴着一个大大的玫瑰色蝴蝶结的男傧相,或者是里里外外都装饰着假花的四轮轿式马车,车上套着一对毛皮如大理石般洁白光滑的马,马车里坐着新娘和男傧相,前面还是行进着欧洲乐队,而且乐队的成员都穿着英国式样的红色制服。但是现在在北京也常有不举行任何仪式和不搞排场的婚礼。年轻人甚至也不问问家长是否同意,就自己安排自己的新生活,不管任何习俗,甚至也不登记。这些婚姻并不比那些按照旧习俗和旧礼仪举办的婚姻差。

时代精神也表现在送葬队伍中。诚然,在送葬队伍中还保留着非常多的旧风俗,就是现在在北京的街上还可以看到拖了整整 1 俄里长的送葬队伍。就是现在,死者的朋友们还在送葬沿途设置灵棚,摆上小桌子,桌子上放着茶、火柴、香烟,以便死者悲痛万分的儿子能够在路上提提精神。但是就在这一古老习俗进行的同时，前面也走着欧洲乐队，常常吹奏着《快乐的寡妇》中的进行曲，因为对于中国人来说，欧洲乐队演奏什么曲子都一样。

再过15、20年，北京的生活里里外外肯定会发生许多变化，但这些变化是否会使北京穷人的生活变得哪怕轻松一点点，好一点点呢？穷人安于自己的命运，对这种命运逆来顺受到那种程度，以至于需要的并不是要立刻提高北京的生活质量，而是需要具有震撼意义的事件来激发这些惰性十足的大众。

1927

访问北京

З. 里希特

季娜伊达·弗拉基米罗夫娜·里希特（Зинаида Владимировна Рихтер，1890—1967），作家，记者，经常在《真理报》、《消息报》以及1920—1960年代的其他刊物上发表作品。1925年，作为《消息报》的记者，她参加了莫斯科—蒙古—北京的线路的第一次飞行（与《列宁格勒真理报》的А.列别坚科、俄罗斯通讯社的В.米赫利索姆一块），随后出版了《空中7000公里》一书（莫斯科，1926年），下面的片段就摘自该书。

飞抵北京

终于，荒凉的黄色沙漠在我们身下变成了绿油油的稻田。对于飞过整个亚洲大陆的我们来说，稻田简直就是哥伦布的海岸。中国的边界已经留在身后。在我们脚下出现了中国村庄的第一批黏土建筑。

从庙潭[①]越过张家口群山山脉的最后飞行是最困难的飞行之一。

克服了这个最后的障碍，飞机一架接一架降落下来，轮子轻轻触及到北京机场的地面，向候机厅——一次漫长而冒险的飞行的终点滑去……

中国的大学生和苏联全权代表处的工作人员欢呼着，挥动着旗帜、帽子、鲜花向飞机涌来。耀眼的白天使中国人的衣服显得更白。黑黄色的脸微笑着，洁白的牙齿闪着光，在学员们白色的短上衣上鲜红的花结十分耀眼，空军部和陆军部的军官们的金银边饰闪闪发光。

在白色的人群中高级官员黑色的丝绸上衣特别显眼。在炙热的阳光下，蓝色的国民党党旗和一些组织绣着汉字的红色旗帜在缓缓飘扬。中国所有庆典都必然有的纸花做的五彩缤纷的充气花环在头上轻轻摆动，人们马上给我们的飞机也戴上纸花。这些纸花甚至比真正的牡丹花——中国人最喜欢的花——还要自然，它们一束束地被送给了我们的飞行员。冯玉祥[②]的乐队演奏了迎宾曲，四周响起了掌声。卡拉罕[③]吻了英雄飞行员，中国大学生也模仿我们的共青团员，集体朗诵了欢迎词。中国飞行员驾驶自己令人惊奇的、不可思议地不断爬高的飞机，用冒险的倾斜和特技，在我们头上飞过，让人产生高兴得忘乎所以的孩子在空中翻跟斗的印象。带着摄影仪器的电影摄影师在人群中忙碌着，日本报纸和中国报纸的记者们围上来。在大厅里，在讲话和给飞行员和所有机组人员分发礼品之后，又高举酒杯再次庆贺。我们飞行员的样子非常兴奋而慌张。空军司的司长赵浩力求使苏联代表团得到很愉快的接待。中国青年为了让我们感觉到他们对苏联的真诚好感而做了一切。

---

① 原文为“Миао-Тани”。——译注
② 冯玉祥(1882—1948)，从 1924 年起担任国民军的元帅、总司令。——原注
③ 又译“卡拉汉”。——译注

在一位中国外交官员的茶话会上

国务活动家奚体望[①]的夫人给我这个参加了飞行的女人送来了茶话会的请柬。

我非常乐意接受这个邀请，它让我有可能更近地了解中国社会和高级官员的家庭日常生活，而在这之前这些高级官员我只是在官方的招待会和宴会上碰到过。

豪华的中国房子的门前竖有一块绘有彩画的盾牌，它的作用是不让妖魔鬼怪进入。

茶房拿走了我的名片，然后随同奚体望的私人秘书一块回来，秘书是一个俄语说得很好的中国人。

内院铺着石板，木桶里是花朵盛开的夹竹桃，回廊上装饰着雕塑和五颜六色的壁画。在半欧式陈设的客厅里，黑木家具上有奇异的雕刻：龙、孔雀、蛇。奚体望正在等我们。事先早就说好了，我比别的客人先到1小时，以便在家里采访女主人。

奚体望看样子有40多岁，像所有的中国显贵一样保养得很好，瘦削，身着白色的长衫，外面套着一件黑色的丝绸上衣，脚穿后跟低低的上过漆的鞋子。引人注目的是他那双保养得很好的手，浅黄色细长的手指和扁桃状的指甲。

奚体望去过日本和美国的很多地方。在革命时期他担任过几个部的部长，当过北京的外交总长和广东工商专员，参加过巴黎和会，现在是山东事务委员会的主席，与卡拉罕进行第一个条约的所有谈判。

有人跟我谈过，在段祺瑞周围的那些虚伪和出卖灵魂的高级官员中奚体望是唯一一个出色的人。但是天性是独裁者的段祺瑞身边的人不多，他们在一切事情上都附和于他，因此奚体望现在还处于次要地位。

奚体望说，尽管国内的混乱还没有完全结束，但最近一段时间中国的工业和商业出现了扩张性增长。这是因为现在人民同政府一起来进行管理，已经

---

① 原文为“Си Тиван”，按其发音音译为“奚体望”。作者描写的该人物的经历与王正廷很相似。——译注

没有早先的恣意妄为了。几年前在上海的日本工厂发生的暗杀中国工人的案子未引起注意就过去了，而现在这会引起工人和青年学生的一致反抗。外国人的影响力在下降。奚体望认为，中国的工业和商业的继续发展完全取决于解决不平等条约的问题。

奚体望声明："在这个问题上，中国人民绝不做出任何让步！"

在前一天，我同另外一个中国官员尹博士谈到过这个话题，他是被委员会选来审议条约的三人代表之一。尹博士是典型的中国外交官，当谈到不平等条约和税率会议的时候，他非常巧妙地回避直接的回答。

客人们开始陆陆续续地来了。奚体望的夫人穿着天蓝色的丝绸旗袍出现在客厅里，她是一个身材丰满、脸色红润的中国女人，让人想起莫斯科河南岸区商人的虚胖之妻。她也像很多中国女人一样，从小就缠过足，但现在小足已经不时髦了，而且对于一个自由派高级官员的夫人来说，甚至是不体面的。所以她穿着长长的时髦的上漆鞋子。

在旧中国小姑娘从 5 岁起就要缠足，使脚变形，一直要紧紧地缠到 20～25 岁。这个事情由老太太来完成。妈妈们自己从来不做这事，害怕在孩子的脑海中她们的形象会与痛苦联系起来。中国小姑娘的整个童年就被这种痛苦给毁了。常常有已婚的中国女人哭着求丈夫把缠足布松开一点点。

现在法律禁止给小姑娘缠足，但并非在各省所有的地方这个野蛮的习俗都绝迹了。

就在我在中国的时候，北京的报纸就报道过一个令人发指的事情。按照未婚夫的妈妈的坚决要求，年轻姑娘力图给自己缠小足，结果死于非命。

以前在中国，女人不在客人面前露面。在奚体望的客厅里，我能够观察到欧化的中国社会的日常生活。女客人穿戴漂亮，矜持，有些人是由丈夫或者亲属陪伴着。中国上流社会的女人都模仿欧洲上流社会女人的做派。

中国女人的民族服装式样最为简单，但在衣领和旁边的开襟处镶有昂贵的花边，中国女人特别喜欢炫耀这些花边。她们的头发光光地往后梳，编得紧紧的辫子盘在脑后。很多先进的女性也像美国女人一样剪短发。所有出席晚会的中国女人都穿着民族服装，只有一个人例外，她戴着一顶插有一根羽毛的大帽子，还带着单目眼镜。我把她当作法国人了，结果她是从爪哇岛来的，一个中国和欧洲某个种族的混血儿。亚欧混血儿的外貌比纯中国人漂亮。他们中间有许多能干的有才华的人。但他们的社会地位是双重性的，他们回避中国人，而欧洲人又瞧不起他们。

仆人用带盖的小茶碗端来了金晃晃的苦涩的中国茶、蛋糕和水果。

刚开始时我感到有点不自然。中国的太太们好奇地打量着我。通过秘书翻译的谈话进行得不顺利。但这时来了两个身着欧洲晚礼服的小姐，她们刚在哈尔滨念完俄罗斯的中学，能说俄语。她们分坐在我旁边的长沙发上，其他的中国太太们也向我们紧紧地靠近，于是开始了很热烈的谈话。中国女人争先恐后询问我俄罗斯女人是怎样生活的，我是怎样飞来的，在空中感觉怎么样。一个中国女人热情地说，只要能让她飞行一次，她愿意献出一切。中国女人刚刚开始停止缠足和学会走路，就已经在幻想要飞了……

一个全身穿黑衣服的中国女人是孙中山的大姨子。① 她握着我的手说，如果孙博士还活着，我们的考察团的到来一定会给他带来真正的快乐。她非常遗憾，她的妹妹、孙中山的遗孀现在在南方负责罢工委员会的工作，不能同我见面。

“孙中山的遗孀是什么人啊？”我问一个充当翻译的姑娘。

“喔，是一个非常有性格的人。但孙博士在世的时候，她全身心地为他服务，关心他。她还承担有社会工作。”

我从与她们的谈话中得知，中国家庭的日常生活已经发生了根本性的变化，但是有些古老的东西还是保留着。

父母还是很早给儿子娶亲，不管儿子是否喜欢未婚妻。中国的婚姻是形式上的、事务上的交易。中国男人不满意强加给他的妻子，他可以按照自己的心愿纳妾。给妻子的补偿是保留了她女主人的权利，在家中地位最高。小妾生的孩子都被看做是原配妻子的孩子。小妾通常要比原配妻子年轻些，漂亮些，有文化些，但在家中她的地位等同于女仆。任何时候都可能将她赶出家门或者将她卖掉，而法律也不保护她。

“合法妻子怎么对待小妾呢？”

---

① 宋蔼龄。——原注

“当然不友好”，中国女人说。“可是有什么办法呢！法律就这样，不得不容忍。”

“我们，妻子们共用一个卧室”，一个中国女人对我说，“当我丈夫与另外一个妻子亲热的时候，我就把脑袋埋在枕头下面”。

中国女人热烈地争论起什么来。

“昨天才埋了一个有钱人家的小妾”，女翻译给我解释说，“据说，她是被原配妻子毒死的。小妾生了一个漂亮的孩子，出于嫉妒原配妻子决定把这个成为母亲的竞争对手给干掉”。

中国宴会

“俄国府”（俄罗斯大使馆）是我在笔记本上记下来并尽力记住的第一个汉语词。在北京，当我在这个不熟悉的城市步行或者一个人漫游的时候，“俄国府”和“俄国人”两个词把我带出复杂的中国街道的迷宫。很长一段时间我都不敢乘坐人力车，但完全回避乘坐人力车是不可能的，因为不总是能够弄到汽车。由于天气太热，使馆的工作人员谁也不同意陪我步行游览。坐上人力车，我有一种被折磨的感觉。然而，我听很多人都说过乘坐人力车很方便，很愉快。

“难道现在不能采取措施取缔拉人力车这种有损尊严的劳动吗？”

“那5万个失去工作的车夫去哪里？如果突然所有人都不坐人力车，都来抵制他们，问题也解决不了”，已经习惯于北京的同志们对我说，“在中国需要先发展工业——采矿工业、纺织工业，等等，只有那个时候才能够用摩托车或者别的什么车来取代人力车”。

北京市民对我们这些考察团的成员非常热情和支持。在所有的公共场所，甚至在商店里和市场上，商人们都表现得特别客气，把我们看做英雄。

外国人，只要他们不属于资产阶级上流社会，那么对我们没有任何敌意，只有极大的好奇心。

其实，法国大使馆一个要员对卡拉罕表达了他的遗憾，说中国政府没有事先告知他考察团飞抵的消息，所以他没有能够来机场。

在北京对我们最不友好的是我们的同胞，那些白俄。在宾馆的前厅，我问两位穿得很体面的太太一个问题，我想她们是俄罗斯人。她们作出一副不懂我的话的样子。于是我又用法语问：

“难道我错了吗：你们是外国人，不是俄国人？”

“我们是俄国人，但是我们正在竭力忘记这一点”，其中一个说。

在张家口火车站一个俄罗斯侨民与我们的电影摄影师交谈。

“你们是刚来的，从工农兵代表苏维埃来？我想象得出，你们是多么幸福，逃出了这个地狱：饥饿、契卡[①]……”

电影摄影师笑着说，他们这几天又要去莫斯科，但是俄罗斯早就没有饥饿；相反，糖果和糕点甚至比北京的还要好。

“看着你们，可以相信这个”，一个说俄语的中国人插话道，“更确切地说，你们的同胞”，他朝着侨民的方向做了一个手势，“看起来更像饥民”。

瘦削蜡黄的侨民沉重地叹了一口气，不无羡慕地看着我们两个身体健康充满活力的电影摄影师。

苏联全权代表处设在一幢漂亮的大楼里，处在棕榈树和洋槐树的绿荫中。从格子大门到大楼是一条宽敞的铺满砾石的林荫路。在大门旁的亭子里，坐着一个中国老人，没有另外设保安。

卡拉罕在北京的市民中很出名。在同我的谈话中，中国外交官都忙着强调卡拉罕在发展中苏关系中所做出的功绩和自己对他的看法。

在中国，个人关系具有极大的意义。与中国外交官打交道很不容易，他们都喜欢尽量在国家事务中讨价还价，喜欢折中。

与苏联代表处为邻的是英国代表处。“苏联”与“大不列颠”只有一墙之隔，镰刀和斧头图案的红旗和狮子图案的条形旗[②]在一块儿飘扬。不久前在英国大使馆，仆役和所有下层中国职员要求加薪，进行罢工。英国人好几天处于黑暗之中，没有水，没有服务。他们宣称这场罢工的罪魁祸首是苏联仆役，好像是他们在英国人的仆役中进行了宣传。

大使饭店给我们考察团安排的房间中的摆设是欧式的，但服务的却是中

---

① “契卡”指苏联1918—1922年的肃反委员会。——译注

② 原文如此。——译注

国人。

这个饭店比在同一个北京的北京饭店这种华丽的欧洲式饭店要简朴些，那些饭店有豪华的前厅、餐厅、屋顶花园、电梯、电吹风、电风扇等。

以保卫我们的理由，在饭店的走廊里安排了警察。所有管理人员也由侦探充当。但他们并没有特别打扰我们。

这个饭店给我留下的回忆就是特别热，所有在炎热夏天时去中国的欧洲人都会感受到这种热。窗户上的密密的纱窗也不能挡住白蛉飞进来，为此不得不点上日本蜡烛，但这蜡烛熏得人头疼。到早晨桌子上和地板上一层死白蛉。夜里，尽管开着窗户，在房间里人还是感到没法呼吸。

在北京我们首先不得不做名片，没有名片在中国简直寸步难行。我们的运动服在路上已经穿破了，而且也不适合中国的气候，我们不得不去找中国的裁缝。

早上我们得到了署名的邀请，是印着汉字的卡片，邀请去参加各部和各社会组织的宴会。所有的部、中国空军甚至警察署都设宴欢迎我们：在公共花园、在归国留学生俱乐部、在避暑山庄和天文台（由国民党党员设的宴会）。

描写宴会，特别是中国的宴会令人感到无聊。宴会有 50 多道菜，持续几个小时。

在出发赴宴前一个小时，我们就开始忙乱。门砰砰地响，召唤裁缝的铃声，因为裁缝没有准时把订好的衣服送来。最后一分钟，飞行员中有人，而常常是我们的施密特①的黑色领带不见了，而又必须穿黑裤子、戴黑领带出席。结果，我们总是迟到，最后到达。

有一次，施密特甚至没有换衣服，穿着军便服，挽着袖子，敞开着领子，直接从工作室来到宴会上。如果是英国人、法国人或者其他国家的外国人会允许类似的情况，看重礼节和规矩的中国人会把这当作挑衅和侮辱。但施密特是俄罗斯布尔什维克，共产党人，因而中国的官员们很平静地容忍了这种对礼节的违反。在吃饭的时候，施密特像平时一样大声和率直地笑，拍着他身边那些古板官员的肩膀。他们以友好的微笑作为回答。我们使馆负责外交接待的

---

① 施密特·伊萨克·巴普洛维奇（Шмидт Исак Павлович）是飞行队长。——原注

礼仪和宴会的秘书只有摊摊手。

我们使馆的代表在宴会上都穿黑色的裤子和夏季的白色短燕尾服。这种很短的燕尾服给人一种非常滑稽的感觉。

看到官员们对施密特的军便服的容忍态度，人们会以为我们的外交官就是在国外也能保持苏联式的外表而对国际关系毫发无损。

中国人不习惯握手。按照欧洲方式问候的时候，他们不会伸出手来。中国人的问候方式是请安和鞠躬，并且两只手抱拳放在胸前。

在通向花园的明亮的入口处旁边有一处房子，在那里举行宴会。一群招待在迎接我们，他们中的领班身穿雪白的长衫，接过我们的名片，以后我们会在自己的餐具旁边找到它们。

我们不无慌乱地向左右打招呼，在一群身着长衫的官员、在对我们行礼的军人和警察中间穿过。

宴会的主人们、外交部长、空军司的司长、国民党党魁们与我们相互问候，说着客气话。在相当长的仪式之后，邀请我们入席。

我很难说什么样的宴会我们更难对付。是欧洲式的，每个人都有一套刀叉餐具；还是中国式的，中国式的用筷子吃，而且吃的是海里边的软体动物、燕窝等等。

中国式宴会是在归国留学生俱乐部举办的。所有的部、中国空军和警察署都举行过宴会。宴会桌摆在凉台上。在天花板下的笼子里鹦鹉在摇摇晃晃地走来走去，蜂鸟在叽叽喳喳地叫着。圆桌上的小碟子内装着小吃和美味佳肴：瓜子、核桃、洋白菜丝、软果糕、皮蛋。这种蛋是用石灰和土包成的，蛋白呈深棕色，像果冻一样透明，蛋黄绿绿的。

在每套餐具旁边都有酒杯，里面装着热米酒。据说中国人对喝醉酒的人非常宽容。中国著名诗人李白当着皇帝的面喝醉了酒，没法读他为皇帝写的诗。皇帝不但没有怪罪于他，甚至还从龙椅上下来，亲自给诗人端来一杯醒酒汤。

在甜点后，送来了鸽子蛋汤。宴会中有近60道菜：燕窝、鱼翅、白菜、羊羔肚(让人想起羊肚菌)、炸鹅皮、海参——海里的一种软体动物、用竹笋和藕来做的羹，等等。

汤菜就用一个大汤碗盛上放在桌子中间，客人用自己的小勺从里面舀出来。硬的块状食物中国人非常灵活地用镶着银边的象牙筷子夹起来。

燕窝是无色纤维的稀汤。这种食物没有任何味道，但能使人兴奋。

宴会最后是传统米饭和难喝的咖啡。

在吃水果、菠萝、香蕉之后，招待送来一杯水洗手。

在宴会快结束的时候主宾们就开始发言。在玻璃门的后面站着一些身穿浅褐绿色军服手拿记事簿的人，他们在记事簿上记录讲演者的话。我起初以为这是中国军事刊物的记者们，因为他们身穿军服。可这原来是警察的奸细，他们对自己的工作甚至一点也不想掩饰。他们特别注意监听中国发言人的讲话。

部长们和高级官员们为伟大的中国人民和俄罗斯人民的合作干杯。中国的飞行员问候苏联的飞行员。

在国民党党员举行的宴会上，北京天文台台长（顺便说一下，他是国民党的元老）说：

“有很多理由使中国人民把苏联看做朋友，但其中最主要的理由是苏联总是坚持各民族独立自主的原则。”

台长举杯为中俄两国人民的和平进步、为俄罗斯空军继续取得成就干杯。

“朋友们，我们正是在决定中国命运这样一个时刻来到中国，我很骄傲，也很幸福”，施密特回答说，“我还要向你们转达俄罗斯千百万工人和农民对你们的问候，转达对年轻的中国，对中国最优秀的知识分子，对奋斗的中国人民的先锋队热情的祝愿”。

我们的发言人的话由著名的中国学学者阿·阿·伊万诺夫教授①翻译。甚至连炊事员和他的助手都从厨房跑来，挤在门口听发言，生怕漏掉了一句话。有时候连招待都有这样的表情，好像他们现在马上就要放下手上端的食物托盘，开始鼓掌。

在一次宴会上，我旁边坐的是一个非同寻常的人，徐谦博士，一个国民党

---

① A.伊温的笔名，见前面。——原注

的元老，孙中山的密友，前清翰林，同时也是一个牧师和传教士。

徐有一张苦行僧般的脸，就像中国大多数老一辈知识分子一样，在得到举人和进士功名之前，他经历过重重艰难的考试。在他那个时代，通过考试的1万人中只有30人能够进入翰林院。应试者要单独隔离起来，连续考3天。在这3天中，他们必须写出政治、哲学和其他题目的文章5篇，而且在文章中不能有一个错误。

在不久前的中国，家族关系简直要把一个人弄晕。在离家很久回到家乡后，中国人必须在一个特别的协会中查询自己最远的亲戚，给所有的人递上自己的名片，去拜访他们。这要花去几个月的时间。

顺便说说，徐谦是上海大学的校长，帮助工人业余学文化，曾在《民报》工作，与阿·阿·伊万诺夫一块在拳击委员会任职。令人奇怪的是，这位学者同时又是基督教的传教士，在他那里，宗教世界观与国民党的"左"派思想并存。他以同样的兴趣讲到康有为这位未获成功的中国彼得一世，讲到孙中山博士——中国革命之父。

我后来在阿·阿·伊万诺夫教授布置奇特的家中常常碰到徐谦。伊万诺夫教授住在这座城市的中国区，以前的一座尼姑庵里。旁边就是一座寺庙，里面放着一副中国人的棺材。中国人在身前就给自己做好了棺材，上面还贴了招贴，请求老天延续他们的寿命。

我喜欢教授住的房子，他的小院子里有一棵枝繁叶茂的大树，还有一个中国佣人，有一次他甚至还把这个佣人带到莫斯科参加一个代表大会。

战斗着的中国

P. 卡尔曼

罗曼·拉扎列维奇·卡尔曼（Роман Лазаревич Кармен，1906—1978）是著名的纪录片电影摄影师、导演、记者、苏联国立电影学院教授。抗日战争时期他来到中国（1938 年 9 月到 1939 年 9 月），去了战斗的前线，拍摄了国家领导人和军事指挥官，普通战士和劳动的农民，各政治党派和爱国运动的领袖，会见了苏联志愿军飞行员，还去了驻扎着中国共产党政治和军事领导机关的延安。他在窑洞里为当时年仅 30 岁的毛泽东拍摄的一组画面，此后广为流传。“11 个省、2.5 万公里路和 10 公里长的电影胶片”——他的工作总结就是这样。除了拍摄下的画面（而其中很多现在已经成了独一无二的资料）之外，卡门把自己的书《在中国一年·一个新闻电影工作者的记录》（莫斯科，1941 年）献给“英勇的中国人民”。下面发表的是它单独的章节。

我们已经飞了好几个小时了,我们下面是甘肃省。

有时候已经能够看见不大的中国村庄。它们彼此之间离得很远。在每个村庄周围,在山冈上可以看见长方形的耕地。在耕地里劳作的人影很小,他们一动不动,显然在看飞机。

飞行员用毛手套在地图上指划着,指着用蓝色的铅笔画的一个圈。这是兰州——甘肃省的首府。要在这里降落过夜。飞行员凑近我的头,在我耳边叫道:"我们降落了!"

在机翼下面,在黄河宽广的河湾处,出现了分布在平原上的兰州。飞机降落了。

我来到黑暗的街上,慢慢地走着,用手电筒给自己照路。在前面和我旁边也闪着手电筒的光。

晚上,当白天的炎热退去,从山上吹来徐徐凉风,市民们——商人、工人——都涌上街头。

在商铺大大敞开的门的上方纸灯笼在晃动,在商铺里面也挂着这样的灯笼,照亮货架。货架上摆着布匹、廉价的化妆品、家庭日常生活用的白铁制品、鞋子、丝绸、日用小百货,等等。

在毛皮商店挂着毛茸茸的雪豹皮、海豹皮、猞猁皮。

在药店里,灯笼模糊地照着摆满了瓷器和玻璃器皿的架子,在这些器皿中装满了各种切得很细的植物的根、干草、药粉、藏药的油膏。一个老头戴着有花纹的铜制边框的大眼镜,在油灯的灯光下,在臼中捣着什么。

商人同自己的客人一块坐在商铺旁边的小板凳上,默默地从小茶碗里喝着茶。商人都穿着黑色丝绸大褂和有一个圆珠的圆口黑布鞋。

苦力们用有弹性的竹扁担挑着货物,飞快地走过。

人力车不时发出叮当声跑过去。固定在大车上的小灯笼摇晃着,照着车夫赤裸的脊背,还照着一个沉默的花白头发的官员的脸,他是一个干瘪的老头,身穿灰色长衫;还照着一个戴眼镜的女人或者是一个贫穷的手艺人。摇曳的光束顺着大车镀镍的车轮轮辐闪动着。在人力车急速跑动中你听不到一点点敲击声、吱吱声、沙沙声,只见它在狭窄的小街上灵活地无声驶过。

在小店的角落里,各种食物发出嗞嗞的声音。一个筋疲力尽的苦力就在这里蹲着默默地吃着一盆冒热气的面条，面条里放了棕色的酱油，然后将找给他的零钱摊在骨节粗大的黑色手掌里数了很久。

你躲闪着飞奔的人力车，倾听着别人大声的谈话，你会感觉到对第一次在你面前打开的世界的惊奇和思考奇怪地混合在一起。

在一个像驯马场一样非常大的电影院里，人们坐在木头长凳上喝茶、热烈地交谈。在凳子之间小孩子钻来钻去。他们分送热气腾腾的毛茸茸的毛巾，卖西瓜子、香烟、茶。为了卖得更多些，他们大声喊叫，扩音器传出的声音把耳朵都震聋了。

……

所有的日子都忙着准备出发，办理证件，结识各种人，购置电影考察的装备。要跑遍全国，为此需要一辆很好的汽车：要价廉物美。在我的考察预算中买汽车的花费是400美元。每天都有人给我提供轿车，外观很气派，但绝对不符合我对汽车提出的要求：发动机经久耐用，省油和便宜。

在汉口热情接待我的一个同志——塔斯社驻中国的特派记者弗拉基米尔·罗戈夫——在所有这些天对我进行大力指导。他在中国待了很多年，懂汉语。罗戈夫给我介绍了一些需要的人——中国的新闻记者、作家，帮助我办理手续，最后还给予我最为重要的帮助，给我提供一个一流的翻译。

塔斯社的一个翻译应罗戈夫的召唤从重庆飞来。这是一个24岁的姑娘，中国人，北平的大学生。罗戈夫说她很勇敢，能吃苦耐劳。她已经上过几次前线，俄语非常棒。她姓张。我认为在第一次见到她的时候应该提醒她，我们面临的工作有着巨大的危险，非常艰苦。她平静地回答：

“我知道，苏联电影摄影师的工作对我的祖国很有益。我会尽力帮助您，艰苦的条件吓不到我。假如我不懂俄语的话，我就作为一名战士上前线去了。我们看看吧，我们俩谁更能吃苦”，她微笑着补充道。……

不必知道战前的武汉看起来像什么样子就能看见它现在外貌的变化。在雅致的高级轿车行列中会看见罩上绿色伪装网或者厚厚地敷上泥土作伪装的汽车，城里到处是士兵队伍，军用车队在行进。在很多条街的十字路口都拉上了铁丝网。在时髦的女士服装商店的橱窗里，绿色防毒面具从薄薄的雪纺绸女衫和女帽上各种短面纱的后面伸出自己的拱嘴。日本侵略者不断使中国人习惯于这种装饰的时髦。

在街上很少见到反日标语、传单和口号。在汉口和全国都没有看到在市民中间进行群众性的政治工作。在同社会各阶层的人士的会面和谈话中可以感到人们心中聚集着巨大潜力,找不到地方使用和发泄。在这里几乎没有群众集会、大会、报告。只是在10月10日,中华民国的国庆日时,群众的战斗情绪才自发地喷发出来。成千上万的人——职员、工人、大学生、知识分子走上街头。举着旗帜和打着五颜六色的写满激情口号的横幅的人群,充满了全城。

"战斗到完全胜利!""解放战争万岁!""我们一定会取得胜利!"在横幅上这样写道。化妆成日本战俘和游击队员的一队队演员在城里游行。一群人在演出,他们装扮成醉醺醺的日本人,正在嘲弄农民。直到深夜,人们还借着火把的光,逗留在街上和广场上。彩色的礼花飞向天空,装饰着旗帜的汽车飞驰而过。

……

汉口正在疏散,有组织有计划地运走一切,即使是不太值钱的东西。例如,今天在所有的马路上拆下和运走了盖在街道排水沟上的全部铁盖。日本人很需要金属。

中国政府给愿意疏散的市民提供了全面的帮助。这样的人有几十万。他们或者乘坐轮船、帆船、快艇,或者沿着道路步行离开城市。商人们关闭了商店,把货物运往内地。武昌市已经空了。市民全都走了。

上午宣传处打电话来,提议下午两点钟前带着机器过去。在那里我碰到了一群美国摄影师。我们被安排上了一辆公共汽车,往郊外驶去。在路上我们被告知要拍蒋介石。

在郊外的一幢别墅里,我们被介绍给蒋介石的一位工作人员——黄上校。他把我们让进一间明亮的小客厅,在那里告知我们拍摄的计划。这是写在一张纸上的小剧本,规定了最小的细节。

"给你们15分钟拍这个片子",上校最后说。

摄影师们非常礼貌地抗议说,时间太少了。上校起初不让步,但是后来同意稍稍给点时间换暗盒。

我们开始准备。美国人仔细地打量着我的机器——最好的电影公司用来武装自己摄影师的一流的“爱莫”摄影机。我们准备就绪。

门打开了，蒋介石走进来。瘦瘦的，中等身材，身着草绿色的呢子弗伦奇式军上衣，腰上别有一把短佩剑，裤腿没有塞在筒靴里。他一边向大家致意，一边迈着不大的步子，快速走到桌子前。我们开始拍摄。

蒋介石用怀疑的和不信任的眼光看着周围的人。他的眼睛是黑色的，很小，前额突出，鼻子稍稍有点扁平，上嘴唇上留着花白的小胡子，剪得像英国人那样。他打着迅速拘束的手势，冒出断断续续的句子。这些句子是他偶尔对一直不眨眼地盯着他的上校说的。

看样子蒋介石不超过45岁，中国人很会保养——他剪得短短的两鬓的白发和眼角的皱纹暴露出他的真实年龄。

在拍摄的时候宋美龄走进办公室。她非常热情地微笑着同我们打招呼。她大约40岁，非常善于交际。在漂亮的宽大的脸庞上有一双大眼睛，眼睛周围有淡淡的黄点。宋美龄是蒋介石最主要的助手。她为组织许多国防机构和团体做了大量的工作。

摄影师们的胶片拍完了，他们着手重新装胶片。蒋介石利用休息的时间同空军司令谈话。我的胶片还有剩的，于是我就拍下了“剧本”事先没有安排的这一段活生生的情节。

在蒋介石和他的夫人喝茶、下跳棋的芳草地上拍下他俩之后，蒋介石向我们这个方向例行地冷冰冰地鞠了一躬后就离开了，而宋美龄走过来同我们说了几句愉快的客气话，也行礼告别了。

汉口继续在疏散，今天城里已经见不到人力车了。几千个人力车夫好像一下被风从汉口街头刮走了。政府征用了人力车，用来运伤员。这项有益的措施完全改变了城市的面貌。现在每天街上越来越多的人拎着大包小包的东西涌向港口，或者直接到市郊区，涌上通往西部和西南部的道路。从前线断断续续地传来战报，中国军队在通往城市的要冲上顽强地抵抗。政府和军事统帅部不再发表进一步武装保卫汉口的计划的公告了。对于一个曾经参加过战争看见过留给敌人的城市的人来说，情况已经清楚：要准备放弃城市了。

我已经搞到了汽车，储备好汽油，准备着疏散。

一个阳光灿烂的上午，我在沿岸街道拍摄疏散的市民。人们背着孩子，扛着行李，扶着年迈体衰的老人坐上帆船和轮船。帆船张开满是补丁的灰色船帆，离开码头，驶到河心，然后慢慢地逆流而上。

在拍摄最为紧张的时候突然响起防空警报。在头顶的高空中出现了18架双发动机的日本轰炸机。他们在天空乳白色的云雾中几乎一动不动。这不，从飞机里掉出并散开了闪着银色光芒的东西。这是炸弹。我停止拍摄，赶紧冲向响起沉重巨大的爆炸声和升起黑色烟柱的地方。我驾着车，无视交通规则，也没注意到企图阻止我的警察。他们神情非常愤怒，但后来发现是一个欧洲人在开车，就举手敬礼。

……

我们经过城市最后一个街区，沿着公路驶去。很快我们到达了现场。日本人轰炸了火车站。几颗炸弹落在铁轨上，炸毁了调车机车和水塔。而大部分炸弹落在位于车站旁边的工人住宅区。

几座简陋破旧的小房子在熊熊燃烧，就像纸牌搭的小屋，燃烧后没几分钟就垮了。惊慌失措的人们沿着被火包围的大街拼命跑着，他们竭力从烈火中抢救什么，从废墟下拖出已经死亡的、烧伤的、炸伤的人。在工人区的中间，有一个不大的覆盖着霉层的池塘。一位中国老人拎着桶跑向池塘，打上水，又返回到燃烧的房子跟前，将这一丁点水泼在熊熊大火上。他就这样不断往返，直到小房子垮掉，火焰停止。地上一堆灰烬还在阴燃——整个小房子都是用竹棍、草席搭起来的，房顶是稻草，——老人还在继续往已经没有明火的灰烬泼水，还是一次又一次跑向池塘打水。

……

夜里城里一片令人焦虑紧张的寂静，只有偶尔从港口传来的喧哗声打破这寂静。在被带刺的铁丝网围起来的法国租界里，欧洲人的高级轿车沿着柏油马路沙沙驶过。从饭店打开的窗户里飘来爵士乐猫叫般的声音。

法国士兵戴着宽大的贝雷帽，默默地为跳舞的绅士们保护着宁静与安全。黑色天鹅绒般的天空布满明亮的星星，正在燃烧的中国穷人区的反光只是染红了它的一小块。

终于我办好了有权在中华民国的所有公路上自由行使的证件。我在军事委员会政治部里又会见了中国的电影摄影师。谈话就在副部长的办公室进行。担任这个职务的是周恩来同志，中国共产党政治局委员。

我把要拍摄的详细计划告诉他们。除了前线的战斗片段，我想拍摄国内的群众运动，社会组织的活动，村镇农民对军队的积极帮助，中国妇女的工作。

军事形势每小时都在发生变化。在这个3天前拟定的计划中，有一节是“保卫武汉”，现在这个计划已经过时了。

汉口的报刊对打算放弃城市照旧一点也没有暗示，但摄影师们已经准备好疏散，明天就要离开城市并建议我也走。

10月24日最后几批伤员也运离汉口。他们是乘船来到汉口的。随后把轻伤员步行送走。他们很瘦，因为承受痛苦脸变成灰色，他们一小队一小队地离开汉口。重伤员被抬上大货车或者抬上沿着长江逆水而上的帆船和轮船送走。还有很多伤员由被征用的人力车送走。有计划的连续进行了几周的城市疏散这才结束。但是政府最广泛的措施也不能照管好匆忙离开城市的几十万人。白天黑夜汉口街头都是人流，每小时人流都在扩大。24日一整天日本轰炸机都在轰炸城郊和难民潮涌流的道路。在城市街道的上空，歼击机低得像在头顶上飞过。

夜里，我最后一次沿着空旷的沿岸街驶过。长江对岸处在一片火海之中。空气中散发出一股焦煳味。在太平路政治部大楼的旁边停着几辆大货车和小轿车。借着车灯的光我看见几个熟悉的中国记者。

天还没亮。我们顺着被火焰反光和我们自己明亮的车灯照亮的大街前行。我们驶得很慢，几乎是步行速度。街上全是看不到尽头的滚滚人流，朝着同一个方向——市郊涌去。甚至到现在，在我们离开城市的时候，在我们觉得与我们一块离开城市的是所有生命的时候，我们也不愿意相信，敌人就在附近什么地方，再过几天，敌人就会占领这些街道。

在郊区，哨兵检查了我们的证件，我们经过了最后的房子，驶上了公路。

在公路上也不可能加速。我们早已离开了城市，但公路上满是一群群的难民，我们慢慢地超过他们。

在汉口地区长江泛滥，形成很多湖泊。在其中之一拦腰用沙石修筑了一条堤坝，道路就铺设在这个堤坝上。驶上这个堤坝，很快我们就感觉到不是坐在车里，而是坐在小船里。道路很窄，有4米宽，只有1米半露出水面。两边没有任何围栏。方向盘转得不小心，车就会开进水里。头天晚上下过雨，土路上汽车直打滑，不得不行使得非常缓慢，集中所有注意力。

……我们已经走了几个小时。天开始放亮。从东边刮起风来，湖上开始起了不大的波浪。在堤坝变宽的地方，我们看见慢慢爬行的汽车排成长龙。两边的人鱼贯而行。我们不时超过军队。人力车拉着伤员，每一辆车都派了一个战士在后面帮助推车。伤员们或者在睡觉，或者用疼得扭曲了的目光看着周围。

每到一个城市和村庄我们都努力打听现在汉口的情况，但是一点消息也没有。我们常常超过大大小小的军事部队。他们完全不像后退，士兵全副武装，保持着整齐的行军队列。

天黑下来。从汉口出来的汽车纵队一直在湖北省里开着。无数次我们停下来，上轮渡渡过大大小小的河流。

夜里，在渡河的时候，借着汽车车灯的灯光，在一群士兵和军官中我看到了周恩来，在经过很多不眠之夜后他显得很疲惫。

“我们在黎明时分离开了汉口”，他说，“下午 4 点日本的先头部队进了城。你们的车是最后离开汉口的，在你们之后堤坝就被炸了”。

在他那变得清瘦的脸上一双智慧的大眼睛在闪闪发光。他从灰色的弗伦奇式军上衣的口袋里拿出一份才印出来的军事委员会关于放弃武汉的宣言，递给我们。

“进行了半年保卫武汉的顽强斗争”，在这份文件上说，“极度消耗了日本人的力量。现在把武汉变成军事行动的中心是不合适的。武汉作为战略据点已经失去了自己的意义，中国放弃武汉，完全保存了自己的实力和掌握进行长期抗战的主动权，而进行长期抗战是中国军队的主要战略。这不是退却，而是保存和集中能够战斗的、新生的力量，充满了决心要与敌人战斗到最后直至胜利的力量”。

“你们亲眼看见了武汉的疏散情况”，周恩来说，“我们把一切都运走了。最主要的是我们的武装力量摆脱了敌人的包围。你们在道路上看见的一切，那几百辆汽车，成千上万健康的保持着自己战斗精神的战士，我们的大炮、装甲车——这一切都是日本人打算要在武汉城下包围、消灭和缴获的。但是他们没能做到。我们会继续斗争，重新组织自己的力量，我们要把保持自己防御能力的军队也投入到新的阵地上去”。

汽车车灯两道明亮的光线把轮渡照亮，载重大卡车在滂沱大雨中艰难地往上开。木板船面轧轧着响，汽车不耐烦地鸣笛，船夫叫喊着。有时候车灯照亮对岸，从那里也传来大卡车的马达轰鸣声，它们正沿着陡峭的上坡道爬上高高的河岸，然后上路继续前进。

我们途中经过的第一个大城市是沙市，在那里我们终于可以停下来过夜了。我们行使了两个昼夜，但感觉像过了一个星期，好像走了好几百公里。现在唯一折磨人的愿望是随便找个地方，在地上，在石板上躺下睡一觉，哪怕只睡几个小时。我们冒着冲坏土路的暴雨前进，汽车每一步都滑向旁边，打滑，陷入非常滑的稀泥坑里。稍有不慎，艰难行驶在路中间的汽车就会滑出去，陷下去，夜里没有人能帮助你把汽车从陷下去的地方推出来。

我的汽车驶近了一辆打滑并阻碍通行的大卡车。后面已经排了一长串汽车。它们不耐烦地鸣笛。停在我们后面的一辆汽车，力图从大卡车侧面绕过去，使劲滑了一下，溅得两旁全是泥浆，滑到前面去了。我也决定做这个危险的举动，但右轮却陷入一个坑里，汽车慢慢地向右边滑出去，停在一个深深的水沟里。大卡车开动了，等在它后面的汽车都开走了。我们留下来了。

我在深过膝盖的泥浆里，围着汽车绕了一圈，发现在这里至少需要 20 个人才能把汽车从泥浆里抬出来。好几次我举起手，试图叫经过的大卡车停下来，但毫无效果，谁也不想在这雨夜停下来陷入泥浆中。当我已经不指望能够得到帮助的时候，一辆大卡车停了下来，从驾驶室里出来一个年轻的小伙子，身着上校制服。

“您出什么事了?”他问。

借着车灯我看见他的脸，他也打量着我，在黑暗中抓住我的手，友好地紧紧握了握。我看见在他军服的臂章上有一个表示数字“8”的汉字——这是国民革命军第八路军战士的显著标志。我们在汉口周恩来那里见过面。现在在这个雨夜，他认出了苏联记者。过了一分钟，从卡车上跳下一群小伙子，大约有二十来人。在离道路不远的地方我们找到了一辆散了架的大车。我们使用斧头和铲子，把大车卸下来，把木板垫在车轮下，用车辕做杠杆，撬起汽车后面的保险杠。我坐进车里，踩足油门，小伙子们使劲把车往路中间推。我不知道该怎么感谢这些非常好的小伙子。我们开动了。他们也坐上自己的大卡车跟在后面，以便在我需要的时候再次给予帮助。

黎明时分我们终于开进了沙市的城门。为寻找过夜的地方，我们在城里转了很久，终于在中国国家银行大楼的旁边看见了中国记者的车，他们是同我们一块离开汉口的。原来，银行的大楼是给难民们过夜的。所有的桌子都被占了，在一处瓷砖地上我倒下后立刻就睡着了。

10月28日我们到达长沙。日本人每天从早到晚都在轰炸长沙和通往长沙的道路。我们好不容易找到中央通讯社的大楼。在这里我们与从汉口疏散来的所有记者临时挤在一起。必须要发电报与莫斯科联系，通知自己的"地址"，写下接下来的计划。我们在城外找到电报大楼。我勉强在一张处在嘟嘟响的电报机中间的桌子的旁边坐下来，给《消息报》发了一篇通讯稿，又给新闻纪录片厂和家人发了一封电报。

长沙能支撑多久？这个问题大家都感兴趣。有人说一个月，有人说6天。

昨天蒋介石及其司令部也到了长沙。12点，我拍摄了他。司令部答应对我立刻上前线的请求给予完全协助，并给我派一个能够在陌生的地方正确判断方向的军官。

上面公布了3天之内长沙完全疏散的命令。所有的商店都关门了。白天好多次在城市的上空出现了日本飞机。

长沙空了。晚上，街头上走着一队队士兵，驶过一列列车队。在十字路口的篝火旁边坐着和躺着伤员。有些篝火就点在被遗弃的小商铺里面。他们坐在火边，互相包扎着伤口，拖着声音唱着凄凉单调的歌曲。

通往火车站的地区已经完全被炸毁了。这里一片荒凉。灰色的废墟散发出无可幸免的感觉，在废墟中徘徊着受伤士兵孤独的身影。

在站台上停着一列长长的火车，火车头上只现出烟囱。整列火车都挤满人——缓冲器、车厢顶、台阶上，连机车的车灯上都坐着人。

站台变成了一片身体蠕动的灰色地毯，伤员们横七竖八地躺着，呻吟着。

拍摄这个场面比拍摄轰炸、火灾的场面还要沉重。在这里，在这个车站上，你会如此强烈地感觉到这么多人毫不掩饰的痛苦！在车厢顶、缓冲器上占有一席之地的人坐着等几小时,等待着火车开动。他们坐着不再下来,因为他们一离开位置就会被别人占去,他们就会留在空城中、死亡的废墟中。

一个欧洲人拿着吱吱响的电影摄影机很引人注目。我一边拍摄一边回忆起我们在革命初期拍摄的历史文献画面:也是这种被半毁坏的车站,在火车顶上的大堆人的身体……我紧紧地握住手里的机器,拍下一个长长的全景。

我们的人民尊崇过去,尊崇在饥饿的、遭到毁坏的国家中自己所走过的英勇道路。因此我们苏联人比任何人都善于理解和尊重为生存的权力而进行战斗的人民的痛苦。

获得胜利的中国人民会在某个时候从新生的国家的档案中取出这卷电影胶片……

黄昏降临到这座空城,灰色的乌云笼罩,下起了凄凉的细雨。过几小时我们也会离开长沙。当天已经黑下来的时候,在城外很远的地方,越过重重障碍,我找到了电报局。一个戴着眼镜身穿丝绸长衫的干瘦老官员用蹩脚的英语礼貌地声明,他不能担保把通讯稿发到莫斯科。电报局是从市中心三层楼的大房子迁到这里的。

"您马上就能看到我们是怎么工作的。"

他把我领到有几张桌子的屋子里,桌上几十部电报机紧紧地堆放在一起,嘟嘟响着。借着小煤油灯的光,那些筋疲力尽的报务员们弓着腰坐着在收发电报。

他们给我让出了桌子一个很小的角落,给我安了一台啪啪响的打字机。要在这种环境中不打草稿写一篇长长的通讯稿,还得直接在电报纸上用一个指头敲着拉丁字母打出来,简直是地狱般的劳动。这样工作了两个小时——那位官员接过电报纸,答应做他能做的一切。

这天夜里,在我们上了前线之后,长沙发生了大火灾。知道这事之后,我确信我的通讯稿丢了。直到后来我才弄清楚,就在这天夜里莫斯科就收到了这篇通讯稿,并且刊登在《消息报》的晨刊上。

我们又回到司令部,以便找到陪我上前线的军官。在临出发之前发现马达有点问题。我在黑暗中捣鼓了半天,拆了汽化器,检查了点火装置,直到半夜,才把汽车弄好,开动了。

我用车灯久久地搜索狭窄的道路，并询问迎面而来的士兵。我要找到我需要的方向，我开上去汉口的公路，驶过了长沙最后的郊区——这座城市注定了在这个夜里就要变成一堆冒烟的灰烬。

……

几天后我们告别了汽车。我们用砍下的小树把汽车盖住，然后走出 30 来步，非常注意地看了很久，竭力想发现它。几个星期来，我真的喜欢上了自己的小车，它使我摆脱了与日本政权遭遇的命运。我甚至原谅了它的不足：有点任性，非常耗油，但是跑得很快。

最后看了一眼吞噬了小汽车的灌木丛，我们骑上个子很矮的中国马，踏上了通往前沿阵地的遥远之路。

我们每天在山间小路上走三四十公里，经过了集团军司令部、军部、师部、团部，渐渐靠近了中国防御阵地的前沿。

在山里黑暗突然降临。火红的太阳刚刚隐藏到青山之后，眼睛就很难看清狭窄的山间小路了。向导手上拿着一个灯笼，我们徒步继续漫长而艰难的路程，在农民的房子里过夜。野战指挥部就设在这些房子里。

在没有云彩的天空星星很亮。它们倒映在水稻田椭圆形的“镜子”里，从棕榈树和竹子非常精细的轮廓中细细的一弯月亮慢慢地爬了出来，将柔和的月光洒在被飘浮的雾霭包围的田野、山冈和山谷里。

这里的风景白天惊人地美，月夜则让人惊慌。在黑暗中常常传来尖尖的吆喝声。要区别树丛和战士的身影，询问是谁，去哪儿。在这里，离前线很近的地方，间或能够听见短促的机枪声和其他武器的嗒嗒声。

黎明时分我们终于到达了中国的前沿掩体。从这里用望远镜能够清楚地看见日本人的阵地。甚至裸眼也能分清他们的掩体、高山斜坡上的掩蔽部。有一条山谷把我们和这座高山分开。这几天日本人偷袭过好几次，但全被击退了。现在双方正在进行对射。日本方面进行机枪扫射和步枪齐射，他们的子弹从头上飞过，打掉了树枝。中国战士克制地用机枪和步枪火力回击他们。偶尔在山里也响起大炮射击的轰隆声。

在军人中很少有人争论一个人是否能够忘记向在头上呼啸而过的敌人的子弹鞠躬的坏习惯。第一颗子弹在我耳边呼啸而过，迫使我非常有力地回答了这个有争议的问题，我抱着摄影机蹲了下来。

连续两天两夜我不断地拍摄着战斗活动、在前沿阵地战斗的战士们的日常生活。

部队的指挥员和政治工作人员对苏联电影摄影师非常热情和非常客气。这已经不是出于中国的礼节，而是出于真正的友谊和对一个苏联公民的好感。日本飞机一天好几次飞到这里来，它们就像苍蝇一样惹人讨厌，在中国的掩体上俯冲，用机关枪扫射。但这些飞机的飞行效果并不很大。中国战士很善于伪装和躲在掩体里，几乎没有遭受到多大的损失。日本空军的重型轰炸机已经连续几天转为轰炸铁路。

在那边日本人炸铁路轻易得手。而在山里中国军队的抵抗非常有力，每一步日本人都要付出惨重的代价。中国人经常在夜里离开掩体，进行积极有效的突然袭击，抓俘虏，缴获军事装备，打死从掩体出来的日本兵。

日本人不敢到远离道路的地方，他们知道在那里等着他们的是灭亡。他们小心翼翼地沿着公路慢慢推进，不可能保证自己的侧翼。在很多地方中国军队并没有后退，而是留在了山里，让过沿公路行进的日本人，然后他们在后方继续进行游击战争。让给日本人的一段段道路都事先破坏了。我不只一次看到战士和农民认真地彻底破坏混凝土公路，拆除和烧掉桥梁，拆下和运走电话线，推倒电话线杆并在大火中烧掉它。

住在公路旁的农民毁掉了自己的菜园子，烧掉了自己的房子躲到山里去了。目睹这一切，你会确信，日本人是以多大的代价侵入到这空空如也的狭窄地区，在这里一切都被毁掉了，运走了，烧毁了。要重建道路、架起桥梁、修起房子需要多少钱啊！

日本人沿铁路线进攻的情景也是如此。中国人全部开走了能够动的列车，拆下了铁轨和枕木，烧掉了车站，毁掉了电报通讯，炸毁了多孔桥梁。日本人把铁路线变成了公路，进攻速度越来越慢。中国统帅部现在得到情报，日本人把整个夏天在中央战线作战减员过半的107师、106师和第1近卫师调到后方，日本人在别的所有战线上的进攻都明显地慢了下来。

同时中国人保存了自己的实力、自己的军队、自己的战斗精神。中国军队高昂的战斗精神不是一句空话。我同很多指挥员和战士都谈过话，谈了很久。

日本人在几条战线上的进攻并没有影响到他们的情绪。指挥员清醒和冷静地评价自己的力量。他们对日本人孤注一掷和越陷越深的疯狂感到奇怪。

部队指挥员非常好客。他们很遗憾不能给客人提供便利的交通工具和必要的舒适条件，这种舒适条件在这里，在战争的环境下，我想得最少。

在师部，我们在吃农家晚饭（米饭、炒的肥猪肉丝）的时候，还用陶瓷小酒杯喝了最浓烈的米酒，而我们的谈话一直持续到深夜。

他们向我打听苏联的情况，打听我们的文化、我们的工业增长、国际形势。

一个年轻的师长给我讲了台儿庄附近前所未有的大败日本人的情况。他参加了这场战役，在右翼指挥军队。

他讲了抗日战争的现今阶段。

“我们有些军官脑袋发热，不满中国军队的退却。他们以为现在可以进行决定性的打击，切断日本人的后方，消灭他们。但绝大多数中国军官思想是清醒的。”

在我离开长沙去前线的那几天城市疏散了。一个大城市的50万居民狂潮般地涌进了山里、农村。夜里在城市上空出现了火光。一些汉奸在城里的不同地区点燃了几十座房子。一个消息像闪电一样传开了：

“日本人到城门口了！”

火灾笼罩整整几个街区，很多街。多层高楼也燃起来了。一望无际的火海猛烈地燃烧着……

火烧到水边的码头，码头上站着没有来得及离开城市的人群。迅速将他们全部渡到河对岸的船不够，很多人跳入水中，被水冲着往下游……一个老人央求将他运走。

“我两个儿子都在前线牺牲了。这是我所有的钱”，他举起手里捏着的一沓纸币，“我把钱给你们，把我带走吧”。

在河岸上，由于火灾房子的玻璃开始脱落……

我回到长沙已经是火灾之后了。汽车慢慢地沿着街道行使。就在不久前还是熙熙攘攘的大城市，现在被毁灭了，景象惨不忍睹。几百个士兵和工人在清除街道上的原木、石头、被烧糊的电话线桩子。成堆成堆的人在看张贴出来的政府呼吁书。呼吁书号召工人恢复成为奸细破坏活动的牺牲品的城市的正常生活。

在司令部我碰到了周恩来。他因清晨的寒冷而瑟缩，沿着这座郊外花园洋房的小路踱步。根据蒋介石的命令，他领导一个委员会调查长沙火灾的原因。

……

从长沙到H市有120公里。需要夜里行使。我特别担心在渡口遭遇日本飞机，在那里排着几十辆汽车等着渡河。不久前日本飞机将H市夷为平地。它们连市郊古老的庙宇也不放过。在轰炸的时候几十个人逃向庙宇，他们很多人就死在寺庙大院墙的废墟下。

军事学校的大院子被着力伪装后变成了一个茂密得无法通行的森林。学员们从山上砍来几十棵松树和枞树，插进地里，院子布满了针叶树枝。国民革命军的指挥员从四面八方来到这里交流经验，进行总结，初步确定继续斗争的途径。

这里聚集着指挥各地区军队的司令员、军长、师长、旅长。

研讨会是拂晓开始的，开到天亮，休息后，到傍晚又重新开始。

指挥员们谈到了敌人的弱点，敌人最薄弱的地方。敌人害怕天气不好，夜里不能在山里战斗，也不能在远离交通线的地方战斗。日本兵对艰苦的忍受力不强，没有大炮就不能战斗。他们在一个据点集中力量，不能保障与后方的联系，游击队在后方狠狠地打击了他们。

在讨论中国士兵的素质的时候，所有的发言人都指出他们具有很强的忍耐力和勇敢的品质。国民革命军战士没有炮火支援也能够在丘陵地带打仗，很容易转入毁灭性的白刃战，而日本人通常承受不起这种打击。

指挥员们也注意到自己部队的不足，谈到必须加强部队的侦查能力，使各种武器的协调配合更加有力，改善对战士们的医疗服务。

突然响起了空袭警报。大厅里的所有人都站起来，指挥员们不慌不忙地离开，他们经过院子，去了大楼周围的山中。每个人都知道，他应该进哪一个防空洞。在防空洞里，人们仔细听着马达的轰鸣声。在这一次空袭中有15架轰炸机飞过头顶，它们没料到在它们脚下有猎物。

夜里，几十辆插满绿色树枝的汽车把指挥员们运走了。指挥员们匆忙地互相告别后分赴前线。

夜里乘轮渡过河之后，我们进入了广西省的地界。巡查队的姑娘和小伙子们仔细地检查所有过界的车辆，久久地查看证件。

这是什么样的大自然啊！多么神奇的群山……

成千上万根直冲云霄的石柱一直延伸到天边。它们清楚的轮廓融化在遥远的蓝色雾霭中。这一奇妙宏伟的景色就像画家再现神秘的大西洋梦幻般面貌的画。广西人援引科学资料断定，广西省在某个时候其实是一个海洋的底部，这些石柱是深水水流冲刷而成的。

在很多山里都有洞穴。我们沿着其中一个走了几公里，每一刻都沉浸在惊叹之中。真的是神话般的场景——宏伟的地下城堡、圆柱、拱门、瀑布飞落而下的深谷。

广西人把这些山洞和迷宫都利用起来，他们在这里躲避空袭。

这里的女人从来没有缠过足。她们与男人一样在地里干活，搬重东西。这种情况在湖北或者湖南是很少见的。不能不欣赏身材匀称、身体健康的广西女人。在蓝色的头巾下面，在象牙般白净的脸上一双黑眼睛闪闪发光，一双肌肉强健、有力的手划着船上沉重的桨。她们挑着沉重的蔬菜筐矫健地步行。广西妇女很会打枪，很容易就承受住军事生活所有的艰苦。

广西人天生是军人，就是在和平时期也没有放下武器。从战争的第一天开始广西就给国家献出了最好的儿女。谈到他们的勇敢、组织性、高度的战争意识和忍耐性时，有机会看到广西军队作战的军事专家们都极为赞赏。他们参加了击溃日本军队的著名的台儿庄战役。在 1938 年 5 月徐州城下的战斗中广西第 48 师与兵力占有优势的敌人进行了 20 天的连续作战，保证了中国主力部队的突围。

每一个村庄、每一个县，现在都变成了作战单位。这几个星期都紧张地等待着敌人的进犯，在农村从来没有这样积极地进行过军事教育。

除了正规的广西军外，还有 15 万多名学习过军事的游击队员，他们被武装起来并由有文化的指挥员指挥，做好了战斗准备。在广西的农民家中枪是私人财产。枪被精心保护，擦得很干净，非常被爱惜。流动枪械补充队不久前对武器进行清查和登记，注册了 17 万支好的新步枪。农民那里一共有 70 多万支完好的射击武器，其中包括左轮手枪、轻机枪和重机枪。这一切都是准备好参加战斗的自卫队的私有财产。

今天的农民，明天的游击队员，每天收工后都进行几个小时的军事训练。全省分为11个游击区，每个游击区都有几个县或者许多村庄。村与村、县与县、游击地区与指挥中心——广西第五军司令部——之间都有畅通的电话联系，只要信号一出现，每个农民战士都拿起步枪进入预定位置，游击队会进入山里，协同政府的正规军打击来犯敌人的侧翼和后方。

女人也同男人一样。成千上万的广西女子接受过军事训练。她们中很多人手里拿着武器与男人并肩作战。大部分妇女组织起辅助前线的服务队——卫生队、粮食队、通讯队、政治队等等。

很多女子在军事学校学习。我看过女子营的野战战术训练。17岁到24岁的姑娘们穿着发的战士服装，在烈日炎炎的白天经过长途山里行军之后，在沟壑纵横的山区条件下发起进攻。在这些训练中她们表现了非凡的忍耐力、铁的纪律，展示了步枪射击的优异成绩。

当宣布要为一所军校挑选学员后，男女青年们递交了1.8万份申请书，结果挑选了4500人。在两个月的时间里，学员们每天进行10个小时的课堂学习和野战训练，一周一次夜间野战训练。学习结束之后，现在他们分成小分队，奔赴全国的战场去进行军队的辅助工作，在必要的时候，也拿起武器作为战斗部队参加战斗。

……

在武汉失守之后，广西省的主要城市桂林成为最大的文化中心。很多艺术家、记者、作家都来到这里。今天人们给我介绍了现代中国的大作家郭沫若。郭沫若是“创造派”的理论家之一，这个学派还在1920年就联合起了中国文学最革命的力量。

晚上在桂林的主要街道很难通行。在城市唯一的电影院所在的十字路口上，站着大群大群的人，在电影院的门上贴着一幅巨大的肖像，是微笑的伏罗希洛夫[①]在检阅部队。

在伏罗希洛夫的头上飞机在翱翔，下面画的是重型坦克、重武器、战列舰。

在城里第一次放映苏联电影《如果明天发生战争》。所有的票一早就被抢购一空。几个警察枉然地试图维持电影院的秩序，门口有几百人竭力想进去。在放映厅里人们两个人坐一把椅子，过道上都坐或站满了人。灯灭了。电影是俄语的。在银幕旁边有一个小银幕，用幻灯片在上面打出中文字幕。

当银幕上出现斯大林同志的时候，放映厅里爆发出第一次鼓掌和欢呼声。后来电影一直在不停的掌声和欢呼声中放映。展示红军的技术和粉碎敌人的情节引起了暴风雨般的欢呼声。

胶片被严重地磨损了，经常中断，声音也不好，银幕是黑的，尽管如此，电影还是大获成功。

中国观众非常喜欢苏联电影。几百万人看过《夏伯阳》、《我们来自喀琅施塔得》、《沃洛恰也夫卡的日子》、《彼得一世》、《波罗的海舰队的军人》、《马戏团》、《列宁在十月》。

非常遗憾所有的苏联电影至今都只有一个拷贝，一直放映到完全损坏。但是观众们认为即使磨损成这样的影片也好过那些有电影明星参与的声音很好但内容贫乏的美国影片。

中国观众对苏联的纪录影片，特别是表现苏联红军威力的新闻纪录影片非常感兴趣。放映美国大片的中国电影院，经常挂的不是美国大片的广告，而是列入放映计划的300米长的苏联新闻纪录影片的广告。

离电影院不远就是城里的主要剧院。今天里面在举行有音乐天赋的青年业余音乐家的音乐会。安静的听众听着肖邦的夜曲。一个身穿军装的小伙子拉得非常好，半闭着眼睛，把剪得很短的头侧向小提琴——他军事行动中形影不离的伙伴。在小提琴演奏之后中学生和大学生合唱团演唱了抗战的新歌曲。这些歌唱人民的斗争和苦难的歌曲有时候沉重、悲戚，有时候雄壮，嘹亮。童声合唱很响亮，大声地唱着游击队之歌《呀—嘿》！

---

① 伏罗希洛夫（К. Е. Ворошилов，1881—1969），苏联元帅，曾担任人民委员会副主席兼国防委员会主席。——译注

我们是游击队员，呀—嘿！
保卫着自己的祖国，呀—嘿！
我们是农村庄稼汉，呀—嘿！
谁愿意做奴隶？呀—嘿！
我们要赶走日本人，呀—嘿！
成为自由的人，成为快乐的人，呀—嘿！

剧院挤得满满的，响起了雷鸣般的掌声。歌声穿过打开的窗户，飘到挤满人的街道。经过剧院旁边的身穿军装的广西青年应声唱起来：

成为自由的人，成为快乐的人，呀—嘿！

我离开了广西省。我面临的是去长江上游城市重庆的漫长道路。

一路上，直到贵州的边界，我们都不断遇到大学生队伍，他们全副武装进行战术训练，射击，操练，进行队列训练。

道路进入到贵州山区。有时候云彩在脚下很远的地方，道路是几年前修建的。在高高的峭壁上竖立着方尖碑纪念这条交通要道的建设者：因为中暑、疾病和塌方而牺牲的工人们。

这些山里隐藏着无数的宝藏。农民背着背篓，背篓里是发光的蓝色石煤，煤层来自地下，一直分布到地表。

将来某个时候这里会架起冒烟的高炉，火车拉着矿石、煤矿、金属在隧道中穿行，山间瀑布冲击着水电站的发电机组。而今天这些无数的矿藏中的一点点煤温暖着用原始木犁耕种的穷人简陋的房子。

又是一道边界，我们离开了贵州。我们从灰色的云遮雾绕的岩崖下到物产丰富的四川盆地。很多果园，一望无际的稻田被云雾覆盖。我们从长沙已经走了2000公里了。通往长江边的道路非常陡峭，在河湾后面兴建起一个灰蒙蒙的大城市——中国的首都重庆，它像悬在江上一样，沿着山冈延伸。

新年前夕，重庆的街头非常安静。音乐只是从外国使团和国际俱乐部的窗口传出。

音乐与低沉的爆炸声交织在一起。城市已经习惯了不断的沉重打击。在岩崖中挖好了很深的防空洞。

晚上汪精卫发表叛变声明的消息传开了。

《新华日报》写道：

“汪精卫发表叛变声明，在汉奸名单上列上自己的名字。汪精卫提议对日‘媾和’，是勾结占我领土、坏我独立、杀我孩子、奸我妇女的敌人(的行为)。

汪精卫同意与日本人建立‘友谊’，给他们提供权力，让日本军队进驻内蒙和中国的重要城市，从而把中国变成日本的殖民地。汪精卫打着与日本进行经济合作的幌子，他想让中国受到日本的经济奴役，把中国变成日本人的殖民地。国民党中央开除汪精卫的决议会得到全中国人民的支持。这个决议对汪精卫的所有追随者是一个及时的警告。我们坚信，通过消除这种叛变行径我们更会加强抗日战线，巩固内部团结，加强国家的实力，保证尽快将汪精卫的主子——日本军国主义者——从中国领土上赶出去。”

1月1日晚上，重庆街头挤满了成千上万的民众，青年人的队伍。游行队伍举着火把，唱着战斗歌曲，呼喊着口号：“打倒把自己的良心和我们的鲜血出卖给敌人的汉奸！用一切力量与敌人进行斗争！”

游行一直持续到深夜，城里的交通全部中断。

重庆这个巨大的城市几乎总是被潮湿的雾笼罩着。

这个冬天有很多次空袭警报。市民们倾听着马达的声音。日本飞机受到大雾的影响没有达到目的。

汽笛声响了两次。又来了吗？

第一次警报之后，人们急急忙忙往最近的防空洞跑去。人力车夫和高级轿车都加快了速度。20分钟后响起第二次警报，警察中断了交通，街上空空荡荡，能够跑到防空洞的每一个人都在等待自己抽彩票的命运，赢了就是生，输了就是死。对没有躲进防空洞的人来说，机会是一样的。日本人的轰炸没有选择。大家都知道，在城市里没有军事目标，袭击的主要任务就是“精神作用”。

首都拥挤不堪，居民接近100万。城里有很多孩子、学校，但是防空洞太少。城市不安全。巨大的面积不可能让市民很快地离开。这里也没有国际租借地、外国租界。我想，其实也会轰炸到“旁人”，直到大使馆。

昨天上午雾散了，中午又响起了警报。电话通知说，有 27 架重型轰炸机正在向重庆飞来。

在死一般的寂静中，人们屏住呼吸，倾听着。

看着孩子我特别心疼。在我们的院子里他们叽叽喳喳的一大群——我的小朋友们穿着同样的蓝色小长衫，附近没有防空洞，孩子们无处躲藏。他们挤成一堆，紧靠在石墙下，也在倾听着。他们非常了解危险，张得大大的眼睛里是面对着临近的无情的死亡的一种绝望的恐惧。

“来了！”

起初从遥远的地方传来难以捕捉的轰鸣声，后来轰鸣声越来越大。已经有 54 个马达在头顶上什么地方吼叫。透过使眼睛发花的乳白色薄雾看不清楚飞机。日本人却清楚地看见这个巨大的城市—打靶场的轮廓。

就像一阵狂风把高大的树都刮向地面，突然响起了旋风般的呼啸声，这是炸弹冲向地面。第一轮轰炸击中邻近的街区。

人们趴在地上，互相挤在一起。第二轮、第三轮、第四轮……炸弹又旋风般地打击地面。

高射炮透过薄雾不断向看不见的空中火力点还击。突然它们安静下来，飞机的轰鸣声中又插入新的音符，这是歼击机的马达声。它的轰鸣声越来越大直至狂嚎，随后被机关枪扫射的嗒嗒声所淹没。

一切还是照旧隐藏在薄雾中。在那里，高空上正在进行空战。中国歼击机的航空大队打击了日本人。

空战远离城市，但是解除警报的笛声久久没有拉响。

据官方资料，在这次轰炸中炸死了大约 400 人。一架被击中的日本轰炸机掉在长江南岸。日本人向重庆城投下了 50 多颗炸弹。

今天还在从房子的废墟中挖出残缺不全的遗体，死者很多是孩子。

报纸今天报道了详情：一颗炸弹落在一个公共食堂，里面挤满了建筑工人、港口工人和苦力。这颗炸弹炸死了 40 人。有 60 人死在一间拥挤的手工作坊，在市中心。

除了重庆之外，日本飞机昨天还轰炸了昆明、潼关和南洋，扔了 100 多颗炸弹。

昨天是日本人第一次空中打击中国的新首都。

今天早上已经接到通知，有 60 架轰炸机正在向重庆飞来，在半路上碰到厚厚的云层，又折回去了。

中国的冬天快结束了。重庆迎来了第二个战斗的春天。已经有几天相当热了，人们因为潮湿的炎热而痛苦不堪。然后又下起了滂沱大雨，城市又重新被笼罩在厚厚的云雾之中，透过云雾太阳像一个游动的暗白色斑点，时隐时现。

重庆同全国的联系非常紧密。你每天都能遇到刚刚从最遥远的战斗前线来到这里的人们。他们还没有抖掉弗伦奇军装上的尘土，就倾诉自己对战争的印象。这些人在这里待不了多久。他们的汽车被涂上保护色，敷满了泥土，出现在重庆喧哗的街头，过几天，他们就已经奔驰在通往东西南北的道路上，开往前线。

重庆还在战前就开始成长和发展了。它被称做进入四川省、贵州省、云南省和西康省的“大门”。现在当它成为中国的首都、中国的政治和经济中心之后，其发展的规模和速度在中国城市中是前所未有的。在市内正在修建几十幢新房子，开辟新的街道，扩建和改建供水系统，新的自动电话站投入使用。

战争不仅没有破坏四川的经济，而且相反，促进了它的发展。由于大量的工厂搬迁到这里，需要原料，出现了开发四川省自然资源的需求。大量的煤矿、金属矿在战前都没有动过，现在很多县都已经在开采煤和铁矿。地质勘探发现了四川有好几个地方都有石油，至今中国还没有开采过石油。棉花和水稻的种植面积也极大地增加。贸易增长了。公路把重庆与长沙、贵阳、桂林、昆明连接起来。

重庆有 10 所大学：国立中央大学、复旦大学、国立药学专科学校等，还有很多其他各种各样的学校。

在成为政治中心和交通枢纽后，重庆还成为贸易和工业中心，国家进出口贸易的中心。城里有 21 家银行，其中有中国中央银行、交通银行、农业银行等。除了大银行之外,还有 36 个银行办事处,负责地方的贸易和工业。

昨天我去了重庆的郊外,看了几个工厂。在一个已经看习惯了苏联的大型工厂的苏联人眼里,这些企业并不大,但这并不影响他赞赏它们的发明创造能力、进取精神、创造精神。这些都被中国工程技术人员和技术工人投入到对生产过程的掌握之中。

所有这些笨重的车床都是在敌人的鼻子底下从上海、南京、汉口用纵帆船运来的,沿着长江运了几千里路,是人用肩膀把它们抬进这些新大楼的。300 多个大型企业就这样迁到了内地,其中一半运到四川。并不是一切都成功运出来了,缺很多东西。缺的东西就在这里、在当地靠自己的力量生产。在一座工厂我们看见两个电炉,一个昼夜要炼 6 吨钢。两个电炉都是这座工厂的工程师和工人建起来的。成为模板的美国电炉留在了上海。但这些电炉并不比美国的差。国家要铺设新的铁路所需要的钢轨,现在也是由这座工厂(尽管没有轧钢车间)铸造,就在这座工厂工人利用自己的力量生产出了复杂精细的刨床。

对金属的需求迫使当局立刻着手利用当地的矿石资源。一个工程师骄傲地给我们展示了用铁矿石炼成的生铁。在不远的山里找到了无法计量的铁矿石。

在车间里,很多能干的青年人开着不久前才生产出来的车床,创造了非常高的生产指标。

我们沿着中国的道路继续赶路。偶然在城市和乡村停下来的时候,汽车被孩子们和成年人围起来。他们打量着汽车,默默地从四面八方摸着满是尘土的汽车,他们想满足自己了解技术知识的渴望。人们愁眉苦脸地看着欧洲人,但我得微笑,同他们谈话——于是他们的脸上绽放出笑容,令人难堪的不信任一扫而光。人们努力与我谈话,孩子们大声取笑我的汉语,而老人们赞扬地竖起大拇指说:“很好。”

在村庄周围夯实了的土操场上,一些新兵在操练。大部分人在做队列训练,中国军队很重视这一点。战士的队列训练要做到完美,但往往要影响对射击技术的掌握,影响战术训练。军事训练的空余时间,战士们也打排球,打篮球。

很多人在学习军事。很多年轻的农民——新兵——沿着道路走向集合点。

我们向北去。我们还在四川境内,但城市的风景和面貌在逐渐发生变化。这已经是中国的北方了。水稻田让位于小麦田。风在无边无际的平原上刮得尘土飞扬。在道路上空,在稀少的、用黏土修建的村庄上空扬起一团团尘土。城市之间隔得很远。城市都修筑了高高的黏土城墙。在包着铁皮的巨大城门旁站着哨兵。在抽穗的麦田中间孤零零地竖立着石碑,那是古代的坟墓。

经过坟墓的时候,在飞扬的滚滚尘土中,干燥的草原之风向我们迎面刮来,我们进入到陕西省。

返回祖国的日子临近了。我们最后与中国朋友们——记者、电影摄影师、作家、军人——相会。他们请我转达对伟大的友邦的问候,他们满怀决心继续战斗,把自己的一切力量贡献给祖国的抗战事业。他们正在拟定创造性的、建设性的实际工作计划,要把国家从敌人手中解放出来。

重庆进入了夜里有月亮的时期。现在日本人夜间也飞到重庆上空。

深夜警报驱赶着人们跑向在岩崖上挖出的防空洞。日本人的飞机是从汉口机场飞来的。这是远距离的空中袭击,在警报之后是久久的折磨人的等待。

在城市高高的山冈上苏联大使馆的红旗在飘扬。白天,当你乘飞机飞近重庆时,很远就能看见这面红旗。从这里,从使馆的阳台上,能够把重庆城看得一清二楚。它没入昏暗中,静静地等待着打击。圆圆的大月亮那惨白的光芒照亮了城市伸延开的山冈,照亮了覆盖着雾霭的长江那宽阔的河湾。

寂静中,在某个地方,一辆大卡车在市里开过,响起了警察的叫喊声,远处响起一声枪响。蝙蝠好像感到某种惊恐不安,在头顶上飞来飞去。

这是城市第三个不眠之夜。成千上万的人在潮湿的防空洞里坐了 3 夜了。那里没有地方转身,疲惫不堪的人们简直是彼此躺在别人的身上,带着孩子,带着老人,大家默默地忍受着。几乎所有的市民都得到防空洞保护,但谁也不知道,明天他是否能够找到自己的家,或者代替家的是一堆冒烟的废墟。

轰炸机中队的马达轰鸣起来。还看不见它们。探照灯在天空中搜索。当第一架飞机被探照灯照着时，高炮营就开始打击。射击声与轰炸机第一波炸弹的爆炸声混在一起。

日本人轰炸重庆郊区，目标是工矿企业。高射炮不响了，歼击机投入战斗。轰炸还在继续，现在爆炸的隆隆声伴随着机枪扫射的嗒嗒声。在星空中射出的曳光弹形成一条条光线，这些光线像蜘蛛网一样挂在进行空战的那片天空上。

日本人的飞机遭到密集的炮火攻击。中国的歼击机已经掌握了夜间空战的技术。突然在漆黑的夜空爆发出一团火焰，像一颗彗星冲向地面。燃烧的轰炸机坠落在山后面，那里冒出一片明亮的火光。头顶上还在隆隆着响。敌人新一拨飞机又向重庆飞来了。

这是我在重庆度过的最后一夜。

上午中国航空公司的客机从长江边上一个椭圆形的近岸浅滩起飞，正对着市中心。飞机在城市低空盘旋一圈，从飞机上看得见夜晚轰炸的结果——郊区还在冒烟的废墟。昨天的空袭日本人也付出了惨重的代价：他们损失了3架轰炸机，都是被中国的歼击机击落的。

飞机开始慢慢地爬高，我们前面的道路有很多大山隘口。四川的丘陵、水稻梯田都在下面远去，飞机陷入炎热的空中烟雾之中。

明天我在中国工作就满一年了。现在我坐在椅子上，看着正在远去的群山，看着遥远的前方一排排雪山的轮廓。我一直想着这个国家，在心里给自己的工作做总结：11个省，2.5万公里路程，10公里长的已经拍摄的电影胶片。

在我最近几年的电影考察中这是最艰难最复杂的一次。战争笼罩着一个我不熟悉的国家辽阔的国土，需要在拍片的同时研究这个国家，研究它的习俗、斗争方法，预见到事态的发展，研究复杂的非常难的语言。

……

在下面什么地方，在云彩的间隙中闪过一条细细的带子。

中国的长城！

看着长城我明白了，关于中国的这部电影应该取名为“长城”。这部电影不是讲述绵延几千公里的一堆堆砖，长城并不能守卫和保护伟大的民族不受屈辱和贫困，不受到一大帮殖民主义者的入侵，不受到高利贷者、人口贩子、冒险家和武装强盗的入侵。

现在整个中华民族已经奋起，联合起自己的力量。几万万中国人肩并肩已经成为一座长城，为自己孩子的未来、为生存的权利和独立的存在而奋斗。

蜿蜒的中国长城早就看不见了。再过几个小时飞机的轮子就要触及苏联的大地。从飞行员的座舱里望出去远处是一片蔚蓝的天空。飞行员向前面伸出了一只手，在蔚蓝色的山谷中我看见像细细的银色带子的河流和灰色的房子。

飞机慢慢地摇晃着“翅膀”，向苏联的边防军致意，给我等候已久的祖国送去了问候。

1938 年 9 月—1939 年 9 月

第四编

新生的国家(1949—1956)

新中国的清晨

K. 西蒙诺夫

康斯坦丁(基里尔)·米哈伊洛维奇·西蒙诺夫(Константин (Кирилл) Михайлович Симонов, 1915—1979)是诗人、小说家、剧作家、记者、政治活动家和社会活动家。他的战争抒情诗《等着我吧……》、中篇小说《日日夜夜》、长篇小说三部曲《生者与死者》等在中国影响很大。他曾6次获得苏联国家奖,历任《文学报》、《新世界》杂志主编,苏联作家协会副总书记。在1949年秋天,他起初作为第一个苏联文化友好代表团成员,随后又作为《真理报》的军事记者访问了中国。他出席了1949年10月1日举行的中华人民共和国开国大典,随后在中南海受到毛泽东的接见,毛泽东亲自安排他到了歼灭白崇禧集团的衡宝战役、广西战役前线,他在名为《战斗着的中国》(莫斯科,1950年)的书中讲述了这些经历,下面发表的就是这本书的片断。

序 言

1949年秋，我作为苏联文化友好代表团的成员到过中国。代表团在北京出席了中华人民共和国的开国大典，随后访问了上海、南京、济南、天津、沈阳、哈尔滨等等城市。我们参观了中国的工厂，了解了中国农村的生活。我们多次出席了成千上万人参加的集会，参加这些集会的有中国的工人、农民、军人、知识分子、大学生和中小学生。这次旅行给我与我们中的每个人一样留下了永远的追忆。这是关于一个伟大的国家和一个伟大的民族的回忆，这个伟大的民族在那些日子里，完完全全感受了人的全部欢乐中最大的一种——自由的欢乐。

写新中国，就是写它的共产党，写它的工人和农民，写它的知识分子，写它的军队。当你一想到最近这些年在中国所发生的革命、变革，一想到现在在中国正在发生着很多重大的、有趣的、值得加以研究和描绘的事情，头脑中就闪现出几十个题目。其中有许多可以独立成书，然而，大概只有出一个系列的书籍，苏联作家和记者才能成功地回答苏联读者——中国人民忠实的老朋友——所深感兴趣的许多理所当然的问题。

我只是尝试回答这些问题之中的一个：人民解放军是一支怎样的军队，它从前是怎样作战的，现在，在与国民党、军阀及其后台老板美国人斗争的最后阶段中是怎样作战的。

我意识到甚至关于中国人民解放军的一个问题所需要回答的，也比起在我的书中所写的范围要广泛得多，因为中国共产党所领导的中国人民解放军在中国革命史中起了巨大的决定性作用。写中国人民解放军的历史，就是写中国革命的全部历史。而在我的书中却只写了我所亲眼见到的事情，讲述了中国的同志所讲述的人民解放军过去的情况以及他们自己的军人生涯。

我们苏联文化友好代表团在中国完成了自己的工作之后，我作为《真理报》的记者到了中国人民解放军的一支作战部队。那时候（1949年10月—12月）这支部队正在华南进行消灭国民党军的最大兵团之一的战役。国民党军的这个南方兵团在战役开始时大约有30万人，占有广西全省、广东西部和贵州东部。到战役结束时，国民党军的这个兵团作为有组织的军事力量已经不复存在了。

我有机会亲眼目睹在中央战线地区(在广西北部)展开的战役的一部分情况,它结束于广西省当时的省会桂林的解放。

军队之路

1949年11月7日。夜晚,雨蒙蒙的漆黑一片。3小时前我们到达衡阳——湖南南部的一座大县城。我作为《真理报》记者,应中国同志们邀请,到人民解放军战斗部队中去采访,衡阳是预定要去的第一站。

衡阳从国民党军队手中解放出来已经有20天了。在华南作战的第四野战军的司令部就驻在这里。明天我将见到第四野战军的司令员林彪同志。

可那是明天的事。而现在我一个人坐在安排给我的县银行大楼的小房间里,银行里现在就驻扎着四野的政治部。

在下面,在窗口旁,一个棉衣上套着一件美国雨衣的哨兵,肩上扛着步枪,不慌不忙地来回走着,湿漉漉的刺刀闪闪发光。屋顶上和马路上淅淅沥沥下着南方的绵绵秋雨,它跟了我们一路。

我一天一天地回忆起我们苏联代表团在中国北方和中心地区的旅程——哈尔滨、沈阳、北京、济南、南京、上海。

我想起很多人参加的欢迎会和欢送会、白天和晚上在挤满人的礼堂里和露天举行的集会。想起千百双友好的眼睛中暖人心灵的光辉、千百次默默无言而有力的握手。习惯握枪的人们是这样握朋友的手的:不是在说话之前也不是在说话之后,而是以握手代替说话。

我想起在天津,有一个穿着蓝色工人装的中年人向我走来。显然,他刚刚开始学俄语。他看着我的眼睛,激动而困难地、然而却用心地说出俄语。他问:

"同志,请告诉我,你爱新中国吗?"

"是的,同志,我非常爱新中国!"我也激动地回答他。

我想起了那个代表中国工人在保卫和平大会上发言的姑娘。她用激昂的、略显嘶哑的男孩子般的嗓音清楚地说出每一个字。她气愤地皱着眉头说到自己过去的不幸,后来又讲到"在国民党时期"有一次她在上海看了一部电影《光明之路》,她喜欢这部影片,她希望自己也能那样工作和生活。可是在国民党时期这是不可能的,于是她就开始斗争。而现在,在新中国终于为工人开辟了这条光明之路。所以她是幸福的,所以她希望和平,也因此她在这里发言。

我想起了很多事情。可是正好在今天而且正好在这里,在这接近前线的城市里,我特别地想起了一切与军队有关的事情。

我想起了在从北京到上海的火车上的一位旅伴,他是一位看起来稍嫌年轻的矮个子团长,原是江西的农民,16 岁就离家参加了人民军队,37 岁就在军队里过了 21 个年头,开始是红小鬼——这里的司号员的警卫员。

我想起了那个不慌不忙地沿着台阶走上讲台的、上了年纪、身材不高而结实的、非常坚强的人,他的脸上布满深深的皱纹,像许多中国农民的脸一样。我想起在听了这人的开头几句话之后,全场的人都站起来,向他鼓掌欢呼了 10 分钟。翻译在鼓掌声中靠近我耳边竭力叫道:

"朱德同志说,在开始他的报告之前,他荣幸地宣布:'我们已经接到照会:苏联在世界各国中第一个承认了中华人民共和国!'"

我想起了上海的 13000 人参加的大会,在巨大的水泥观众席上只有一种颜色——军绿色。在观众席上坐着第三野战军的 13000 名将士,就是他们在春天强渡长江占领了上海。而这 13000 人一听到斯大林的名字,一听到"斯大林格勒"这个字眼,全都站立起来。

我最后想起了 1949 年 10 月 1 日——中华人民共和国宣告成立的日子。北京故宫城墙前的大广场,中国人民的军队连续两个半小时通过广场。

……

11 月 7 日夜里 12 点,我坐在衡阳城第四野战军政治部的一个小房间里,处在离开莫斯科的为期 16 天的行程里,如果中途不停下来的话。在离祖国如此遥远的地方,很难不想起莫斯科,在 11 月 7 日[①]这样的日子里不想起莫斯科完全不可能。

……

---

① 11 月 7 日是苏联的十月革命节。——译注

阴沉的11月的日子。雨已经让人绝望地持续了两个星期，就像肮脏的薄纱笼罩着道路两旁的稻田和湖南南部多林的高高的山冈。我们的卡车猛烈地轰鸣着，颠簸在通向西南通往桂林的路面很糟的公路上。湖南省南北长600公里，东西宽500公里，全省人口有3000多万，大米产量居中国前两位，被称为中国的谷仓。

在1925—1927年中国大革命时代，在湖南曾广泛开展过大革命运动。这一运动后来在邻省江西规模更大，正因为如此，在那里出现了中国最早的苏区。

有很多湖南人到这些苏区去，后来他们都成了团长和师长、中国革命的军事工作者和地方工作者。我曾问过不少参加过经过10个省的二万五千里长征的中国革命者有关他们的生平，他们几乎有三分之一说是湖南人。而在湖南这里，人们也以此自豪。

湖南人满怀钟爱之情谈到自己的省，谈到它的人和自然。的确，这里平静得有时甚至显得单调的风景，有一种特殊的美。在"谷仓"这一词汇中不仅包含经济的内容，还产生一种明显的直观的美感。

湖南人口稠密。红褐色的土墙村庄伴着深绿色的树林，时而在道路左边时而在道路的右边出现。稻田像台阶一层高一层地往上升，离道路越远就越高，沿着山坡往上爬。

这里每一小块地都耕种，使人感受到的不仅是农民的勤劳，而且是这些土地的宝贵。稻田里有水。每一块长方形的田都用田埂与更高的或更低的田分开，田里蓄着有时是一二俄寸深，有时候是半米深的浑水。

春天，这里为数众多的大江小河和溪流都涨水泛滥，到处可以看到很大的木制水车在转动，这种水车的形状和大小很像我们的文化休闲公园中的"自转轮"。它们逐步地把水提升到越来越高的田里。

水车是靠绞盘来转动的，绞盘上套以水牛和骡子，有时则干脆用手推动。虽然尽管周围都是树林和竹林，水车价格确实很低，可是农民非常贫穷，陷入欠租欠债欠息的境地之中，以至连这种简单的机械也往往不是农民的财产。在发大水期间，地主把水车以真正的掠夺性条件租给农民。在这里农民用自己收获的谷子偿付一切:付田租，农民自己的田只有两三亩(每亩约合1/16公顷),所产不足以糊口,只好租地主的田来补充;付水车费,农民靠水车用难以置信的体力劳动把水引到这块田里;付租用地主的耕牛的租金,农民要靠牛来耕田;还要偿还几袋谷子,这是农民在最为可怕的所谓"荒月"(指周围所有稻田还未成熟的青黄不接的日子)里借的。

要想象不久前这里缴付田租的条件是何等苛刻,读一读解放以前第四野战军在各处墙上张贴的最初的布告就足够了。布告上禁止地主收取超过收成35%的田租。可以想象,在解放以前,在这些布告张贴以前租金是怎样的了!

蒙蒙细雨。田里赤脚的农民在工作,他们每走三四十步(因为这是田的普遍长度)就大声呵斥水牛往后转,他们带着大斗笠,用椰树棕织成的红色蓑衣遮着雨,这种蓑衣很硬,像骑士的盔甲,样子很像齐腰截断的高加索斗篷。

水牛拉着独特的中国犁。犁头在水下走,在犁头下随着搅浑了的水翻起一团团光滑的、灰褐色的泥。

然而所列举的一切并不产生令人忧郁的印象。望着湖南的风景,你仍然看到的是中国的谷仓,它能够而且应该成为的不仅仅是全国商品大米的供给者,而且还简直是居民自己都有饱饭吃的省份。

最近几天和我谈过话以及现在和我一起行进的所有人的思想都坚信和乐观地向着未来,以至我在和他们一道望着伸展在左右的湖南的田野的时候,首先思考的也正是未来。

在停车场上我们警卫部队的战士下了车,活动活动腿脚,把短柄的几乎是平顶的木质花伞小心地撑在自己头上,在雨中散步。这些雨伞的样子和那穿草绿色军装、身挎自动步枪和木盒驳壳枪的军人形象是出奇的不协调。驳壳枪的枪把上还按游击队的老传统,吊着一小块红绸。

我们在一个大村庄边上停下来,在汽车周围走动,活动活动身体。司机走到离公路20多步的地方,用装过罐头的洋铁桶直接从田里打水来灌水箱,这时有两个农民走近我,看了我很久,然后走到一边去,显然在交谈对我的印象。

翻译听到他们的谈话后笑了起来。

"你笑什么?"我问道,"他们说了些什么?"

"他们讨论您是从哪里来的",翻译还是笑着回答。"那个,老一点的那个,穿长衫的,你看到他了吗?——说:'有趣,哪里来的这个外国人?从什么国家来的——是友好的国家还是敌对的国家呢?'另外一个,更年轻的回答他说:'当然是从友好的国家来的。难道你没看见他是同毛泽东的兵一块来的吗?'。"

我们在军部过夜,在衡阳以南50公里,住在公路旁的一幢地主的房子里。早上乘汽车沿公路走了近1小时后,改乘由师部派来接我们的骡马。

雨连绵不断。我们这个由15个人组成的小队伍,排成雁行,缓慢地顺着公路旁的一条小路前进。有的人穿上了雨衣,而大部分人骑在马上,一手拉着缰绳,一手撑着老式样雨伞。

虽然到师部一共只有30里(15公里),可旅途花了我们3个多钟头,因为我们一路都得一步一步前进。

后来我不止一次地确认,我们那天走过的那条路是中国这一带地方典型的乡间道路,因此值得用几句话来描写它。

开始我们绕过一座高山,顺着山的斜坡在树林边走了3公里,然后就走过连绵不断的不高但却陡峭的石头山冈,分布在山冈之间狭长的南北向的山谷。这些山谷全都被划分为大大小小的长方形稻田,田里蓄着浑水,一阵阵强劲的秋风在水面上不断吹起粼粼的细波。

田里到处是农民,他们跟在烟灰色的驼背的水牛后面慢慢走着,水牛的角平而且宽,几乎是往后直伸到背上,就像兔子的耳朵。

从山上下来的小路在这些水田之间穿过,又爬上下一个山头。小路全都铺着天知道是什么时候埋在地里的相互之间挨得不紧的狭窄的石板,它们几百年来也可能是几千年来被上百万双脚踩得很光滑。小路很窄,窄得马勉强能够在上面行走。人侧着身子在这里还可以勉勉强强和人让道而过,可是和马要让道而过,那就不可能了,因此在两块水田之间的路段碰到我们的农民,老远见到我们时,或者停在最近的田埂上,或者回过头退到另一条田埂上去。

路上人很多,这路联系着许多村庄,因此我们一路上碰到了几百个人,但是如果依照我们对于"乡间道路"这个词的理解,则不能这样称呼这条路。

水牛和在农村中很少遇到的骡子,是这里的役畜。完全没有马——这里的驮马一直都是属于军队的。世代的贫穷与极其低廉的人力劳动相结合不仅导致了一切货物完全用手搬运(更确切地说,是用肩膀挑的——用软软的竹扁担挑着柳条筐),而且还产生了自古以来就存在的这种类型的村道,在道上是不可能通过大车的。

村民用肩膀挑装有谷米和蔬菜的筐子,用肩膀挑缚在扁担上的木柴;走村串乡做买卖的人用肩膀挑着货郎担;轿夫用肩抬着样子像犬舍的轿子,里面坐着地主(这里还没有实行土地改革)。然而,应该认为,这种在北京和北京以北已经见不到的不合人道的运输方法,在这里很快也会成为过去。

……

村道从一村通到另一村,从一座庙通到另一座庙,这些庙常常是荒芜的,孤零零地立在田间。村庄里的房屋建筑得很密集,墙挨墙,屋靠屋,房屋一间一间地粘在一起;狭窄的小街窄得令人难以置信。这一点就像所有其他方面一样都令人感到中国土地的宝贵。稻田直达村庄的墙角下,只有老是方方正正的地主的灰色庄院有时建在离村稍远一点的地方。

村道不是绕村而过,而是直接穿过村庄。在村庄入口处常常高耸着灰色的石头大门,更确切地说,是牌坊。在这种牌坊的左右两侧墙边,在门顶下面,常常建有两间小屋。挑夫可以在这里停留片刻,以便休息。如果有钱的话,在这里有时他们也可以在紧挨着牌坊的小饭摊上买一碗饭吃。

在我们经过的一个村庄里明天有赶集,因此在路上我们遇到越来越多的人,他们急急忙忙要在今天晚上赶到那里。很多人挑着自己的劳动产品去卖。另外的挑夫是被人雇来做工的,他们挑的是地主的米。

我在一群正在休息的挑夫身边停下来,问他们,他们的工作报酬怎样。原来,他们这样艰苦的劳动——挑 100 斤(也就是 3 普特多)米走 30 里路——所得到的工钱勉强够一家人半饥半饱过一天。而且这样的工钱甚至也远非每天都能挣到。

我们赶到黄土铺村时天已经快黑尽了,师部驻在村子旁一座地主的大房子里。

显然,这座房子建得很阔绰。房子很大,甚至可以说是巨大的,如果特别拿它与周围村庄中挤得满满的穷人的小土屋相比较的话。看到这座庄院,就能直观地几乎是实地地形成这种概念:一天一天从这些村庄榨取的一切逐渐都集中到了这里。

中国人称地主为吸血鬼。人们完全有理由称他们为残酷的剥削者，或者干脆称为吸血鬼。无论如何，这个字眼恰好符合地主在中国农村生活中的实际角色。

在看到成百个挑夫冒着倾盆大雨挑着沉重的谷米担子之后，在看到周围的贫困景象之后，这所巨大的、显眼的、奢华的、不久以前才建成的房子的神气，不能不令人感到一种深深的厌恶。

今天晚上我们只是吃晚饭，参加一个小会和睡觉。与人谈话要等到明天。

在等待晚饭的时候，师长和政委、我和我的同伴们坐在地主用来作客厅的大房间里。透过门，更确切地说是透过拱门可以看到院子的中央。这是一个封闭的石头砌的四边形大院子，外墙没有窗户，朝内有两层阳台，阳台后面的深处是许多房间。在客厅后面，通过另一道门可以看到几进内院，每进院落的两厢也是起居房间。

地主和他的家眷现在住在后面，第三进或第四进院落，可是看到所有门上和所有支撑屋顶的木柱上数不胜数的题词，使人觉得他的灵魂还是在这间客厅里。中国人的家里一般都在墙上贴字画，常常在新年之前更换一次。

在中国的穷人家里，这些题词的内容常常是简单几句给家人求福求吉利的话。

在有钱人家里，这些题词辞藻华丽，内容既充满了欲望，同时又力求欺骗走进屋子来的每一个人。

在我们所住的房子里的题词，用漂亮的汉字书写在玫瑰色的纸上，贴在木头表面，第一证明了这座房子建成不久；第二证明了这种情形显然非常有力地促进了主人的自命不凡。

在中央的大门上用极大的字写着“东南独秀”。在中央的二门上则是“富比吾祖”。大门口左边和右边的柱子上的题词说明主人饱食终日无所事事的情绪，左边写的是“日暖风和花木并茂”，右边写的是“莺歌燕舞宾主尽醉”。二门的两根柱子上的题词旨在使客人欣赏主人的好客，左边写着：“盛会宜对弈”，右边写着“嘉宾应尽欢”。在通往内院去的门上的题词十分务实：“兄弟成功分家后，财源滚滚如湘江”。我们过夜的房间原来是主人的卧室，门上挂着玫瑰色的绣有题词的丝绸窄门帘，显然因为这是卧室，所以题词是针对后代的:“子孙衍宗,祖业日昌”。

我的一个同伴给我翻译了这些题词之后,笑着说,传宗接代,这不消说是地主个人的事情,可是要继续发财,那他怀疑这些祈求能否帮助房子的主人及其后代。

……

行　　军

行军第一天……从我们过夜的黄沙河镇到部队晚上应占领的全县县城,有30多公里路。这30多公里路,我们是在灼脸灼手的烈日下走的。公路总是时而向右时而向左地弯来拐去,在山冈之间绕来绕去,像无穷无尽的灰褐色的带子伸向远方。公路年久失修,铺路的圆石已经整片整片地被毁坏了,因此人和马就陷入大雨后未干的泥泞里。

广西北部的风景非常美丽。道路两旁一阶高过一阶地延伸着无尽的梯田,而在右边和左边一两公里远的地方,耸立着连绵不断的青山。在青山后面,更远处可以看到更高的山峦,而最远处则是灰蓝色的群山。由于这3排群山离公路有不同的距离,因此似乎它们全都在移动。一路伴随着我们的那一排距离最近的山,与后一排群山相比在移动,而后面一排山则相对于最远处的一排山在移动。

离道路不远处,在长着树林的美丽的山坡上,每隔五六公里就有帝王时代的文官武将的古墓。这通常是大牌坊,牌坊那长了青苔的古石上有着独出心裁的雕刻;牌坊是通往墓地的,而在它们旁边立着许多也是用深灰色石头雕刻成的与真的动物一般大的羊、牛和马。它们就像是散在高高的青草中似的,半身埋没在青草里。

周围荒无人烟。稻田里没有人。村庄上空也没有一丝炊烟。田地荒芜了,农民们被国民党军赶走了。

风景包括人手耕种过的田地和人以劳动建造的建筑,一定需要有人在场,而当竟然没有人的时候,那这样的风景就缺点什么,它看来就变得令人伤感和奇怪。

唯一使风景变得生动起来的就是正在路上行军的军队。我随着军队一道还要走几天，可是我想现在就描写一下这种情景，使这支军队能刻印在读者的记忆里。而随着我的叙述，这支军队停在，更确切地说，是一一出现在读者的眼前。

全师沿着公路前进，队伍绵延了很多公里。这个师有1万多人，大量的武器、弹药、粮食。

在行进的第三天还是第四天，天已经很晚了，在宿营之前，我在卸在路旁小屋墙边的货包上坐下后，听到沿路行进的部队在漆黑的夜里还在继续前进。战士们互相呼应，武器叮当作响，马蹄踩着圆石子发出得得声。然而，在所有这些习惯了的声音中，缺少某种最熟悉最习惯了的东西。

突然我明白了，缺少车轮的吱吱声，甚至没有轮胎的沙沙响，连包铁的大车轮子的隆隆声也没有。

我之所以在这里谈到这一点，是为了使读者准确认识向桂林进军的情形。首先需要忘掉世界上有四轮车、两轮车和其他的车辆。车辆是没有的。在路上走的只有人，步行和骑马的人，以及驮东西的骡马。

骑马的很少。有时候从队伍旁边疾驶过传送命令的通讯员。团长和营长都和战士们一道步行，连长就更不用说了。驮东西的骡马也不特别多：它们驮着山炮、大口径的迫击炮、工兵装备的最笨重的部分、一些通讯器材——主要是笨重的电话线卷、炮弹箱，有时候有大行军锅。

所有其余的东西战士们都随身携带：机枪——中型的和轻型的、迫击炮、工兵器材的主要部分、背包、电话器材、行军锅、弹药箱、小炮弹。小炮弹四枚四枚地系在一根棍子的两端，棍子则像步枪似的扛在肩上。

粮食是用中国农民常用的办法挑的——用一根竹扁担，两端系上要挑的东西，用肩挑着走，而笨重的东西——杀好了的猪或是行军锅——则是两个人抬着，把要抬的东西系在扁担中间，两个人一前一后地抬着走。

那些用不着扛机枪、迫击炮或其他特殊物质的士兵，也有十分沉重的负荷。每个人都有一支步枪或自动枪、装得满满的子弹带、有棉被的背包、茶盅、军用水壶、装满米的袋子、还有棉衣——在这样的火热天气里，棉衣常常或是塞在身后的背包里，或是就挂在步枪的枪筒上面。

每走两三公里，有时每走一公里，就一定会遇到被国民党炸毁或是烧掉的桥，所有的战士就沿着斜坡慢慢地困难地走下公路，从石头上或是从架在两岸之间的木板上越过小河或小溪，然后重新沿着斜坡爬上公路。（……）

白天国民党的飞机在道路上空出现了3次，使部队行进耽搁了10到15分钟。在清新的空气中远远地响起清晰的军号声。战士们都跑下公路去躲空袭，或者隐蔽在山冈石坡的遮蔽物下面，或者分散在路旁的灌木丛中，或者躺到离路面半米高的把田相互分割开来的田埂边去。

飞机飞得高高的，从很远的地方——一会儿在我们前面，一会儿在后面，扫射了一阵，几秒钟之后就消失在地平线上。显然，白崇禧没有多少正牌的空军，这只是些侦察机，想来侦察部队行动的，而射击则不过是为了吓唬吓唬人，不过是为了心安。

军号又响了，这是解除警报。战士们一跃而起，迅速排好队又继续前进。

空袭时大家遵守着严格的纪律。道路一下子就空了，伪装得极好。驮架上插满向四面八方伸展的落叶松树枝、金合欢枝、竹枝，有时还有棕榈树枝条。树枝插在背包的带子里，插在枪口上，遮住刺刀。战士们在休息时用稻草编成一种类似小花环的东西，用来戴在帽子上，这些草环也插有树枝。

……

一整天，直到到达全县，全师没有遇到一个国民党兵，当然不算那些中午时分在这个师上空稍稍晃了一下的敌人。

在路上有些地方我们看到了国民党军队的防御工事。所有这些都是仓促修建的，也是急急忙忙放弃的。有时候碰到一些胡乱堆在一起的互相编织在一块的小树和大树枝，足有三四十米长；有时候遇到一些小土木火力点，有时是用掘出来的圆石等排成的鹿砦；有时遇到不深的、马马虎虎挖成的壕沟，带有供架机枪用的圆土台；最后，还遇到阻塞道路的有5米长的用带刺的金属丝做的拒马，当然，它们都被前进的本师的先头部队的战士们毫不费劲地掀到一边去了。

在年久失修的而且常常是被烧焦了的房屋的墙上，写有很杂乱的几乎被磨掉了的国民党的标语和人民解放军的先锋营刚写上的共产党的新标语。

进军的人民解放军部队在沿着道路前进时，或是在房子的墙上，或是直接就在被国民党军放弃了的永久火力点的外壁上，写上简单明了的标语，表明简单明了的目的:“向桂林前进!”“追上去消灭白崇禧!”“结束战争,占领两广!”(也就是广东和广西——两个最南边的省份,国民党对保卫这两个省寄予了最大的希望)。

而在一列被国民党军焚烧并且推到斜坡下面去了的机车那被烧焦了的黑铁皮上,用特别大的白色汉字奔放有力地写着:“承认我们平等权利的自由国家万岁!”这条标语显得特别亮丽。

关于新中国的记忆

И. 爱伦堡

伊利亚·格里戈罗维奇·爱伦堡(Илья Григорьевич Эренбург,1891—1967),著名小说家、政论作家、诗人、翻译家、社会活动家。他最为著名的作品是《解冻》,这部著作的出版成为苏联文学史上的巨大转折点,标志着一个新的文学时代——"解冻文学"的开始。他积极参加和平运动,是世界和平理事会成员、斯大林国际奖金委员会副主席。作为这个组织的代表,他在 1951 年 9 月为给孙中山先生的遗孀宋庆龄女士颁发奖金到中华人民共和国进行访问。在"文化大革命"期间他与诗人 Е. А. 叶夫图申科一起被宣布为"赞美美帝国主义的诗人"(参见文集:《中国文化的命运(1949—1974)》,莫斯科,1978 年)。

下面发表的是他晚年最重要的著作、回忆录《人、岁月、生活》中的一章(6 卷本,莫斯科,1966 年,第 3 卷)。

第一天就有中国作家来找我。他们把我叫作“爱伦堡”，我很久都没有想到，这个莫名其妙的字眼指的是“爱连布尔格”①。在汉语中几乎所有的字都由一个音节构成，人名是两个或三个字。外国人的名字可以用褒义词或贬义词来表现——这取决于对这个人的态度。“爱伦堡”说明有好感，意思是“爱的堡垒”。法捷耶夫在汉语中被称做“法捷夫”，尊敬的法捷耶夫曾自豪地对我说，它的含义是“严格的法律”。欧洲语言中的有些音，例如弹音“P”在汉语中是没有的。他们多次向我谈到著名的法国作家巴尔博，对于我不知道他而感到惊奇，直到最后我才猜到，他们说的是巴比塞。

中国的文字是一门复杂的学问：要想用一本简明字典阅读报纸或书籍，需要认识几千个汉字。郭沫若认识10000个汉字并能全部写出来，但要读出“全部汉字”却远非所有的人能够做到。在上海我们被领到一家大型印刷厂参观。墙上有成千上万装着汉字的匣子，排字工人灵巧地在小梯子上爬上爬下，拣取所需要的汉字。一张纸印好之后，把旧字熔化，浇铸新字。把新字分别放入匣子是非常困难的。排字工人都是很有文化的人，他们认识的汉字比一个中等文化水平的读者要多，而认识汉字也就了解了概念。我感到奇怪，何以中国人没有像越南人那样改用拼音文字和像日本人那样部分改用拼音文字。他们向我解释说，那样一来广东人就不能阅读北京的报纸或杂志了。茶在北方读做“茶”，在南方读做“特”，汉字其实是同一个。在世界和平理事会的会议上，我好几次看见中年以上的越南人与中国人和朝鲜人交换字条——他们不能交谈，但是都懂得汉字。

到中国后的第二天，我们被请到保卫和平委员会，在那里给我看了授奖典礼各项议程的安排。“有一点我们不很清楚”，中国朋友说，“您将怎样把奖章授予宋庆龄女士——是用双手还是一只手？”我回答这没有意义——我可以用一只手，也可以用两只手。“这具有十分重大的意义——您得像在莫斯科举行授奖仪式那样做。”虽然 Д. В. 斯科别利岑曾数次当我的面授奖，但我却想不起他拿奖状和奖章用的是一只手还是两只手。讨论进行了很久，中国人对待任

① 俄语为 Эренбург，按照俄语音译应该译为“爱连布尔格”。但因为 Эренбург 是外来姓名，按照“名从主人”的原则，外来姓名应该按照外来姓名翻译，故被译为“爱伦堡”。

何一种仪式都比欧洲人认真得多，而且有着大量不容忽视的礼仪规则。

两周后我们出席了庆祝人民共和国成立两周年的招待会，主办方安排我们排成队列并且对我们说明："请你们走到毛泽东同志跟前向他祝贺节日。"柳芭是队列中的第一个，走进大厅，她就向坐着政府成员的主席团走去。中国人及时地阻止了她——应该走一个半圆形。

在第一次宴会上我就惊呆了——在大约3小时的时间里给我们上了各种各样的菜不下30道。上菜的顺序让欧洲人感到莫名其妙——上了甜食以后我松了一口气，断定宴会即将结束，但接着又端来了鱼，最后还上了肉汤和米饭。中国的食品非常讲究，你很难弄清你吃的是什么。有一次女作家丁玲招待我们，有一道菜我特别喜欢，便问她我们吃的是什么。丁玲不知道，就把厨师叫来，厨师作了一个小小的汇报，可是翻译既不了解鸡的生理，也不知道那些植物的俄语名称，因而这道菜对我来说依然是一个谜。

一位作家对我说前些日子他无法与我见面，因为他的妻子病重，3天前去世了。说这些话的时候他面带笑容，我感到身上一阵发冷。事后我想起肖三曾告诉我说："在我们那里，人们微笑着讲述悲伤的事情，这就是说，听的人不必难过。"

在中国我第一次思考社会习俗、风俗习惯、行为规范。为什么亚洲的习俗会使欧洲人吃惊呢？难道我们的陈规陋习还少吗？欧洲人在问候时伸出一只手，而中国人、日本人或印度人握陌生人的手却是被迫的。如果一位来客塞给巴黎人或莫斯科人一只赤脚，则未必会使人高兴。维也纳的市民说"我吻你的手"时并未考虑这句话的含义，而华沙的市民在别人把一位女士介绍给他时也无意识地吻她的手。英国人在被自己的竞争者的卑鄙行为所激怒的时候，写信给他说："亲爱的先生，您是个骗子"，不写"亲爱的先生"他这封信就无法开头。基督教徒在走进教堂时要摘下帽子，而犹太人走进犹太教堂时却要把头蒙上。在天主教国家，妇女头上不蒙东西就不能跨入教堂。欧洲的孝服是黑色的，中国的孝服则是白色的。当中国人第一次看见一个欧洲人或美国人挽着女人同行，有时甚至还吻她，便觉得这太不知羞耻了。在日本不脱鞋是不能进屋的。餐厅里的地板上坐着的是穿着欧洲服装和短袜的男人。北京旅馆里的家具是欧洲式的，但房间的入口却是传统的中国式的——一道屏风不让你直入。这与鬼走直路的传说相关，但根据我们的想象鬼是狡猾的，它能毫不费力地绕过任何障碍。如果客人来到一个欧洲人家中并赞美墙上的图画、花瓶或别的小摆设，主人会很满意。如果欧洲人开始陶醉于中国人家中的小物品，主人就会把这个东西送给他——礼貌要求如此。母亲曾教导我说，做客时不可在盘子里剩下任何东西。在中国，宴会结束前送上来的一碗米饭谁也没有动过，这表示你已经吃饱了。世界是多姿多彩的，不必去为这种或那种习俗伤脑筋。既然有不同的修道院，也就有不同的规矩。

1951年在中国有许多苏联专家：工程师、农艺师、医生。他们忘我地工作，态度谦虚。中国人当时珍视苏联给予他们的帮助，把俄罗斯人当做期望的客人予以接待。然而习俗上的不同在当时也时而影响到友谊。苏联工程师开始为一座新建的工厂安装设备，机床是根据比中国人高一些的俄罗斯人的身材设计的。工程师说这事很容易解决，他们要在机床前放一个木台。中国人笑了，然后就宣布，机床将由他们自己安装。他们做了一桩非常吃力的工作，把机器埋进地里半截。显然，对于他们来说，站在木台上是一件受侮辱的事。在回忆起这件事的时候，我常想，有多少不和与委屈产生于偶然，产生于人们具有相同的感受、体验和想法却又习惯于用不同的方式表达感情，习惯于一连串不同的行为方式。

中国的诗人告诉我，诗不能只听，必须读，汉字能产生形象。威廉·阿波利奈尔一度写过“书法诗”，一首诗就是一个酒杯、一个十字架、一座宝塔。他只有很贫乏的材料——拉丁字母表，而他却力求做到中国的诗人们所说的事情。

在一次宴会上有人赠送给我一首诗。我把那些写得很漂亮的汉字欣赏了很久。我以为作者是位诗人，不料他却是人民银行的行长。他解释说，他是已过中年的人，而在旧时代所有的人都应掌握写诗的技巧。他的诗在内容上是传统的程式化的，但我觉得它的视觉效果比20世纪的一位大诗人的书法诗具有更强的表现力。显然，技巧是同时代有联系的。对于我来说，丘特切夫是一个伟大的诗人，但他用法语写的诗却是任何一个法国大学生也能写出的。

在北京我看到了老画家齐白石的作品，当时他已经80岁。他用传统的手法作画，是天才的画家——我觉得他画的马或松鼠好极了。有些中国人耸耸肩——何必重复许多世纪以前已经做过的事情呢？……的确，齐白石没有把任何新东西带入绘画，马或松鼠没有变化。但 11 世纪天才的风景画家郭熙却并非模仿者，而是革新者。我依然要为善良的大师齐白石辩护。当某些中国人开始绘制巨幅油画时，这些画家看来并不是革新者，也不是模仿者，而是不高明的临摹匠人。（我在印度看到现代画作，它没有模仿法国大师，而保留着民族特点，以一种与阿旃陀的古代壁画相类似的方式表现世界。类似的情况将来大概也会在中国发生。）

在古老的中国艺术里，令人惊异的不是画家的想象力、怪诞或大胆，而是非凡的耐心和完美无缺的技巧。这出于民族性格。我在公园里欣赏过“相思树”或“友谊树”——两棵或五棵树连生成一棵：要想使树的生长听从人的意志，既需要植物学家的知识，也需要巨大的耐性。我在中国没有找到在欧洲被我们称之为民间艺术的东西。北京有数百条供手艺人生活、工作和出售自己产品的街道——篮筐街，刷子街，药罐街，假髯街，玩具街，制作纸老虎、风筝、小鸟等等的街道。中国人所习惯的一切日用品都表现出匀称之美和对材料的了解，而欧洲用具的仿制品在我看来则是丑陋的。

我看到中国时，人民共和国才两岁，上海还有人力车，时髦女郎穿着巴黎的连衣裙在溜达，老人则没有舍弃传统的长衫。而在北京，男男女女全都穿着同样的蓝色服装，短上衣、裤子。许多人用白口罩遮住口鼻——这是日本人带来的风气，他们想避免吸入从戈壁滩刮来的沙尘。到处都在做买卖，什么都可以买卖：博物馆的古董、糖果、丝绸、人参。

人民的纪律性使我吃惊。年轻的中国人都买了钢笔。每当我参加各种会议时，所有的人都坐在那里专心地听着，记着。我不得不作了几次演讲，有时我开开玩笑（怕听众疲劳），他们把笑话也记下来。在各地中国人的报告都很长，要四五个小时（对于欧洲人来说，戏剧也特别长，有时一出戏从故事的开始到结束要演两个晚上）。

在学校附近的花园里、在村子里、在树下、在木棚子里，我看见过一些二三十人参加的小型会议，会上人们也是边听边记。翻译给我解释：“这是批评与自我批评。”这种会议的内容未必是传统的，人们讨论的是：一个大学生隐瞒了自己的社会出身，一个未婚女工怀了孕，一个钳工上班迟到了，但形式却是中国式的——一个人长时间地检讨，其他人边听边记。

在景色如画的杭州市郊，我参观了12世纪的名将岳飞的陵墓。他打退了女真人的进攻，然后被召回京城杭州处死。在他的墓旁跪着出卖了英雄的叛徒和他的妻子的铜像。一个学校参观团正在参观，一个少年向叛徒的脸上啐了一口，他的同学们立刻群起效仿。带我们参观岳飞墓的中国人不熟悉古代历史，他不知道所说的女真人是什么人，但他赞赏学生们的举动，并补充道："他在810年前背叛了……"我遇到的中国人都很注意日期、周年，而在论证什么的时候则说"第五"、"第六"、"第七"……

在中国，佛教以及其他宗教起着很次要的作用。我走进佛塔，那里有肥胖的镀金佛像在闪闪发光，但在四周跑来跑去兜售一种小纸片的却根本不是肥胖的和尚。信徒们喝着茶，有的在睡觉。简易的儒家道德占据了宗教的位置：为人要正直，要尊崇祖先，尊敬长官。但是在农村没有公墓，因此拥有类似郊区的小花园那样一小块田地的农民就必须在田地里为祖先的坟墓留出一块地方。

在离北京不远的一个村子里，有人告诉我，有个无地的农民不知何处埋葬父亲。他跪着恳求地主允许把父亲埋在地主的地里。地主迫使他接受条件：这个穷人要为这个坟墓干几个月的活。

人民共和国做的第一件事情就是进行土地改革，消灭封建主义。当然，在地主当中也有富人，但是我去过几个地主的家，与之相比，一个中等水平的丹麦农民的家就应该称之为宫殿了。

分配地主的土地消灭了不公，这是第一步。在北京一个青年人对我说："我们很快就会在共产主义社会的建设上超过老大哥了"（中国人当时把苏联人称做"老大哥"）。但我在农村里却还看见古代的犁。农民的房子极小：一个很低的炕上睡着全家。他们的食物很贫乏：一碗饭，菜有时是萝卜或白菜叶。农村妇女还是地位低下。我见过赤脚的农民，见过头上长疮的孩子。5年后，我在印度明白了一切都是相对的。消瘦的农民、饿死的牛、加尔各答街道上无家可归的人、奄奄一息的人、麻风病人，这些可怕的景象中国都没有。但是大多数中国人在1951年的生活水平比欧洲最贫穷的地区要低得多。数年后去过中国的朋友说，中国发生了很多变化，建立了数以千计的学校、医院、产院、托儿所。我看到了新中国的清晨，给所有的人种牛痘，教儿童和成年人识字，拆除上海的贫民窟。许多亚洲国家当时就像看待一个显灵的先知那样看待中国。1956年我在德里的时候，有一个中国代表团到了那里，难以描述印度人是多么热情地接待它。

印度和中国的历史道路不同，同时它们又有很多相同之处。公元前300年印度的城市就有了下水道系统。公元前3世纪中国人建造了万里长城，以防御游牧民族对国家的入侵。中国人在公元前2000年就开始生产丝绸，在公元前5世纪掘成灌溉渠，后来又开始造纸。中国人的发明有指南针、地震仪、瓷器、活字印刷术（比古藤贝格早400年）。他们发明了火药以及其他许多东西，欧洲人很晚才从阿拉伯人那里得知这些。印度统治者阿育王在公元前3世纪确定了和平的原则，根据这些原则他决定永不发动战争。当我们在拥护和平运动中捍卫同样的原则时，许多人攻击我们。封建的内讧、入侵、被迫接受的战争使亚洲的两个伟大国家日渐衰弱之时，正是西欧各国掌握火药技术、获得大炮和战舰之日。印度开始遭到一块块地分割，英国人得到了最大最好的一块。中国还继续作为一个国家存在着，但西方向它提出最后通牒，往它的领土上派遣远征军，强迫它接受奴役性条约。印度于1950年[①]获得独立，同时仍旧是英联邦的成员。中国在印度独立前1年成为人民共和国。美国人在台湾制造了“第二个中国”。

每一个中国人都记得曾经的屈辱。有必要回忆“鸦片战争”，当时英国人被中国禁止鸦片进口所触怒，用武力取得了延长毒害中国人的权力。这是在宪章运动和工会发展的时代，是狄更斯、萨克雷、泰纳的时代。我在中国，后来在印度，都思考过这一点。亚洲人民与欺负他们的人的旧账要清算，这些旧账是不容易偿还的。

回到1951年上来。经过不多的观察，我明白了一点：不同民族、国家的人们生活形式之间的差异，要比生活内容的差异大得多。聂鲁达和我到公墓去，

---

① 原文如此。——译注

把鲜花放在鲁迅的墓前。在那里我们遇到了一位以前认识的中国女士。人们发现了一座被蒋介石的走狗杀害的烈士的坟墓，她以为可以找到丈夫的遗骨。她出于礼貌想强作欢笑，然而忍不住还是痛哭起来。人们向我叙述了一个悲惨的爱情故事。诗人艾青曾向我谈到诗人如何难做，他的话使我想起了我的传记的某些篇章。我会见了我的长篇小说的读者。一切都比一个寻找异国情调的旅行家所感觉的要简单又复杂。

……

在20年代，苏联的杂志和报纸上有许多关于革命中国的描写。我知道在广州发生的事件，读了马尔罗的长篇小说《人类的命运》，一本关于孔子的法语书。我之所以叙述自己的无知，是因为对亚洲的无知乃是欧洲人的通病。这种无知使得有学识的印度人或中国人有点瞧不起西方的知识分子。

两个世界在过去的共处绝不是和平的，它们之间隔着一堵墙。

吉卜林曾写道，东方和西方永远不会相见。他出生在孟买，青年时代是在亚洲度过的。他是优秀的诗人，但对印度却视而不见。他的眼睛蒙上了绷带，因为他认为西方优越于东方。

我觉得吉卜林的说法不仅错误，而且很危险。这种说法到处得到响应。如今有人开始谈论东方比西方优越。但东方和西方过去是见过面的，现在也常见面，我希望它们将来也能见面。看到18世纪的日本画家的作品以后，我明白了法国的印象派大师们向他们学到了什么。法国的百科全书派研究过旧中国的哲学家。英国的语言学家在19世纪中叶从最古老的印度文法中汲取过很多东西。现代中国戏剧在巴黎留下了深刻的印象，丰富了法国导演的技巧。

东方和西方有着共同的发源地，不管那些时而分时而合的支流有多么不同，河水依然向前流去。

以文化的统一、以人民和各民族的团结一致为基础的思想可能成为普遍的思想，而种族主义或民族主义（不论它来自什么人都一样）和对其优先地位和优越性的肯定，不可避免地引起敌视，使各民族相互疏远，贬低对方的文化，结果酿成普遍的灾难。这一点，我在写作本书的那几年经常思考，现在从收音机里听到某些中国的教条主义者的教导时也还在思考。新时代的曙光未必就是田园诗一般，但我不相信那些人：他们确认自己的血统、自己的宗教比别人的优越，或确认自己对某种学说的解释绝对正确，敢于制造口头上的分裂（把自己的有争议的真理同别人的同样有争议的谬误分裂开来）进而动用武器，这种武器不仅能消灭一切谬误，也能消灭一切真理。

1960 年代

泰柳:新中国的一个普普通通的人

B. 科热夫尼科夫

瓦季姆·米哈伊洛维奇·科热夫尼科夫(Вадим Михайлович Кожевников, 1909—1984)是作家、记者,在1948—1981年一直担任莫斯科《旗帜》杂志的主编,1951年作为苏联社团组织代表团成员去过中国。他中国之行的结果就是写了许多关于新中国人民的短篇小说和随笔。它们大量发表在期刊上,后来收录在《伟大的人民中国》(莫斯科,1952年,《星火》丛书,第48集)、《新中国的人们》(莫斯科,1954年)、《活的桥梁》(莫斯科,1954年,《星火》丛书,第9集)、《人民士兵·中国短篇小说》(莫斯科,1955年,《星火》丛书,第14集)、《人民为此感到骄傲》(莫斯科,1955年)、《一千斤》(莫斯科,1955年)等书中。1958年根据科热夫尼科夫和林杉的剧本改编的苏中合拍的故事片《风从东方来》上映。

我喜欢傍晚有空的时候沿着北京这座古城的街道漫无目的地散步。

我被永不停息的人流卷走。随着人流我不慌不忙地迈着碎步来到城郊，精耕细作得让人吃惊的菜园和田地就从那里开始。

陈旧的石塔矗立着，就像一些巨大的标枪被弄出缺口的枪尖。用光滑的灰色大理石雕塑而成的乌龟、狮子、神话动物的像，成为古代达官贵人和武将们的墓碑。他们的艰难业绩因为记录在装腔作势和辞藻华丽的诗歌中而著名，这些诗歌被写在不朽的樟树板做成的追悼图表上。

就是在这里开始了一条新的柏油公路。沿着这条公路上百辆汽车驶向大型建筑工地。远处耸立着未来车间和工厂大楼的钢筋混凝土框架，新中国的建筑矗立在彼此紧紧地挨在一起的黏土茅舍之上。

我去过中国不少的新建筑工地，看见很多人民的伟大创造，我就更加想了解黏土茅舍里的人们，想看看多少世纪以来生活在难以忍受的艰难困苦中的人们。我想知道人民进行的伟大变革是怎样反映在他们的命运之中的。但每一次，当我请求带我去拜访这些贫民区的住户时，我的朋友和翻译李明生都会感到为难。终于，在他对我进行他认为有必要的提醒之后——说贫民区居住着形形色色的人，对他们还没有进行过深刻的教育工作，他们有些人没有固定的职业，可能成为破坏好客传统的人——在这种久久的提醒之后，我们终于跨进了位于城郊的我们路上遇到的第一座粘土房子的门槛。

一个瘦高个男人从炕边站起来迎接我们，他的头剃得光光的，一双眼睛深深地凹陷下去。听完李明生的话，他用手请我在一个矮凳子上坐下，凳子上放着一个大瓦罐，罐子里显然浸泡着一只动物的皮。

“这个人的名字叫泰柳”，李明生说，“他说他曾经在国民党军队当过兵，同共产党打过仗。他请求向你转达，如果知道这一点后我们决定离开，他一样会认为自己很幸运，因为他家已经有尊贵的苏联客人来访问过了”。

尽管李明生明显地希望不要利用主人的好客，我还是坚决地在凳子上坐了下来，打开一包卡兹别克牌香烟。但主人没有动香烟。

“泰柳请求原谅，关于自己他说得不完全准确”，李明生说。“他说他不是兵，而是土匪”。

现在我已经不安和怀疑地看着泰柳，突然我看见在他瘦骨嶙峋的脸上浮现出满意的笑容。

“可他为什么在说自己是土匪的时候要笑呢?”我不解地问。

但李明生像任何一个真正的翻译一样,善于忘记自己,善于变成他翻译的那个人,因而他回答我:

“国民党士兵就是土匪,泰柳说,所以他认为他不是兵,而是土匪。他笑是因为他认为,当一个人在讲真话的时候,他会为此感到很愉快,而当一个人愉快的时候,他就会笑。”

在与泰柳兴致勃勃地谈了几分钟之后,翻译掏出记事本在上面很快地写着什么。

“泰柳问我,听没听说过一个名叫英超的人的事。当泰柳是国民党士兵的时候,他有段时间守卫监狱,在那里关着一个共产党员英超。英超每天都要受到严刑拷打。但他只要一苏醒过来,就会同泰柳说话。泰柳说,如果守卫这个人的是一只狗,它在这种好人身边,也不可能再扑上去咬人。在英超临刑前几天,他被倒吊起来,军官田华在他头下放了一个烧着煤的火盆。他的眼睛都裂开了,爆出来了。”

泰柳说,他参与了枪毙英超,尽管他向旁边开的枪,他也认为这个人的血滴在了他的心上。如果他能够找到英超的母亲、妻子或者亲属,他会给他们养老送终。

“在英超行刑之后他还干了什么?”

“他说,什么也没干。在同红军的战斗中,他没有开过一枪,害怕子弹射中像英超那样的人。”

一次战斗之后,军官检查弹药,泰柳因为一弹未发而挨了一顿军棍。他被剥去了军装、皮鞋,被赤条条地扔在路上,而连队继续行军。

国民党不仅这样对敌人,而且对那些在战斗中受伤的士兵也是这样。如果伤员跟不上部队,就收回他们的枪和军装,把他们扔在路上。再把那些迎面碰到的农民抓来替代这些死伤的人员。

泰柳当兵的那个连队是地主的儿子田华在指挥。他花了 200 元在同样毫不懂军事的上校颜福那里买了一个军官的职位。而得到这个职位后,他又把自己的老婆送给了将军。在师里有两个美国教官。在行军的时候他们坐轿子，由 16 个最强壮的士兵来抬。当他们师驻扎在汉口的时候，一个美国教官提议用电来处死俘虏，但电站的工人破坏了机器，俘虏又重新按老办法处死。

泰柳在遭军棍惩罚晕过去又苏醒过来之后，就尽可能往远处爬，他担心连队驻扎的那个村庄的农民发现他，因为国民党兵在那里太过胡作非为。直到伤养好以前，他一直住在山洞里，用草根果腹。恢复健康之后，他来到一名地主那里，地主见他当过兵，就雇他当了保镖。地主有 10 个保镖，地主迫使他们向邻村进攻，抢来的东西都据为己有。但农民组织了游击队，袭击了地主的庄园。地主遭审判被处死了。而人们放了泰柳一条生路，但要他发誓永远不再拿武器。

泰柳在全国漂泊了三年多，居无定所，孤单一人。他在一个开采宝石的矿井干过。为了不让矿工们偷走采到的宝石，他们被关在一个矿井中一连几个月不让出来。最后把他们放出地面的时候，监工强迫他们服下很见效的呕吐药和泻药，以检查矿工中是否有人把找到的宝石吞进了肚里。

离开矿井后，泰柳同一个来自西藏的老人在山里以捕蛇为生。

他们把蛇毒卖给乡村医生，但乡村医生要求他们现场取毒。他们不得不把蛇装在竹筒里运几百里，然后又把它们送回去，因为老人的宗教禁止杀生。有一次，当泰柳在捕蛇的时候打死了一条咬了他的大耳眼镜蛇后，老人最严厉地诅咒了泰柳之后留下他一个人。泰柳切开被蛇咬伤的地方，用蛇肉包上伤口。所以他在被眼镜蛇咬伤之后活了下来。

下到山谷后，他把最罕见的身上长了药蘑菇的蛇蝎卖给了制药商，用所得的钱买了两个浅盆形箩筐和一根扁担，泰柳开始拾粪，然后卖给菜园作肥料。

当蒋介石军队后退的时候，泰柳像无数其他农民一样遭到围捕，变成了脚夫。他们背负着重物行走在山谷尘土飞扬的道路上。在翻山越岭的道路上有专人押送这些脚夫。在一次最后的行军中他们碰到了人民解放军的部队，因此获得了解放。

泰柳也像其他脚夫一样，身上伤痕累累。他被送到了部队医院，在那里他生平第一次见识了床、床单，吃到了饱饭。

在休息的时候，受伤住院正在恢复健康的政治工作人员同脚夫们谈话。

就是在这里泰柳第一次知道了人民解放军为什么而奋斗，共产党人是什么人,他们为了中国人民的幸福愿意做什么。

听到这一切,泰柳离开了医院,他认为他不配享受他在蒋介石军队中与之作战的那些东西。

他又到处漂泊寻找自己的栖身之处。

有一次,当泰柳筋疲力尽地躺在荒无人烟的道路上时,从他身旁经过的一群挖土工人接受了他。他同他们一起来到黄河边,那里当时刚刚开始兴建人民的建筑。

在这里他第一次知道了还存在着尊重人的劳动和保护人的尊严的法律,而维护这些法律的首先就是共产党人。每一个共产党人都认为自己最高的职责就是帮助那些请求他们帮助(哪怕是非常难以实现的帮助)的普通人。

泰柳强壮起来,干最艰苦的工作,挣了很多钱。他买了箱子,里面装了棉布衣服,3 条毛巾和一块做女人衣服的料子,因为他开始考虑,如果他继续这样挣钱的话,那么他就有足够的钱给自己娶一个同意作他妻子的姑娘。

但是有一天,在工地上他突然认出木匠班的班长就是在监狱里把炭火盆放在英超头下的那个军官田华。田华也认出了泰柳,他把泰柳叫到一个谁也听不见他们谈话的地方说:"如果你敢出卖我,那么就请你回忆一下,你自己也参加了枪毙共产党人。谁会相信你一个穷苦力?我反正能够找到受人尊敬的见证人,他们很乐意给我做出对我有利的一切证明。而在这之后即使当局不惩罚你,如果人们发现你被人掐死,谁也不会感到奇怪。我的朋友做得到这一点,但他们会说,这是共产党对你做的,因为所有的人都明白你是敌人。"

于是泰柳决定保持沉默。每一次当在工棚里举行座谈会的主持人谈到中国人民的新生活时,泰柳都感到田华投向自己的带有嘲笑意味的火辣辣的目光。尽管听了报告人的讲述,他的整个身心都感到兴奋,但田华的在场却暗示他,他不可能享受这种福利和幸福,他在为了这种生活而奋斗的全体人民面前是有罪的。

泰柳决定结束自己的痛苦,同时也惩罚田华。

一个星期天,当所有的挖土工和木匠都在工棚等待从北京来的演员演出的时候,泰柳走到桌子跟前,就像座谈会主持人做的那样用舀菜汤的大汤勺敲了敲铁茶壶,让大家安静。当大家静下来后,他讲述了自己的生平和在人民面前的罪孽。

他结束了讲述,但大家都沉默着,这种沉默让人难以忍受。泰柳非常害怕这种沉默,认为所有人想的只是该给他什么痛苦的处罚。他尽可能地露出讨好的微笑,胆怯地咕哝道:“也许令人尊敬的人们应该考虑到我是自己承认自己的罪过的?”

但还是没有任何人回答他,由于害怕泰柳感到背上的皮肤都变得麻木无知觉了。

第一个打破沉默的是工棚中的党支部书记梁。他问得非常小声,但泰柳还是觉得他是在喊叫:“为什么你决定要对我们说出这一切,泰柳?”“我做这一切是为了要你们相信我并不怕说出真相,我敢说出真相”,泰柳用打寒战的嘴唇说。“是的,你敢说出真相”,党支部书记梁同意道。

于是泰柳又说:“如果你们相信我敢于说出真相,不怕受到惩罚,那么你们也要知道,木匠班的班长田华是一个国民党的军官,他把炭火盆放在共产党员英超的头下,当时英超受到拷问,枪毙英超的时候我也参加了。尽管我的子弹射向了一边,但这个人的鲜血现在还在我的心中燃烧。”

建筑工人们一连4个晚上讨论泰柳的生活经历。泰柳听着,为他们的耐心感到惊奇。要知道一切都那么简单那么清楚。

他们的决定也让泰柳感到惊奇。在法院审判之前,集体决定对他展开教育,指定由两个年轻的共产党员负责。

每天晚上他们同泰柳谈话,给他读报纸,让他看杂志上的图片。泰柳认为,他们想出了对付他的严刑——用新生活来刺激他。为了逃避这些谈话,他开始连续上两个班。但指派的人并不让他安宁。很快他的名字就用红色大字写在了板报上,他被授予“优秀劳动者”称号。

泰柳拼命工作,但只是为了不再听见关于美好生活的那些话。那些话和想法只会使他感到,要渡过这个世界与那个世界之间的那条河流更加艰难。

他一直等待着真正的法官的审判,没有经过新制度下的法官的审判是不能给予甚至是十恶不赦的罪犯惩罚的。在法庭来到工地进行审判的时候,泰柳像一个罪犯那样垂下头,走进看押田华的工棚。但是警卫不让他与田华蹲在一起。他感到委屈,对法官喊道,所有的罪犯在法律面前一律平等。但他被带出了正在进行审判的工棚。他一个人在工棚旁边等着,委屈得直哆嗦,他想甚至在新的司法制度下,当官的也受特别优待,而一个普通人以前是一条狗,现在仍然是一条狗。泰柳就这样认为。

当他被叫去受审判的时候,他还很激动,毫不明白向他提的问题。他跪着不断地磕头,说他准备去死。但给他派的两个教育者把他搀扶起来,强迫他坐在法官面前的凳子上。他坐在凳子上还在想,甚至他一个被判刑的人保持谦恭姿态以及用绝对的服从和屈辱来唤起法官慈悲的权利都被剥夺了。

听着挖土工人和木匠们对法官讲述他的事情,泰柳还沉浸在梦中,因为他听到的关于自己的事情是他不感兴趣的。他认为,他比别人更了解自己。

当法官问泰柳,他是否有逃避执行自己长官有罪的命令的行为,泰柳却傻里傻气地骄傲地声明:“每一个好士兵都必须服从自己的长官。”

所有在审判现场的人都因为不满窃窃私语起来。法官举起手命令安静,说:“现在你们看见了一切,这是多么无知的人,在教育这些不幸的人方面我们还有多少工作要做,这些人至今还是盲人,但我们必须让他们睁开眼睛看看新生活。”

但泰柳没有听到法官的话。在听到工人们不满的声音之后他确定,法院不会宽容他。为了给自己壮胆,他在脑海里一直自己同自己玩推牌九。那些老兵在炮火猛烈的时候都是使用这种方法来避免想到死亡。他没有听见法官在宣读判决书时说的话,他呆若木鸡,脸上没有任何表情,嘴唇动着,在数想象中的骰子上的点子。

当士兵把田华带出工棚的时候,泰柳想与他并排走,但士兵将他推开。泰柳一个人留在工棚里,因为所有的工人都去送法官,以此来表达他们对判决很满意。

后来指派来帮助泰柳的两个年轻人来了,开始给他解释法官的判决。

没有判泰柳的刑,泰柳激动得怎么也不明白他们的话。

后来他在工地上干活,每天晚上那两个指派的人又来同他谈话。但泰柳无论如何也不相信人民原谅了他,他现在可以平静地生活,与所有人一起享受幸福,而这幸福是他与之打过仗的人们争取来的。

于是在一天夜里,泰柳从小箱子中取出自己的财产,悄悄地离开了工地,步行来到北京。他打听到最高人民法院的地点后，就开始去那里低三下四地央求工作人员，让最高人民法院审判他，因为他不相信到工地上来的法官。泰柳一直露宿在法院大楼旁边的街上，直到街道委员会注意到他，并委托一个负责安置工作的积极分子给他安排一份工作。这个积极分子介绍泰柳认识了一个毛皮匠梁英，这个毛皮匠教会了泰柳自己的手艺。

后来泰柳和梁英的女儿结婚了，就买了他现在居住的这座小房子。

最初泰柳给商人加工毛皮，商人给他材料，付给他的劳动报酬并不多。后来就在负责对他进行教育的那个街道积极分子的帮助下，他进了一家国营皮革厂。现在他挣的钱足够养活他所有的亲人，如果他们还活着的话。

站在支撑房顶的柱子旁边的泰柳，有着知道自己价值的人的高傲姿态，李明生转身向着对他说：

“我对苏联同志说，你现在生活富足，你要请他转达这个吗？”

泰柳非常满意地点了点头。然后他担心地看了看房子，点燃了小油灯。但显然他并不满足这一光亮，他又从小柜子里拿出一盏擦得很亮的铜煤油灯点上了。然后，他开始果断地脱衣服。我看见泰柳的后背满是深深的黑色伤疤，就像被烧红的铁条烙过一样。泰柳用手掌拍拍自己的背，用沙哑的嗓音说：

“国民党！”

后来泰柳消失在把房子分成两半的竹帘子后面。等到他重新从竹帘子后面出来的时候，模样是多么光鲜！

他头上同时戴着冬天的帽子和便帽，穿着翘起的蓝色的新衣服，衣服上面还披了一件绗有棉花的缎纹长衫。他的脚上穿着新胶鞋，双手捧着一个盒子，在里面软软的刨花中放着一双黄色的鞋。他脸上一幅喜悦的表情，不慌不忙地转动了几次身子，好让我们从各个方向看他的衣服。后来他又消失在帘子后面。返回时又回到先前的样子，他抽着烟斗，烟斗的烟杆又长又细。他向着李明生，对我点点头说：

“请转告令人尊敬的苏联客人：我不久前差一点就成为最富有的人。如果公路再稍稍偏右一点，我就会因为我的房子和菜园子而得到国家的一大笔补偿，钱同我的邻居们得到的一样多。但是幸福从另外一个方向向我走来。很快我就要搬到工人区。我们工厂修了石头房子,用铁管把水直接接到房子里,想用多少都可以。”

后来泰柳领我们去了在粘土栅栏旁边的小饭馆,要了蘑菇馅和鱼馅的饺子。我们用了像蛋壳那么薄的小酒杯喝了暖暖的香喷喷的绍兴酒,泰柳给我们讲了现在在他们皮革厂里安装了多么不一般的机器。他说他现在用机器工作,一分钟就能够磨光一张水牛皮,而以前做这种活要两个强壮的工人整整干4天。

当大大的月亮已经挂在他家陈旧的灰墙上空时,我们返回城里。城市的街道闪烁着五颜六色的霓虹灯。

在“文化塔”附近的广场上,上百个姑娘和小伙子正在打篮球(在中国篮球很普及,就像我们这里的足球),音乐家们正在用鼓声、像祖尔纳管一样的铜管乐声和弦乐乐器声来为运动员加油。

巨大的城市掩映在绿色丛中,充满了光明、音乐和运动。

1951

长城西安游记

Б. 波列伏依

鲍里斯·尼格拉耶维奇·波列伏依(坎波夫)(Борис Николаевич Полевой(Кампов),1908—1981),作家、新闻记者、社会活动家。在1941—1945年的卫国战争时期,他作为《真理报》的随军记者参加过莫斯科战役、斯大林格勒战役,并随苏军进入柏林。他还到纽伦堡采访对纳粹战犯的审判。期间完成4卷本的战地笔记《随军采访4年》。1953年,他任苏联作家协会书记处书记,1962—1981年他任《青春》杂志的主编。他的中篇小说《真正的人》及改编成的同名电影,在中国产生很大影响。1956年10月—11月他与Б. 加林和С. 扎雷金一块去了中国很多地方,随后在苏联的很多刊物上发表了自己的旅行随笔,还单独出版了《旅游中国三万里》一书(莫斯科,1959年),下面发表的内容就摘自其中。

10月22日

与昨天不一样，今天全都描写古代的中国。

昨天我们新认识的两名同志，翻译家许磊然和叶水夫，一对可爱的夫妇（随身总是带着10多本苏联书籍在中国旅行），答应带我们参观中国的长城。

我们出发得稍微早一点。夫妇俩俄语说得非常棒，我们一路上都在闲聊。如果有人听到我们说话，他肯定会觉得车上满载的是莫斯科人。

中国的长城！我们中谁没有听说过它啊！

我们有机会表现一下博学，于是争先恐后地给这对宽容地微笑着的夫妇讲述这座城墙的建造过程，我们说有很多代人修建长城，说为了让自己的国家不受游牧民族的侵犯，就修建起大约4000公里长的庞然大物。为了彻底让我们的旅伴相信，与他们打交道的人是文化修养很高的人，在这些从百科全书中寻找到的信息之外，我们还添枝加叶地说，长城具有何等庄严雄伟的外貌，还总结性地宣布，等待我们的是一个人类最宏伟的建筑。

这对夫妇相信了我们异乎寻常的渊博知识，完全同意我们的观点。但当我们乘坐了相当久的汽车，看见了远处的这座宏伟建筑本身的时候，我们的自信一下子就烟消云散了，赶紧掏出笔和记事本，现在只有听的份了。近距离地观看这座古城墙，让人惊叹的不仅是规模的宏伟，而且还有成熟的工程规划、建筑工艺、布局的深思熟虑，这一切都说明了设计越过高山峡谷的长城路线的古代中国军事家的战略思考。

我让我们想起让人惊叹的古罗马的城墙、古希腊的要塞、高大灰色的伦敦塔。在欧洲，这一切给人留下不平常的印象。但是同这个10来米宽的庞然大物，这个在2200年前中国人就从辽东湾的海岸几乎修到甘肃省的城市嘉峪关并把自己的国家环绕起来的城墙相比，它们总体上看起来就算不了什么！这条石带蜿蜒着，好像从一座山巅走向另一座山巅。每隔100米在城墙上建有一座四方形炮楼，建有梳子形的射击孔。在主要的通道上，在受到威胁的地方，比如说，在我们曾去过的山谷中，还布置有完整的，甚至在现代意义上都不算小的堡垒。2000多年在这道城墙上过去了，可它还是照旧矗立着。

我们被古代建设者的艺术和巨大的劳动所震撼，默默无言地拾级而上。

不，真见鬼，这里的一切怎么能够安排得如此巧妙：炮楼、射击孔、为保证春秋两季的雨水不冲垮石头不冲毁水泥而修的排水沟，台阶做得很巧妙，沿着这个台阶保卫者可以完全不被敌人察觉地重新部署，一瞬间可以跑下城墙，一瞬间又可以跑上城墙！这一切都是由巨大的砖来砌的。什么样的砖啊！水泥的配方现今都不知道，水泥则完全石化了。

从10米的高处往下看（由于外侧是自然的斜坡，所以这个高度还增加了），你不由自主地会想到在古代给自己找到足够的力量来筑起这座建筑的人民该有多么伟大、多么团结、多么强大。

登上了一些陡峭的台阶之后，我们直接就在石头上坐下来。长城从这里看得特别清楚。远处有个地方长城精确的几何图形的转弯处好像已经垮掉了。这是视野所及的唯一一处城墙垮了。为什么？

夫妻俩交换了一下目光。许磊然开始讲述孟姜女的传说，一个非常美丽的传说。

“成千上万的人被从全国各地赶到这里来修筑长城。他们从早干到晚，吃得很不好，常常有人倒在沉重的大石头下，或者从木材上掉下来摔死。民工中有一个年轻的农民从很远的省份被赶到这里。妻子在家等了他很久很久，后来她太想念丈夫了，就上路去找他。她到处都找了，但是在成千上万个建筑者中都没有他。于是她又从长城开始的地方去寻找，沿着工地走，从一群人那里又走到另一群人那里。她问遍了所有的人：‘我的丈夫在哪里？’人们回答说，‘他不在我们这里，你继续走吧’，她又往前走……”

中国人真是一个让人惊奇的民族。他们为之骄傲的一切，甚至都是最现实的，最具体的，甚至在现实人物的现实生活中的一切都很快地笼罩上传奇的诗歌般的情感。昨天我们在市场上听说书人给我们讲了红军长征的半传奇的故事，讲了解放战争的英雄们的丰功伟绩。在他的讲述中解放战争的英雄几乎都是勇士般的人物。而现在，就在这里，在这座古城墙上，这位知识女性略带笑意地讲述着与修筑这座令人惊奇的建筑有关的流传了2000年的传说。

“孟姜女走啊走啊，她逢人便问，别人都回答说‘没有，我们没有见过你的丈夫，继续走吧，他也许在那里’。她又走了很久，工地总是没有尽头。爱引导着孟姜女。但是有一次，正是在这里，一个建筑工地的头头，现在该叫做建筑师或者工地的施工员，可怜孟姜女，就对她说：‘你的丈夫早就死了，别走了，回家去吧。’他希望对她发善心，不知道真相比谎言更可怕。‘他的坟墓在哪里？’孟姜女问。‘这里死了很多人，谁知道谁的坟在哪里？’人们回答她。孟姜女就坐在城墙上哭了起来。传说孟姜女的眼泪流下来冲毁了你们刚刚指的那个地方的长城……”

我们坐着，被这个传说迷住了，这是关于爱和苦难的力量冲毁了这座军事长城的传说。

“关于这个故事的发生地点你们可以不必记录”，叶水夫说。“在任何一个城墙垮掉的地方，人们都会对你们说，这个故事就发生在这里。这是一个流传很广的传说。还有很多歌曲唱孟姜女的，还有孟姜女的歌剧，说书人在市井中讲孟姜女，老奶奶在寒冷的冬夜里在暖和的炕上给孩子们讲孟姜女。”

后面早就只剩下高大的大门，遮雨板有古代雕刻。长城本身已经看不见了。汽车在被秋天染成金色的树林中间的柏油马路上行使，经过已经收割了庄稼的田野，可是所有思绪还留在那里，留在这座古老的建筑上。应该承认，我的思绪不是返回到强大的稜堡（它已经骄傲地矗立了 2000 年，作为弓箭、长矛、大刀时代曾经坚不可摧的工事进入我们这原子和核技术时代），而是回到与女人爱情的民间传说相连的那一段倒塌的长城上。

带着这种思绪我们来到了明朝皇陵所在的地区，也就是埋葬着明朝皇帝们的地方。这些陵墓分散在郁郁葱葱的美丽山冈上，占的面积很大，离北京不远。我们的两个旅伴不仅是行家，而且还非常喜欢古代的东西。为了让我们尽可能完整享受所有这些古代建筑的完美，他们领着我们走了几公里的老路，到明朝奠基者①的古老陵墓。我们就像朝圣者一样，兴冲冲地步行在路上，呼吸着秋天的空气，空气中充满了树叶腐烂和施过肥的土地的气味，混合成像家酿啤酒那样的芳香，还有收割的粮食和金色的禾桔散发的香味。

还在半路上就开始见到用白色石头来雕刻的巨大雕像，它们面对面地排列在道路的两旁，整个就像一条林荫道。雕塑的外形最是奇异：大象、骆驼、人面狮子、狗，还有一些神话中的动物，它们的名字需要在古代的故事中去寻找。

---

① 原文如此。——译注

在它们的后面，已经靠近陵墓的大门口，还是以同样的队形站立着石头军人、将军，最后是文武百官——已故皇帝的老战友。

古老的石俑是早就已经过去的时代的标志。但就像在中国的所有地方一样，在这里古代也是与现代并存。明朝军人的脚上靠着生锈的旧自行车。这是农业合作社管理委员会派到这里来的“质量监督员”（按照翻译给我们的说法），他们来检查土地的收割情况。这不，一个又高又瘦戴着草帽的上了年纪的农民和一男一女两个年轻人正在地里走着。上了年纪的那人手上拿着几根稻茎。这是他在收割后的庄稼地里拾的，也许是出于与生俱来的农民的节俭，也许是为了证明工作中的疏漏。如果后者更准确的话，那么这个上了年纪的中国人显然是一个太过严厉，太挑剔的人。土地收割得少有的干净。靠在古代雕塑上的自行车，在这片公共的宽广的没有地界的田野上的质量监督员的自行车，难道不是这片古老的土地上的欣欣向荣的新生事物吗？

是啊，这个新生事物就像浪潮继续触动着我们，明朝奠基者的巨大的塔和寺庙坐落在面积就像真正的山丘一样的陵墓之上，建筑物罕见地美丽，闪耀着永不褪色的光彩，独具匠心的建筑线条、生动的壁画、独特的雕塑让人震惊，而这些由于大量游客充满庭院和花园而失去了神圣的光环。可以毫不夸张地说，甚至在皇帝下葬的日子里（人们对其记忆犹新），这个地方也没有像现在有这么多的人来。几个古迹爱好者，三四个拿着皮带上有“柯达”字样相机的外国游客，按导游的说法，这就是在国民党时期这些陵墓看见的全部人了。当然，工人和农民连想都不会想到在上流社会中还存在这样一个富丽堂皇的地方。

而现在，尽管我们到得有点迟了，博物馆都快关门了，但院子里人群还是在走动，就像听某种对生命很重要的东西一样严肃地听着导游讲解，慢慢地品味着山冈上长陵的那些汉字。少先队参观团也乘着公共汽车来到这里。孩子们从车上下来，很守规矩地集中在一起，带着队鼓，竹子旗杆上有标志，但他们很快就适应了这些五彩缤纷的庞然大物，现在他们的笑声、年轻的脚步声、叫声、阵阵歌声打破了古墓的沉静，飘荡在很多世纪的墓室拱门下。

也像在我们苏联一样，在这里，在人民中国，在博物馆和文物保护区内不仅可以欣赏展品和独一无二的建筑，而且还可以欣赏到渴求知识的观众，不同毛发的、各种形象的、操不同语言的观众，他们贪婪得就像海绵吸水一样汲取知识。

这些人并不总是理解一切，但渴望理解，掌握。这些人很普通，为知识敞开了心扉，他们比西方博物馆的主要参观者有意思多了。那些资产阶级的游客，带着冷漠的表情，匆匆忙忙地认真地在世界艺术杰作旁边走过，只有一个目的，给自己的旅行计划中的响亮的名称——帕台农神庙、罗浮宫、梵蒂冈画廊、地铁博物馆——作一个记号，或者带着梦游者的表情从一个大厅游荡到另一个大厅，只有一个目的，就是打发无处消磨的时间。

在这里，在院子里，我成功地实现了有点冒险的想法。在中国的第一天我就想尝试体验人力车夫的劳动。他们总是那么不知疲倦地，带着那种独立的样子不停地蹬踩着自己自行车的踏板，因此在旁人看来，这好像并非是很艰难的事。但在北京城内人太多了，欧洲人当车夫太轰动了。而在这里，在这个安静的车站，除了车夫之外没有任何人，车夫坐在自己的车旁直接在地上投骰子玩。也许，可以试试。叶水夫和许磊然跟车夫谈了很久，说服他们把车让出来一会儿，也许，甚至还向他们证明这个苏联人的神经健全，意识清醒。所有的车夫都笑了，摇着头，但终于还是同意了，选了一辆最好的车。不过他们断然拒绝坐上去，结果只好让我们的一个旅伴坐了上去。与通常一样，当你干一件你所不熟悉的事情时，总会很着急，害怕丢人。结果真是这样。车子无论如何也不想启动。好不容易动了，它又跑得很快，好像有人在后面推它一样，同时它还老想往一边偏，你终于把它转过来了，可差点把乘车人摔在地上。

车夫确信我们不是开玩笑，都纷纷过来指导，提建议：不要急剧转动车龙头，不要用踏板刹车，不要想马上跑得飞快，不到万不得已不要用手刹。第二次骑车就顺利些了。我们住的新侨旅馆像传说中的巴比伦塔，里面住满了操各种语言的人，我们很多次听到欧洲人因为没有取消人力车而非常遗憾地说：

“天啊，我不能看见人拉人！”

要知道就其实质来说，这个职业比赶车人和出租车司机又要坏到哪里去呢？坏的就是车夫自己踩着自己车的踏板吗？难道这也低贱吗？当高傲的帝国主义者或者他那靠别人的面包来养活的妻子在疲惫不堪的车夫的大车里坐下的时候，当殖民主义者认为转动自行车或者套上大车车辕的人就变成动物的时候，他可以用脚踹他，用马鞭抽他，那是另外一回事。当一个劳动者拉着另外一个有急事的劳动者或者抱着孩子的妇女，或者一个行走不便的老人，当车夫和乘客彼此尊重，当就像现在这样没有人取笑、侮辱车夫，他同其他人一样也是公民，也有同样的权利的时候，是靠机械的力量还是靠肌肉的力量去运送乘客已经不是那么重要了。

在中国，运客和运货的汽车越来越多。但人力车夫也许还要存在很久，我觉得这并不是灾难。他们现在有保护自己权利的工会，自己的保险金，政府也在他们中间进行文化教育工作。

但我还是没有成为一个车夫。在这个职业方面我显得特别没有才能，因此我巧妙地让乘客下了车，并把车还给了车主，就这样已经累得全身是汗了。

“干这事必须要年轻的时候学习”，车主安慰我说。

10 月 28 日

我们代表团行程的安排者张梦辉完全安排好旅行的路线。我们冲到所有的大街上，寻找旅游手册，竭力向我们的中国朋友打听我们将要访问的城市和地区的一切情况。路线让人头晕，作计划的时候考虑到要给我们展示新中国生活的方方面面。但是甚至连我们最富洞察力的行程安排者也没有能够预见到我们没去成成都。我们现在已经确切地知道，成都是一个有最古老的水利灌溉系统、洪水泛滥和诗人辈出的城市，今天我们本应该在那里降落的，但这些笔记却是在陕西省的省会西安这个大城市的宾馆里做的，西安也同样有意思，但完全是另外一种名胜古迹。我们降落到这里是因为……

不说了，要说的话，就按照顺序来。我们从北京起飞的时候天气晴朗，是一个明媚的早晨，碧空如洗，我们在蓝天中向南边飞去。大约在 11 点钟我们经过了山西省的太原市，这个城市很大，自由自在地散落在红褐色的黄土平原上。在地平线灰色的雾霭中一直显现着流线型的山丘，而在我们脚下一直是耕种得非常精细的平原。

山西！我们多么熟悉这个省的名字，它是著名的八路军最早的根据地之一！我们虽然从来没有看见过它，但我们知道它。现在我们看着这片土地，看着地平线上的这些山冈，感到一种激动，这种激动是当你飞到斯大林格勒草原上空，飞到肥沃的科尔孙—舍甫琴科夫斯基田野的黑土地上空，飞到布良斯克的阴暗的森林上空或者其他曾经发生过英勇战斗的地方的上空的时候，曾经感受过的。

“黄河”，担任我们团领队的高莽低声地说。

这就是她，中国的伏尔加河，中华文明和国家的摇篮！甚至在这里，在自己的中段，她还是宽阔，强大，在平原上蜿蜒成重重奇妙的环形，从空中可以清楚地看到被她遗弃的旧河床，夏天干枯的并行河道。被河水浸泡过的陡峭河岸现在离河水很远，被望不到尽头的荒凉的沙滩分隔开来。但是这条河并不安分。从空中可以看见，洪水季节她冲平了陡峭的有悬崖的河岸，一直到某座城市的城墙下，这是城市为了防水修筑的宽阔的堤坝。

突然我们在西安降落了。阳光明媚，很暖和，空气潮湿，玫瑰花在花坛中盛开，春天就是这样。但是气旋和反气旋隐藏在山区里，还是阻断了我们的行程，不得不在这里待一昼夜。在其他任何情况下，这种路途上的耽搁都是不愉快的事，可我们却非常高兴。我们又看见了一个城市，又结识了一些中国的新同志。

市委找来接我们的车很快就到了，车上有著名的中国作家、农村专家李谷伯和诗人、一部新的流行歌剧的作者王胜武。

他们领着我们进城，把我们安排住进不久前才在北郊修建起来的一座大宾馆，然后又带领我们去参观西安的名胜古迹。在这里，在这个早先主要是农业省，可现在已经很快建立了纺织工业、采矿工业、煤炭工业的省的省会城市里，也像在北京一样，映入眼帘的是旧与新的对比，甚至是最古老的与最新的事物的对比。

这是一个很大的城市。但城市的100多万人还居住在像燕子窝一样的互相紧靠着的小房子里。只是在市中心的几条街上才有3层楼的楼房。但这里一切都在发生着变化。我们行驶在宽阔的柏油大街上，大街上精心栽种着还未枝繁叶茂的小树，这里那里到处都能看见建筑工地。这里的三轮车看起来比首都的还要古老。在他们的自行车的车厢上配有高高的顶棚，使它们非常像革命前俄罗斯马车夫的四轮马车。在车夫头上以及很多居民头上，戴着大草帽，既不是防寒，也不是挡太阳，而是遮雨，雨已经开始飘了。于是有些人戴上这种草帽，因此形状很像乌克兰的活动微型农舍。

在这里货物搬运主要是靠人工，而且车装得满满的，堆得很高，以至连车夫都看不见。运输量很大，运输的主要是建筑材料，载物之多，让人难以相信一个人能够运送这么多的东西。

……

灰色的城市，灰色的房子，灰色的瓦房顶，这些房顶一片遮住一片，也许，就像龙的鳞片一样。时而这里、时而那里正在矗立起崭新的高楼。在城边这些高楼与燕子窝，整片整片的建筑群混杂在一块，形成长长的街道。这是解放7年带给建筑的一个最重要的变化。但古代瓦顶的多层塔楼，其中最古老的是大鼓楼和钟楼，也像这些崭新的房子一样，高高矗立在扁平的一层楼城市的上空。几百年来在规定的时间大鼓会宣告早晨的来临，而在警报来临之际，钟会呼唤公民，提示着危险到来。

我们走进大鼓楼。这座建筑在国民党时期住着士兵，非常破旧不堪，现在已经修复过了，清理干净了，又重新闪耀着一系列永不失色的光彩。现在这里已经类似于一个博物馆。当我们一层一层登上鼓楼的时候，楼里涌进一群少先队员，空空的大厅一下子活跃起来，一片喧闹声。刚刚整修过变得年轻的鼓楼好像开始微笑了，突然大鼓从百年的睡梦中醒来，发出低沉的、隆隆的响声，也许是跑过的淘气孩子用小拳头敲了大鼓。

景色很有意思，确切地说，是展现在我们眼前的现象很有意思。鼓楼的主厅可以轻松地容纳上千人，现在摆满了独特的展品，有辉煌的青铜器皿和瓷器、雕塑，最古老的劳动工具和生活用具，瓦、异形的大砖和具有形态各异又异常巧妙的接口的陶制水管。说明文字标有：3000年、2000年、1500年。而工艺则没法说，即使在现代技术下制作这一切也是不容易的。我们的水利工程师谢尔盖·扎雷金已经进入到虔诚的精神恍惚的状态之中了，用迷恋的目光看着这些在古代文明的初期人工制造的巨大水管，带着连音乐迷听古老的音乐都没有的那种恭恭敬敬的神情，打量着异形的接口，用手抚摸着上了釉的表面，把中古水利工程制品的形状描摹到小本上。我们好不容易才把他从这些精美的水管旁拉开。我们在天黑之前还要看两个有趣的地方。

现在，汽车又载着我们飞驰，这次已经是往郊外走了，西安的同行告诉我们，这些真正的独一无二的宝藏都是从那里运到省博物馆来的，省博物馆马上就会坐落在鼓楼里。没有考古勘察，也没有组织挖掘。只不过到处都在大搞建设，正在修建工厂、住房、旅馆、学校，铺设道路。因为现代城市，尽管已经具有非常宏伟的规模，但是只占了古代西安的六分之一。根据史书记载，古代西安曾经有 300 万人口，建设者到处意外发现古代文物。他们非常珍惜地从地里挖出这些珍宝并运到这里来，是他们使独立的博物馆充满了独一无二的展品。

……

就这样古老的东西又在我们眼里与最新的东西碰头了。任何一个用沉重的锄头挖地的农民，任何一个举起铲子铲地的工人，现在都感到自己不仅是自己房子或者自己居住的那个角落的主人，而且还是整个大地的主人。他在工作的时候，现在不仅要关心他的家人是否能吃得饱，穿得暖，而且还要为人民、为后代保存好埋在土里没有被人发现的古董，即人民的宝藏。

我们又去看了大雁塔，一个著名的建筑，中国伟大的旅行家和学者玄奘与自己的学生们在这里翻译他从印度带回来的佛经。这座著名的塔无数次在古代和现代的各种艺术作品中被提及。它曾经就矗立在城里，在一个周围是沸腾的生活的公园里面。

……

我们气喘吁吁、呼哧呼哧地艰难地登上通往大雁塔塔顶的 248 步台阶。我们参观了以前和尚们保存佛经手稿现在已经改成纪念玄奘的博物馆的房间。这就是玄奘本人，一个强壮的已过中年的人，眼睛里闪着农民的智慧，有一个最聪明的脑门。玄奘像是他的一个学生用黑石头雕刻的。他迈着大步，撩起衣服，背上背着一摞书，书已经高过了他的头。在书上面还固定了一盏灯。对这盏灯有两种解释：浪漫的和平淡无奇的。浪漫的说法是这盏灯象征玄奘在现代人心中点燃的知识的光芒。平淡无奇的说法我更喜欢，说的是这个孜孜不倦的旅行家经常夜里也在赶路。他的学生雕刻他与这盏燃着的灯，也许只是想简单地强调这个伟大的新土地的发现者的孜孜不倦的精神。

……

天已黄昏，我们最后一次环视大雁塔那多层的塔楼，在塔顶的角落上风吹得青铜小铃摇晃不已。我们最后一次环视这座神奇的建筑，仿佛是在童话般的夕阳西下中出现的。我们继续往前走。我们在市里转了一整天，显然，李同志看到我们风尘仆仆的脸上现出疲倦的神情，便关心地问：

“也许，不要再去博物馆了？也许你们最好休息一下？”

我们友好地回答“不”，李同志不要翻译就明白了，他笑了笑。

博物馆是新中国成立后才新建的一个特别的机构，位于以前的孔庙中的一幢大楼里。孔庙的建筑本身就可以成为一个评论的对象。但天已经黑了，我们只能看见孔庙隐约显出的新奇而神秘的轮廓。博物馆已经关门了，但馆长还站在大门口等着我们。他抱歉地说，只有他一个人来迎接我们，又解释道，其他的工作人员现在都在俄语小组学习。他亲自领我们参观了展品。我不描写这次参观，因为我们看得太仓促了。但有两样古迹不得不写写。首先就是“碑林”，的确是“林”，是由石碑组成的密林。在这些不同时间、不同朝代产生的石碑上，人们篆刻了同时代伟人的书法、哲学学说的经典、思想家的箴言以及杰出事件的记述。所有这些石碑都是在不同时期不同地方找到后收集到一块运到这里来的，按照时期分类并摆放在巨大的帆布顶下。现在，对历史感兴趣和想了解古代书法的学者们徜徉在“碑林”中，可以评论当时的人们在这些石碑上记录的历史。我参观过雅典、罗马、开罗的博物馆，看过伦敦的博物馆和罗浮宫，知道最丰富的宝库。但与“碑林”相似的还从未见过。馆长打开电灯，整个巨大的石头图书馆就像奇妙的精灵聚集在一块，它们从地底下钻出来，就是为了给现代人讲述过去时代的故事和悲剧。

唐朝开国皇帝的陵墓壁上雕刻的著名的大理石马也给人留下同样深刻的印象。在古代艺术史上它们叫做“六骏图”。传说这是皇帝最喜欢的马，他骑着它们南征北战。古代的雕塑家善于表达的不仅仅是种类和外形，这样说吧，而且还有每匹马的秉性。这些马彼此之间完全不像，这是多么辉煌、细腻和充满灵感的作品啊！

“六骏图……可我们只看见四骏，还有两匹马呢？”

馆长皱了皱眉头。是啊，它们一共是 6 匹马，可是在 30 年代一个狡猾的美国投机商收买了一个无知的控制陕西省的军阀，让他对折断这个石碑并运出中国的事情睁只眼闭只眼。石碑被折成一块一块了，两匹马被偷运出国。

当装有其他 4 匹马的箱子装上火车的时候，铁路工人知道了这件事，报了警。人们聚集起来，摘下了这节车厢，用手把它推到了备用线上。这几块无价的雕塑被取出，运走，一直埋在地下。直到新中国成立后它们才被挖出来。现在在我们眼前的就是这些被仔细修复的马。但只有 4 匹了……

但我们在西安的一天还没有结束，没有，它还给我们留下一个美好的印象。我们听说陕西这里有一个自己的传统剧，与京剧不同。我们已经给我们的新朋友添了很多麻烦，这些麻烦简直像雪片一样纷纷掉在他们的头上，很不好意思再向他们提要求，增加他们的负担。但是我们还是难为情地垂下眼睛，还是问我们可不可以去看戏。

“很难……票通常早就卖完了”，李同志若有所思地说，“不过我们可以试试。也许管理处会为苏联人想点办法”。

的确，过了半小时，一叠票就送来了。管理处的方法很简单：就在前面再安一排座位。

在路上李同志给我们讲了一个古代的传说，在邻近的四川省已经口头流传几千年。一个有才华的剧作家李华飞在新中国成立后将它改编成了剧本。

……

我们去的剧院看起来很不平常。它是长方形的，用竹竿做的房架，用草席围起来，顶上也盖着草。完全有理由把这座建筑叫做摄影棚，但它能容纳大约 1000 名观众。中国传统的音乐剧院是各种各样的。我在旅行结束的时候，即我们在各省去看了剧院之后，我会更加详细地描写它。但现在，趁对这出戏还记忆犹新的时候，我想说说观众，说说剧团。

这个剧团还很年轻，尽管演出的是千年前的剧目。剧团成员很年轻，很和睦。我们坐在一旁，演出时一直看见演员们，包括那些演主角的演员无声、灵巧、快速地帮助两个工人换布景。剧一直演下去，没有一次休息，也没有一次意外的停顿。演出时而挪到前台，以幕布为背景，时而又回到台中，在完全真实的布景下继续。

大厅被挤得水泄不通，欧洲人那种“歌剧的”观众完全没有。从第一排到最后一排坐的全是普通人。有的腿上还坐着孩子。在椅子的靠背后面固定了一些特别的小格板，让人放泡好茶的小茶壶。一个老头拎着一个大茶壶，茶壶就像喷壶一样，有一个长长的嘴。老头在过道里跑前跑后，给空茶壶倒开水泡茶。这一切看起来都很奇怪。但这些观众又是热情的，感恩的！观众们敞开心扉接受舞台上发生的一切。演出在响亮动听的小木板的嗒嗒声中，在刺耳的锣声中或者在小提琴和竹笛的细腻音乐声中进行。演员们的演出好极了。

……

尽管是传统的服装，传统的化妆，我要说，这已经是另外一种比我们在北京剧院看到的更加现代的艺术。在北京，舞台画面好像是用最精美的丝绸绣出的。这里的舞台画面更像版画，但渗透了今天的关心和热情。在快结束的时候我看了看观众。坐在旁边的是一个满脸皱纹的老头，也许是人力车夫或者货郎，他把自己的茶壶嘴举到嘴边，就这样一动不动，姿势很不舒服，他被舞台上的演出迷住了。斜对面坐着一个妇女，把孩子贴在胸前，好像故事使她成为了现实悲剧的见证人。很多人的眼睛都潮湿了。

我们都已经坐上车了，一个脸上的妆还没有完全卸掉的人气喘吁吁地赶了过来。他说，演员们知道今天看戏的有苏联文学家，他们请我们务必到他们那里去一下。我们又转回来，并受到热情友好的掌声的欢迎，这种掌声刚才在剧院中响起过。整个剧团的演员——一个非常富有激情地饰演了儿子的女演员，饰演恶霸地主、不幸的妈妈、蛟龙角色的演员——都站在台上。有几个人的妆已经卸了，因此我们看到把这出传统的经典剧目表演得如此出色的演员出奇的年轻。他们中年龄最大的就是蛟龙的扮演者，才 25 岁左右。蛟龙有一张圆圆的愉快的娃娃脸，脸上还残留着金银色的化妆油彩。

“我们非常幸福，有苏联同志观看我们的演出”，举止礼貌的“蛟龙”说。“苏联人自己有那么好的戏剧，还来我们这里，是送给我们了一份大礼”。

从这个演员那里，我们听到了作为观众，即戏剧产品的需求者的我们常常听到的那句话（在进行建设和在学习的新中国这句话经常被提到）：

“请给我们提出宝贵意见。我们会虚心接受你们的批评。”

我们非常真诚地对这个可爱的，渴望听到批评的“龙”和他的可爱的同事们说，他们的工作我们完全满意。我们全都非常激动，连自己也没有察觉到就喝干了几壶水，我们祝愿这个年轻的集体继续成功地演出自己几百年的传统剧目，把新的内容、新的激情注入其中。

从南方到北方:天堂之美·言语不通

C.扎雷金

谢尔盖·帕夫洛维奇·扎雷金(Сергей Павлович Залыгин,1913—2000)是小说家和政论作家,1986—2000年任《新世界》杂志的主编。他多次访问中国,规格最高的应该是在1989年随同苏共总书记戈尔巴乔夫访华。1956年秋天他访问中国,当时中国社会正在大规模地纪念鲁迅诞辰75周年和去世20周年。与C.扎雷金一起代表苏联文学界的还有Б.加林和Б.波列伏依。在一个半月时间里代表团跑遍了全中国,代表团的每个成员后来在书中都谈到这次旅行。扎雷金在随笔和短篇小说(《在朋友的国家里》,莫斯科,1958年;《一个巨人的苏醒》,新西伯利亚,1959年;《普通人》,秋明,1960年;他还在《乌拉尔》、《西伯利亚星火》等刊物上发表了很多文章)中描写了自己对中国印象。

在 苏 州

从上海到南京的火车在一个不大但设施齐备，有地下通道的火车站苏州站停了下来。苏州是一个以园林和手工业而闻名的小城。

一出车站我们就穿过一条大约有20～25米宽的运河。在中国经常见到宽一些的运河，但这条运河正是京杭大运河，它把上海与北京连接起来，在平原上延伸1200公里。

现在运河只是用来进行短距离的货运，因此在上面航行的主要是帆船。

但是我得知了规划，根据规划不久的将来京杭大运河就会重新广泛用于航运和灌溉。

苏州市大约有60万人，靠近美丽的蔚蓝色的太湖，离海不远。这里的空气湿润，干旱天气影响不大，土壤肥沃，是一个高度发达、高效耕作、年年大丰收的地区。

在以前的苏州有很多地主和退役官吏的公馆。上海和南京的显贵都在这里修建别墅和庭院。很早苏州就以自己的家庭手工业而著称。画家从全国各地来到这里。人们对我们说明朝时期这里的画家有上千人。

但最主要的还是这个城市的盛名，它的声望完全当之无愧，甚至在一定程度上还被低估了，特别是园林以及手工生产的工艺品。据说能够与苏州的刺绣女工相提并论的只有杭州的大师们。

我们先从园林说起。

它们完全不符合我们提到公园时所产生的那种概念，里面没有长长的伸向远方的林荫小道，甚至没有参天大树，树木都不大，没有喷泉和雕塑。

苏州的园林——首先是水和天然石头的结合，石头没有经过打磨，没有经过加工。苏州园林中最大的一个面积总共才两公顷，但要走遍这两公顷，要看完里面所有的一切，也许需要一整天，甚至更多的时间。

石头是从太湖运来的。几千年来湖水冲刷着巨石，因此，当你乘坐飞机飞过太湖上空时，从飞机上往下看，震撼你的是太湖湖岸与众不同的纵横交错和从蓝绿色的水面高高突起的巨石那形形色色、新奇别致的形状和轮廓。

从这些具有稀奇古怪的鸟、兽、植物、珊瑚，还有某些神话情节图案的轮廓的巨石中,人们选择了最别致的摆放在园林里。

在北京、武汉、成都等所有中国大城市最大最著名的公园里,在宏伟的塔和钟楼的旁边,你都能够看到这种石头,这是大自然本身的创造。真的,你不知道什么让你更惊奇,是北京颐和园中七层的八角亭的建筑艺术还是具有锐利的完美眼光的人,这眼光使他能够在千百万块石头中看清这块奇妙的石头,并在巨大的公园中为这块石头找到最佳的地方,并把它摆放在最佳地方的最佳位置上,以使它最漂亮、最独特、最不可重复。

苏州园林中这样的石头聚集了成千上万块,它们形成神话般的迷宫时,在你的面前就出现了大量非常像狮子的雕塑,所以整个公园就叫做“狮子林”;或者石头是那么地像树,你不是一次两次,而也许是十来次地走进它们,用手指敲敲这样的石头,划一划痕,你再从各个方向打量打量,从旁边走开两步又重新回来,仍然还是困惑不解、心神不宁地离开,仍然最终不能相信这是石头而不是树干。

水……

这些石头中间的水形成极小的湖,其直径不过十来米,有时候还要小些。但是这里的每一个细节都处理得非常好,岸边每一丁点突出的部分看起来都那么美丽自然!一切都注意到了:日出、白天、日落时候阳光对这个湖的照射,夜里月光的照耀,树木、亭台、石头在水中的倒影,好像也都进入了园林建造者的构思;在底层的石头的轮廓和那些稍稍高出的石头的轮廓也都进入到一幅共同的画面……

这就是湖里的深渊——很深,发出黑光的深渊。那里真实的深度未必有一米……当你站在高高的亭子的台阶上,突然你出乎意料地发现自己在水中的倒影,于是你会感到惊讶,水面上一束阳光闪耀着照进了坐落在湖边的另一座亭子,漫不经心扔在湖边的石头映在水中的倒影,就像一只黑天鹅……你看见的一切都好像是偶然出现的,自然而然的,好像这一切都不是人为的,没有明显的艺术痕迹——这些园林的建设者无与伦比的艺术就在于此……

“狮子林”公园是这样,“拙政园”也是这样。据说曾经有一个国务活动家不同意统治者的政策,宣称自己是愚昧的人,拙人,弃官移居苏州后,建造了这座庭园。

但是在这些“天然”园林中，还有一些微型园林。有时候它们就只有通常的桌子那么大，有时候它们的大小甚至超不过通常开本的书。

这就是所谓的盆景，或者叫微型景观……用野外石头的碎块、苔藓、干植物和干树枝制作的这种微型景观，景观中有小路和小亭，有岩石和石狮，有湖，甚至还有湖中的倒影……

你还能见到微型森林……

枝繁叶茂的小树，非常小，总共只有半米高，但是树干上的树皮和裂纹以及被砍短的树枝都丝毫不差，就像一颗活了上百年的老树……中国人还给你解释说，专业大师们为了寻找这些树，登上终年积雪的高山。在积雪边缘，他们找到这些被冰雪和寒风压迫但仍然顽强生存了几个世纪的树。这些树实际上已经很多年了：200 年，300 年，400 年，甚至 500 年，它们被移栽到这里，现在生长在瓦盆和石盆里、石头花瓶里，行家们将栽培它们的艺术一代一代地传下来，并且使它们更加新奇别致，同时使它们保持自然的形状，以至于在这里你完全看不到人工的痕迹。

园林、盆景以及上百年的小树——这一切加在一起就是在大自然中发现某种神话般的、真正诗歌般的艺术，这种艺术发现与非常温柔非常有耐心和非常理性地领略这一切的能力，使艺术家深入到大自然的本质之中，甚至在一定程度上要服从那些长期的缓慢的过程。由于这些过程，在太湖就出现了“鲜活的”石头，在西藏或者云南的雪山之巅的什么地方就生长着几乎枯了的树。

了解了这些神奇的园林之后，我们又去参观了刺绣的工厂……

我们穿过了非常宽敞的原先是地主大院的工厂的很多道门，登上了一座非常破旧但明亮宽敞的房子的二楼。到这里，我不怕这样说，我们甚至带有某种敬仰的感觉，我们已经看见过很多辉煌的简直是神话般的刺绣作品，但人们对我们说，在全中国任何地方都没有苏州这里这么好的刺绣大师。

创造这些神奇的丝织品的女工非常普通，她们太普通了。但是她们的工作真的是魔法。中国人，甚至是从事繁重的体力劳动的人，手几乎总是很纤细，常常还很优雅，而有时候那双手简直就是搞乐器的手。刺绣女工的双手是最灵巧最灵敏的、最高级别的完美的工具。丝绸常常一下子就被细得勉强能够看清的针尖从下面刺破了……针尖出现马上就消失，又重新出来，就这样针一直都正好刺中针脚应该出现的那个点上——既不偏左也不偏右,连 10 分之一毫米的误差都没有。针在空中闪光,针的身后形成一个丝网,当这个丝网拉紧时,针尖非常快速轻盈地向下又刺进丝绸,消失在下面,而在丝绸底子上又出现了一次针脚,千百万次针脚中的一次……

但女工们轻盈的动作简直就是魔幻般的艺术创造活动,但这只是能力的一半,或者四分之一……眼睛!人必须具有多么准确的,真正的艺术家的眼睛,必须拥有对色彩和对色彩细微差别的惊人感觉才能用最细的针脚一针接一针创造出自己的图画,这些针脚只有十分之一毫米细,是最细的毛笔和最细的绘画笔画不出来的!

女工们绣出一朵花。

它那大大的花瓣的边缘是蔚蓝色的,晶莹剔透,比早晨刚刚绽放的柔和的花瓣还要晶莹,最靠近花茎的地方,花瓣完全是深蓝色的,显眼夺目,但突出的是给人以沉重感的大理石般的色彩。当蔚蓝色晶莹剔透的色彩被这些沉重的大理石色调所替代时,你并没有发现,需要非常仔细地、认真地、精密地观察绣品,才能分辨出花瓣内一种颜色到另外一种颜色的过渡,需要成为非常冷静的理性的观察者,才能发现在大自然中并不常有这样柔和晶莹的、这样神秘莫测的蓝色的、发出大理石光芒的花瓣……是的,这种花瓣大自然中也许并不常有,如果花瓣的边缘还稍稍晶莹些,更加轻盈些,而这种令人惊叹的花冠的花萼还稍稍蓝一些——那时你会感觉到画面中大师们的想象,你会去责备她们,说这种花大自然中并不常有,这太"过分"了。但现在所做的这些除了引起你的赞叹之外,绝不会引起你的任何困惑不解和其他感觉……

在隔壁房间里女工们用手工织机编织著名的苏绣作品,我久久地站在一个上年纪的女人旁边,观看她的梭子在机器上不停地来回穿梭。女人嘴角挂着一丝微笑,眼睛一直盯着她的作品,连一秒钟都没有离开过,就像我一直盯着她,盯着她的手和动作,盯着梭子一样。

我小心翼翼地拿起一个闲置的梭子,而她连眼睛也没抬就递给我另外一个,还说了句什么话。

翻译解释说:

"她说,你不要拿那个,要拿这个,另外一个梭子!"

“为什么?”

“因为这个,另外这一个她已经用了30年……她说,‘您看看,梭子已经被手和丝绸磨光了……它在太阳下面还闪光!……任何色彩,任何油漆都不能赋予木头这样的光泽和这样的美丽,只有30年连续不断的工作才能做到这一点……’。”

一个留着向下垂的长胡子的老大爷对我们说,在40年前他就给中国的皇帝娘娘绣过长袍……“她那时还很小”,他说,“我清楚地记得,长袍有3尺4寸[①]长,我在上面绣了3个太阳——一个在前面,两个在后面……好!我记得这一切……现在对我说,我已经可以不用再工作了,但趁我眼睛还看得见,还可以在织机前坐坐……我来工厂有时4个小时,有时候就3个小时。但完全不干活,完全不开机器,我办不到……听说,我绣的那个小皇帝娘娘的长袍现在在哪个博物馆展出,不仅在巴黎还在别的地方展览……但是我记得很清楚,这并不是我做得最好的活,很可惜,我的眼睛不行了,要不我还能绣出这样的东西,让所有活着的和死了的皇帝都羡慕呢……要不我还能为所有的人绣出来——让所有想欣赏的人欣赏……”

我们的一个翻译站好位置,要给老大爷照相,老大爷虽然胡子已经很长,已经谢顶,戴着眼镜,看着像个古代人,但并不衰老,他俯身在织机上,眼睛盯着穿梭的梭子……脸上的皱纹透出智慧的表情……这是一种特别的智慧。这种智慧不是来自书本,不是来自圣经,而是来自生活的本身,通过他的整个一生,通过他独一无二的艺术来到人身上的……

不知道为什么,当我看见这位老大爷的时候,我突然想起了高尔基的肖像……

有这样一幅肖像:高尔基坐在写字台后面,全神贯注地工作,他在思考,他的小胡子向下垂……

我久久地看着这些俯身在织机上的上了年纪的男人和女人的脸,我不由自主地觉得我确实直接看到了智者,艺术的智者。

我们走出工厂,很快就被一群小孩子围住。苏州的街道不宽,我们一大群

---

① 1尺等于32厘米,1寸等于0.1尺。——原注

人吵吵嚷嚷很快就阻塞了整个交通……行人只有贴着房子的墙壁走,人力车往旁边的胡同拐,甚至可以神奇地在一排排稠密的房子中间穿行的大客车也只好停下来等待我们这一群人从它的两边"包抄"过去。

没有人责备我们违反了交通规则,相反,形形色色的众多小商铺的售货员们还礼貌地向我们挥手。

我们涌进百货商店,一下子就堵住了所有的进口和出口。有一阵子,售货员没有马上明白是怎么回事,出来干涉。买卖也停止了,但时间不长,因为在百货商店的二楼正在举行江苏省画家展,我们很快沿着吱吱作响的木楼梯上了二楼。

当然孩子们也跟随我们,对于他们来说,中国没有"禁区"。一个大约 6 岁的小女孩,一直跟随我们走了几个街区,背上还背着一个小弟弟。她在楼梯旁停下来,灵巧地从背上把小弟弟放下来,让他趴在地上,轻轻拍了他一下,小孩很精神地迅速爬上楼梯。在楼上她又重新把小弟弟背在自己背上,也进去看画展。

在画展上展出的画大概有 250～300 幅。

又是花;又是也许要中国人的眼睛才看得清的最细微的水彩颜料;又是神话般的风景:山、树、湖面、山在这些湖中的倒影;又是鸟,或者画出最小的细节,就像在显微镜下画的一样,每一根羽毛都画出来了,或者相反,整只鸟,比如一只寒鸦或一只燕子,自信和准确的两三笔就勾画出来了……

在这里什么更令人惊奇,是非常细致的工作还是非常自信的,也许是故意漫不经心同时又是绝对准确的涂几笔——很难说。

起初你会觉得这些风景画很奇怪,挺异类的。它们太多了,到处都是,每幢房子里、每个商店里都有。它们全都好像处在你自己在自然界中找到的东西之外。也许由于自己的弱点,一个人正因为这样起初才对它们抱有怀疑。但某一个细节、一种底色,一个画面就俘虏了你。当你爱上了这种描绘手法之后,一个画家,甚至无数个画家的这一切幻影你都不会注意,而且也不会注意是不是所有的都一样,什么时候一样?重要的是另外一件事,重要的是你现在的世界,一个人能够从他周围的现实中把其吸进自己的那个世界,突然变得更加宽广,更加丰富。某种新的视角,新的明暗配置使你感觉、发现和记下在此之前你一直很冷漠地从它旁边经过的一切。

总之，当地画家的250～300幅画，还是你已经熟悉的那种美妙：色彩、色调、轮廓、影像。突然……

我没记住是哪个画家的作品，我说得很直接，他的创作非常独特，这甚至不是一幅画，而只是一幅草图，大约有70×35厘米大小，上面站着一个姑娘……很普通的中国姑娘，穿着灰色裤子，短上衣，垂在裤子表面，紧裹着她的腰，所有的扣子全都是扣上的，衣领高高的……头上既没有戴帽子，也没有系花结……脸只稍稍修饰了一下，但你还是在清晰的嘴唇的微笑中能够捕捉到她那宁静快乐的表情……

画家并不力图表现她的面部表情，他只是画了身材，轻盈苗条的身材，在我们欧洲人看来，这是一个发育还没有完全成熟的姑娘的身材，但总是非常真实，也许由于这种真实而优雅……

姑娘背靠着栏杆，栏杆只画了两根象征性的若断若续的线条……姑娘轻轻靠着这些线条表现的栏杆，只是感觉到它们，这种背后有依靠的感觉表现在几乎察觉不到的肩膀的转动之中。

我再一次重复：毫无特别之处，画不错，但不是杰作，不过它还是让人产生某种精彩的印象。为什么？

我久久地看着画面，怎么也找不到自己这个问题的答案。

随着人们渐渐地离开，展室里安静下来。与我一起参观苏州及其名胜古迹的鲍里斯·波列伏依已经下到一楼了，孩子们也都随着他下楼去了。

我走近窗口（这里的窗户都是密密的条状，顺着四面墙），看着下面：居高临下地看着自己的同志在一大群人尊敬的簇拥下行走非常有趣！

……这不，从商店的门里冲出那个长着两只招风耳的头发蓬乱竖立的小男孩，他带领着这一闹哄哄的人群。在他身后是几个男孩，然后是背上背着小弟弟的小姑娘，最后才是戴着精神的贝雷帽的波列伏依，但是这顶贝雷帽一点没有赋予他外国人的外貌。他被两个小伙子搂着，还有两个小孩子兴奋地抓住他的衣袖。

人群塞满商店和栅栏之间的狭窄的小街，行人拥挤，坐在等乘客的人力车上打瞌睡的车夫被惊醒了，我从上面把这一切看得非常清楚。

突然我发现，正对窗户站着一个姑娘——她也被挤到狭窄的人行道边上，等着这群热闹的人过去。她也很好奇地看着，同时她也被挤得越来越远，最后她被挤到紧靠栅栏……她感到背后有一个硬东西，但并没有回头看，而是继续微笑着盯着被一群吵吵嚷嚷的孩子包围着的“苏联人”。

姑娘的这个姿势与我刚刚看见的画面惊人的相似。相似得让人一时难以明白这是一幅画还是一个活生生的人。

我们在观赏艺术作品的时候会感受到一种喜悦，这种复杂的感情很难或者说是简直不可能用一句话来表达。在这种喜悦中有非常非常多的意味，其中之一就是在艺术形象中认出现实本身，在其色彩、轮廓和细节中的现实，而这些没有艺术家的帮助你至今都还发现不了。

这个思想出现了，但只是一瞬间，而现在就消失了，代之以另外一个思想——我明白了为什么画着姑娘的一幅普普通通的画会令人产生这样的印象。因为这幅画是唯一的。它是在画展上唯一的画人物的画，而且这个人就是我这会儿可以看见的，此时此刻在这个城市的任何一条街上都可以看到的人。

在苏州的画展上，还有在其他许多城市的画展上，我们见过成千上万幅山水画、花鸟画，但是少有看见画人物的。即使他们出现在画中，大多数都是具有中国人外貌的半人半仙或者是在风格上模仿的人，必定长着非常漂亮的面孔……

我赞同画家们，甚至感谢他们，因为他们扩展了我对人的面貌美的理解，但同时我每时每刻都非常理智地感觉到我看见的是画，是画，而不是生活。

现在，在苏州的画展上，我回忆起我早先见过的几幅肖像画，首先是在绍兴鲁迅的故居看到的这位伟大作家的爷爷和奶奶的两幅肖像画。

这两幅画用吝啬的同样的水彩画颜料画成，画得非常令人信服，也许，他们正是用对颜料的吝啬让人相信，鲁迅的爷爷奶奶就是像我们现在看见的那样，让人记住这两位老人的面貌，也许是永远记住。

其实与其说这是两个老人的肖像画，不如说是他们具有一种单一表情的面容。我看到脸上的严肃，如果说脸上有智慧——仍然是严肃的，我看到脸上日常的贤明，甚至善良，但仍然是严肃的。如果说在这两张脸上除了严肃还有别的表情,那么也只能是通过严肃来感受它们,一切都一劳永逸地服从于这种严肃,如果其他表情要表现出来,那么不是表现在彼此的斗争中,也不是表现在彼此的融合中,还不是表现在彼此的对立中,而只是表现在服从这种主要表情——严肃之中。

哪怕这两幅肖像画挂在不同的地方也好,可又没有这样——它们并排挂着,更让人想起他们的面容。

后来,在有几百个四川云南的艺术家参加的在重庆举办的一次画展上,我发现,这些画家中大约有 10 来人的作品被安置在现代人创作中心。其中有李文鑫画的老太太的肖像画、刘洪画的提着柳条篮子的老人、杨放画的姑娘的肖像。这些都是非常漂亮的作品,他们让我相信,中国画家是非常优秀的肖像画画家,尽管他们还很少画肖像画。

现代题材的画就更少了。在重庆的那个画展上一幅名为“小河边的傍晚”的画特别鲜明地留在我的记忆中。画面很简单——一个小伙子到小河边来洗脸,也许这是一个收工后的拖拉机手,河边有两个姑娘。一个姑娘腼腆地将目光转向一边,因此她没有看小伙子,显然对她来说,他不是不关痛痒的。

在版画中人要多一些,但人很少占据中心位置。最常见的画面是正在建设的堤坝、房屋、工厂,而因为所有建筑工地不可能没有人——于是出现了人的背景。

总之,我现在要说,我之所以被画着靠在栅栏上的姑娘的那幅画所震惊,正是因为这样的画作我看到的太少太少了……

我又回到了这个画展中,现在我留几句话要说说另外一种艺术留给我的印象。

……

“言语不通”

今天中午我的翻译走了,我就“言语不通”了。我坐在炕沿上记录下我在老雷家中看见的一切。作纪念。明天我就要离开农村了。

在一个中国农民家中,东西很少。我们称之为家具或者摆设的东西实际上完全没有。

老雷是一个富裕的人,这从对着门摆放着的一个柜子就看得出来。柜子不很大,很旧了,是木头的,也许曾经是红色的,可现在色彩很暗,没有图画,表面有最简单的雕花花纹。我去过很多中国人的房子,但柜子还是第一次看见,我想记住这个柜子是什么样子的。但它的确没有什么引人注目的地方,甚至毫无中国特色,像这样的柜子在塔拉或古比雪夫郊外的中等收入的集体农庄庄员家中都能够看到。

我把目光投向厨房用具。几个相当大的木盆和瓦盆,几个碗——就是茶碗,一把有着长长的嘴的铁茶壶……

不,如果说房子里还有什么纯粹的中国的东西,那就是房子的本身和我现在坐的炕了。

房子相当高,大约有 4 米,没有天花板,只有芦苇房顶,它搭在用横梁和竖梁支撑的格椽上。只有一道门,是木头的双扇门。尽管户外已是零度以下,12 月嘛,门还是大大敞开着,只是挂着一块蓝色的布帘子。

窗户很大——门的左右各一个,带有奇巧的木头格子,上面糊了油纸。

我去过好几处房子,到处都能够发现在这种纸上有两三个洞,朝上,在檐板下,——也许是特意做来代替通风小窗的。

透过这样的窗户的光是暗淡的,房子的泥墙是深色的,砖铺的地面颜色还更深,整个房子里都是昏暗的,但可以看得见和写字。

在门的右边是一个矮而结实的炉子,面积不到一个平米,上面放了一口铁锅,烟囱伸到炕下好加热。

炕至少占了整个房子的三分之一,冬天全家人的生活都集中在炕上。在炕上睡觉,吃饭的时候这里摆上一个小炕桌,就在桌子旁边吃饭了。孩子们盘着脚坐在炕上做功课,女人们在炕上喝茶。在炕头的墙角上,有房子里唯一的一个箱子。在炕上方的墙上有搁架,上面放着家庭的日用品和孩子们的作业本,搁架旁边是全家照片。在另外一个炕头放着被子。根据被子可以准确无误地判断出家庭的富裕程度。不久前我在什么地方读到过,说年轻的农村姑娘过去非常穷,在互助组工作后,靠自己的劳动给自己积攒起以前连有钱人家的新娘也不曾有过的嫁妆。为了证明这件事,文章说姑娘的被子有 10 斤重。

老雷房子里的被子如果没有 10 斤,也肯定有六七斤重。房子里的枕头是最普通的，长方形，有四个角，装满了谷糠，是用暗红色的印花布来缝的。

炕上铺着草席，在草席上铺着一层薄薄的褥垫。

现在简单说说房内的装饰。

几乎你在家家户户都能够见到刻有古代诗人的诗句或者表现古代传说的情节的图案的木版画，或者现代宣传画，宣传修建灌溉水渠或者是反对坏分子。如果在房子的墙上贴着有苏联人形象的宣传画，房子的主人会特别满意，比如正在给小脸圆圆的婴儿检查身体的苏联医生、集体农庄庄员或者工人。

在他们房子的门上和墙上你还常常看到红色的对联，上面用毛笔竖着写了汉字。通常这些对联的内容是号召大家起来消除文盲，或者说房子的主人已经学习了1000多个汉字了，或者表达对幸福的希望:多寿多子。

老雷家的房子里有宣传画，也有木版画，还有一张非常漂亮的画，画的是一只鹰。关于鹰我已经说过，但是在他房子里不知道为什么没有格言。

好像这就是我的全部观察。我把我的记录本放到一边，叹口气。房子里不止我一个人，但没法说话，也没法问问题，人家不懂:黄还是没来。

算了，现在来看看我的好客的主人。

家中现在有两个人:老太太——家中的母亲伦娥和她的女儿香梅。16岁的香梅正在给她的小弟弟做布鞋，她的手很巧，她做的鞋与专业做的鞋毫无区别，同我在商店橱窗里看见的那些鞋没有两样。

如果要在这个姑娘身上寻找什么漂亮之处，那么你是找不到的，她的脸很宽，扁平的，一个大嘴巴。

但是如果你只看这个很随便地坐在炕上的身影——她一只脚盘着，另外一只脚伸向一边，这个普通的姑娘在你面前显出某种青春的率真和活力，很开朗。虽然她穿着棉衣棉裤，显得有些胖，但还是让人觉得很轻盈。

姑娘很宁静，好像在倾听女人气向她走来，好像全身心地在感受这一点，一点也不惊奇，把这种到来当作应该的来接受。

老太太伦娥满头白发，满脸皱纹，也坐在炕上缝衣服。她把女式棉背心的裁片铺开——用很厚实的一块布来剪裁的别致的4块，正中间是一个孔，作衣领——在这些裁片上很均匀地铺上一层厚厚的雪白的棉花。她的动作非常快，非常准确。也许她是给自己的新媳妇缝棉背心。要知道再过10天，她的第3个儿子枣寅就要结婚了。

老太太不知道为什么一直在微笑。

我们互相看了很久,也许伦娥想问我什么事,或者想交谈,但谈什么呢?我只知道几十个偶然学会的汉语词,而她一个俄语单词都不知道。于是我们又沉默了。

最后伦娥忍不住了,用干瘦的手指指着女儿的肩膀,看着我。不,我不明白她需要什么,也疑问地看着她。也许她想说:"瞧,我有一个多么大的女儿,她多么能干,是一个多么好的帮手!"

我点点头,说:"好—好!"老太太笑了。香梅抬起那双平静微笑的眼睛看着我。她的眼睛现在睁得大大的,不,我不明白,老太太想要我干什么。

伦娥叹了一口气,重新又快速准确地在裁片上铺着棉花,但我看得出来,她并没有完全放弃同我交谈的想法。也许。又过了一会,她指指自己,又指指香梅,然后又指指我,她那满是皱纹的脸出现疑问。

非常简单,她是问,我有没有女儿?她有,我呢?

我又重新点点头:有!我也有女儿!我们三个都笑了。

伦娥为最初的成功所鼓舞,用手作了一个梯子:高些,然后把手掌放低,再放低。

我又明白了,她是问我女儿的个子有多高,有几个女儿?

我竖起一个手指头,说"一个!"

伦娥责备地摇摇头,好像在说:"少了,太少了,这不合适!"有什么办法呢,她不能不相信,她老了,知道什么是好什么是坏。

接下来该谈我们的家庭了,如果彼此交谈完全自由的话,几乎都是这样。

当你自己来到俄罗斯农村,房子的女主人会向你打听一些什么呢?她会问:你有几个孩子,他们学习怎样,身体怎样。女主人非常贴心地接受你的全部答案,然后叹口气说:"我们也是这样……"接下来会讲述她的整个家庭生活。也许你不再有机会去这个村庄,去这座房子,但你知道,你在某个地方还有熟人,并不是偶然相遇的熟人,而是你了解得并不少的熟人,他们也同样了解你。

就是在这里,在一个中国农民的房子里,谈话的内容也完全相同,尽管没有语言。

我已经很多次为中国人与俄罗斯人的相似感到吃惊。一个中国的乡村老教师,即使你看到他穿着长衫,戴着黑帽子,也非常像我们的乡村教师,不是外表像,而是整个面貌中某种难以察觉的特征的相似,比如,微笑、眼神、谈话时平静的方式。在人群中认出中国合作社的队长毫不费力,就像辨认我们的集体农庄的队长一样。

女人之间,不是青年女子,而是中老年女人之间有特别的相似之处。我不知道是怎么回事,但我只是觉得,母性给全世界的女人之间创造了一种共同的东西,特别是在劳动妇女之间。她们连手势都是一样的。

在云南山区,有一位女性离俄罗斯人好像非常遥远,当我走进房子的时候,突然她用围裙擦去板凳上的灰尘,请我坐下。我向她伸出手,她先重新用那个围裙擦了自己的手。这些动作突然让我感到自己就是身在祖国。昏暗的房子、在房子角落上冒烟燃烧的火炉、被熏黑的菩萨像。像的胡子上还有蜘蛛网——所有这一切不是不显眼,而是不会更多地被人注意,它们已退到次要位置。

这不,伦娥老太太借助手势和全家照片也在给我讲述她有 4 个儿子、两个女儿、两个孙子,他们都很健康,3 个在读书,而且成绩都很好。她的丈夫雷洛甘喜欢画画,他的背有毛病,他是严厉的丈夫,但那是应该的。总之,他是个好人。而她,老太太伦娥,很早很早以前,像现在的香梅那么大的时候,就嫁给了雷。当然,我非常容易地明白了这一切,因为这一切我几乎已经知道了,但关于家庭生活难道就只能谈一次,不能重复吗?

老太太放下手工活,去水井打水,也让我明白,她还想谈谈,但事情已经不等人了。

我也走出房子。这是 12 月的第一天,天空阴沉沉的已经 1 周了,房子的土墙好像更陈旧了。

院子里一头被蒙上眼睛的骡子一大清早就围着磨盘在转圈推磨,而照看磨盘的是伦娥的大儿子枣忠,他颧骨很高,长着黑色的稀疏的胡子,磨的是黄色的玉米。

我同枣忠打招呼,这在今天已经是第五次或第六次了。我来到街上。在那里我看到与我们一块从北京来的作家星野,只不过他住在另外一座房子里。他总是穿着绿色的军装,黑色的工装裤,戴着蓝色的鸭舌帽。他是大个子,脸很丰满,侧面看起来令人愉快。当你看他的时候,在这张脸上你能感觉到某种新的表情。星野同志总是匆匆忙忙,凝神思索。虽然我们见过很多次,又是一块来的,但是我们一直没有正正经经地交谈过,他没有时间,我也没有。

现在我们在街上并排走着,我们都有时间,可是却没有共通的语言。星野不懂俄语,我们只是互相看着,笑笑。

从早先有翻译时我们断断续续的谈话中,我想起了他的几句话。

有一次我们谈到一本书,现在我不记得是本什么书了,我说,书中准确而正确地描写了生活。星野同意地点点头,后来他问:"这本书会对人产生影响吗?"

我说有时候我很担心在农村在人前陷入尴尬境地,要知道我不懂这里的语言,也不知道习俗。星野回答我说:"不要考虑这个。如果人们明白了您来他们这里的目的,其余的一切都会迎刃而解"。

这就是我现在想起来的有翻译在场时我们的全部谈话。

我们走着,默默无语,我想去村子后面的一个小山岗,昨天我们去爬过。这个山冈离村子的土墙总共也就200来米,它被道路分成两半,山上长着稀稀落落的树。山脚下有几座坟,其中一座很高,像一个小教堂,还有墓碑和长满野草的战壕。战壕已经垮了,但还能分辨出通道和机枪眼。

但是记忆欺骗了我,村子里狭窄的街道像迷宫一样,对着街道的都是土墙,我来到了田野中,但天啊!哪里也看不见山冈。

我四处张望,但不让星野看出我迷路了,不让他知道我来到了我不想来的地方。我只是平静地沿着第一条窄窄的小路走着,而星野走在我身后,迈着不慌不忙的沉重的脚步,就好像在工作一样。后来他停下来,拉了拉我的衣袖,点点头又转身向村子走去。现在我看着他那宽阔的后背,什么也没想,只是呼吸着有点苦涩的空气——它从村子里向我们飘来,带有烟味。

我们又重新钻进村子的小街,转了一次弯,又转了一次,重新来到了田野上,那座小山岗就在我们眼前。

我的同伴看了看我,做了一个让我走前面的手势。

我想起来了,星野曾经在河北省作过战,也许正是在这座山冈下长满了野草的战壕里。但我没法问他,我想这样也好,就这样默默无语地走着。

又走了几分钟,在小路的一个十字路口我们遇见了一个年轻的农民,几乎还是一个小伙子。他头上系着一条毛巾,肩上扛着东西,沉得像铁的东西,有一半用破布包裹起来,以免扎伤肩膀。

我想看看这个小伙子扛的是什么,但他把东西扔在地上,快步向我走来,拉起我的手说:

"苏联人！苏联人!"

"同志！同志!"这就是我能够回答这个年轻农民的全部,接下来我们3个人都默默无言地站着。

农民的脸很激动,他点着头,笑着,握住我的手。

后来我们分手了,彼此挥挥手,农民又从地上扛起东西,又再三向我们点头。

山冈不高,但它在非常平坦的黄土平原上,就只一座,当我们登上山顶时,我们眼前就展现出很远很远的风景。只有路堤从一方——西方——挡住了地平线。

在天边有些地方看得见树木,我觉得似乎在远处有茂密的森林,甚至是昏暗的森林,可实际上这只是分散在平原上的一些稀疏的树和小树林合成的整体。

黑黑的好像玩具似的人和大车沿着路堤在移动。有时候你会突然发现,两个人影匆匆地互相靠近,原来这是两个人骑着两辆迎面而来的自行车,但看不见自行车,小小的黑色人影好像超赶过大车,又向不同的方向跑去。

看得见灰色砖房和黄色土墙的村子。在村子上方蓝色的炊烟袅袅升起。在什么地方矗立着黑色的好像是用纸板剪出来的崖柏和某种像欧洲山杨树的树,其下面的树枝都是光秃秃的,只有树尖上还残留着一些已经干枯的黄绿色叶子。而最近处是棕色的正方形的棉花地,地里到处是绽放的棉桃的白色斑点。女人们在棉花地里此呼彼应,声音短促,断断续续,但几乎不停地一声接一声,各种不同的声音几乎组成一支歌。突然这歌声不知道为什么停了片刻,你会等着它继续,后来你又听到它没有尽头的旋律。

时而还响起笑声，它出现了，拖着有力而响亮的音调，可就在你等待笑声继续，就像我们俄罗斯人所说的那样“流淌出来”的时候，可就在那一瞬间，它又突然中断了。

也许，一直都是那同一个喜欢高声大笑的人在笑。

我的同伴也在眯起眼睛倾听。我向他点点头，深深吸了口气。我想说：“空气真新鲜”。

他用手掌抚摸自己肩膀靠着的树的树皮，微笑着，然后指着采摘下来的一大堆棉花泛着白光的那个方向……大车每一辆都由 3 头骡子拉着，两头在前，1 头在后，车上也满载着棉花，吱嘎吱嘎地往村里去。不知道为什么我觉得我的同伴想说的不是棉花，而是很快要下雪了，那时候整个平原就会变成白茫茫的一片，就像这个棉花堆。

是的，马上就要下雪了，如果你去观察去倾听我们周围的大自然的情绪，那么你很容易就感觉到对冬天的期待。在这种期待中有某种忧郁的东西，某种疲倦但同时又是像人那样温暖的东西。这既是一个已经 60 岁的年复一年地迎接着自己生日的人的思考，也是他的感情。

我开始觉得女人在棉花地里的笑声之所以爆发得那样意外，是因为只要她笑，立刻就能够感觉到这种对冬天无言的期待——然后又沉默了。

我们久久地站在山冈上，后来也没有商量就下山了。星野非常轻松地像士兵一样跳过了旧战壕。

大地也被人收拾好准备过冬了，地上被耙子耙得干干净净——到处都是耙子细细的印痕，所有的干树叶和枯萎的野草都被耙子收集到一块，一片不剩了。

我用手摸摸这片土地，抓起一把土。我想与它告别。明天我们就要离开村子去北京了。

我的同伴也许还要多次登上这个小山岗，而我就未必了。所以我想为在这片土地上所看见的一切而感谢它。

我觉得星野理解我。

1956 年 10 月—11 月

第五编
透过历史的深处

软玉，神圣的玉石

A. 费尔斯曼

亚历山大·叶夫根耶维奇·费尔斯曼（Александр Евгеньевич Ферсман，1883—1945）是著名的学者，地球化学家和矿物学家，院士（1919 年），除了从事科学研究和履行社会职责之外，还是真正的宝石诗人。他把宝石看成活的思想，能感受到宝石活的灵魂。他研究矿物，描写矿物，思考矿物。下面发表的关于中国软玉的内容摘自他 1919 年在彼得堡俄罗斯生产力科学委员会的系列讲座，收进《俄罗斯宝石》一书（第一卷，彼得格勒，1921 年）。

什么比金子更好？玉石。
什么比玉石更好？感情。
什么比感情更好？理智。
什么比理智更好？上帝。[①]

密度很大的绿宝石的命运非常特别，非常神秘。这种宝石叫做软玉，在并不太吸引人的断折处，它有时非常暗，几乎是黑色；有时是浅乳白色的石头，很小，断面粗糙，没有光泽，没有明亮绚丽的色彩。在非常引人注意的由于漂亮而吸引原始人眼球的水晶里从来看不到它。然而，某种神秘就与这种石头有关，不仅在中亚这个世界文化的发祥地的民族中，而且在欧洲，在阿尔卑斯山脉之中，在奥里诺科和亚马逊河岸的美洲以及在新西兰群岛上，它都成为人类日常生活的对象和为生存艰难斗争的工具，这并非偶然。

在人类文化的各个中心，在各个民族文化产生的初期，软玉同火石一起成为生活最初的工具。它的强度和韧性（这与它不是特别脆有关），使它成为人类非常重要的材料。在瑞士湖建在木桩上的水上房屋中，在贝加尔湖畔的宿营地中，在加勒比海不被人注意的岛屿上，在新西兰毛利人那里，到处都一样，有用深绿色的软玉做成的刀子、箭镞、锤子、斧头。人类怎么成功搞到所需要的材料，在哪里还有我们所不知道的取得这些财富的产地，这一切至今还是具有极大科学意义的谜，只有依靠学者们一步一步地顽强研究才能逐渐扩大我们的知识，才能知道原始人类从哪里取得这些不可替代的材料。

弄清楚原始人类是怎么学会区别绿色的软玉与同它相似的其他浅绿色的石头的，在世界各个不同的地方他们是用什么方法来正确地选出这种最坚固的材料，自然和人类的天才赋予了他们什么样的东西，这是具有历史文化意义的另外一个任务。尤其让人惊奇的是现代学者经常从这种宝石旁经过，却没有发现它。在热拉亚和拉斯佩奇亚之间的利古里亚居民区大矿床产地是 1905 年才发现的，而乌拉尔山脉的矿床直到 1913 年才发现。

逐渐地软玉从史前人类的粗糙工具变成了工艺品的材料。在印度和中国

① 此为拉丁语。——原注

的艺术中，它加工后的美达到了极致，东方构思的最高形式体现在地球的这种稀奇古怪的材料中。在东方的影响下，它慢慢成为了欧洲艺术所喜爱的材料，通过俄罗斯运进来成为欣赏的艺术品。

……

真正的软玉同与它相似的翡翠(这完全不同于市场上那种翡翠)是二氧化硅和一系列金属氧化物(第一层是镁，第二层是钠)的结合物；它们具有温润的光泽和各种各样的色彩，从乳白色或者奶酪色变成浅绿色、绿色、深绿色，直到墨绿或者春天那种明亮的翠绿色调。其实树叶所有色度都可以通过这种宝石的各种色彩表现出来，而这些色彩是由于所含的氧化铁和氧化铬所引起的。

一个中国历史学家谈到它的色彩时说得好："玉有 5 种颜色：白得像脂肪，黄得像在开水中煮过的栗子，黑得像漆，红得像公鸡的鸡冠或者口红；但最变幻莫测的是玉的绿色"。

在东方最珍贵的是来自东突厥斯坦的乳白玉和有浅绿斑点的缅甸翡翠，这种玉沿着河流进入中国的甘肃省，在那里同东突厥斯坦的深绿色玉混合在一起。

亚洲这两大矿床至今都是全世界最重要的。一度有一个错误的说法，说只有在这两个地区才能寻找到不同民族史前产品的材料来源。

在把蒙古人从东突厥斯坦赶走之后，缅甸成为开掘软玉的主要中心。从那里每年运进中国的这种宝石超过 1.5 万普特。开石的方法多种多样，从原始方法，即用火烧红再浇凉水，再到现代设备的水下储藏站，在这里取出翡翠，翡翠不仅由于自己匀称而柔和的色彩，还由于鲜明的绿色斑点而非常美丽。

在 19 世纪中叶俄罗斯萨彦岭的宝藏也加入到亚洲这两大中心，从此俄罗斯的宝石就开始占据世界市场。

还在中国历史上的远古时代，软玉就引起了人们的注意，不知道什么原因就成为中国的崇拜物。当你第一次接触到这种宝玉的时候，似乎不理解全中国的这种爱好，爱好的不是亮晶晶的闪闪发光的宝石，而是毫无光泽的石头，灰蒙蒙的，带着令人不快的色调。但是值得稍稍了解一下中国的小饰物，值得稍稍习惯一下这种不鲜艳的色彩，以便逐渐深刻体验它的魅力、它色调的纯粹、它光泽的柔和、它的某种深度和宁静，中国人就是这样评价它的。它那令人惊奇的匀质，它不是很硬，又有强度，用刀具可以雕刻出最细腻的图画——这一切都吸引着东方民族，使他们自己的雕刻艺术和创作构思去服从于这种宝石。

毫无疑问，首先软玉是以自己的强度而引人注意的。它作为一种永久性材料被选来制作崇拜的圣物毫不奇怪。在公元前 12 世纪就认定以后最最重要的圣物主要用它来制作。在那些遥远的年代它起着黄金和白银的作用，那时金银在中国还不能大量开采。后来赋予宗教仪式极大意义的中国人将玉石的神圣意义保留下来，这种神圣意义是祖先赋予的，在自己的传说中菩萨在天上的宝座是用软玉来做成的。

在古书中说道，在远古时期，智者就把软玉与高尚的品质相提并论：温润而泽，仁也；缜密以栗，知也；廉而不刿，义也；垂之如队，礼也；叩之，其声清越以长，其终诎然，乐也。

中国作家许慎说：玉，石之美者有五德。润泽以温，仁之方也；䚡理自外，可以知中，义之方也；其声舒扬，专以远闻，智之方也；不挠而折，勇之方也；锐廉而不忮，洁之方也……

于是，崇拜物就是软玉雕刻艺术的最初产品；那是各种形状的礼仪宝瓶，用来装酒、装祭祀血、祭祀粮食和祭祀水，还有荣誉玉瓶，用来永远纪念受他们供奉的祖先的功勋和美德。所有这些器皿都有准确规定的某种形状。还有宗教音乐的乐器，它们由长笛和一组薄薄的软玉片组成。软玉片系在丝绸绳子上，用小木槌敲击。这样的软玉片在每一组合中有 16 片，能发出各种音调。

除了用软玉制作崇拜物之外，还用它来做区别皇帝和朝臣的标志。还在公元前 6 世纪皇帝们就佩戴类似法冠的东西，它就是用玉片来装饰的。这种玉片也挂在腰带上。在隆重的仪式上，君主和他的高官近臣都要在嘴前挂上玉片来挡住自己的气息。皇帝的玉片被称为瑾，是长方形的，代表着他管理国家的正直。近臣们的玉片上端被打磨成尖的或圆的，象征着服从。近臣们的夫人们佩戴玉石扣和玉石佩针，似乎表示她们丈夫的官阶。除了这些官方的作用之外，玉石还广泛运用于中国人的个人生活和社会生活之中。在瓷器发明之前，玉石占据着它的位置。用玉来做喝米酒的碗、装糖果的小碟、香炉、匣子和小瓶形状的鼻烟壶。那是一个贪图享受的时代,当时中国诗人说:这些可怜的花的芳香渗透到玉石杯中,因此秋天的酒饱含着香味。人们开始用玉石制作无数物品,作为爱情的信物和友谊的证明在家庭庆典时互相赠送。

如果说在制作崇拜物时宝石加工工匠要受传统和标准束缚的话,那么在制作生活用品时他们创造了奇思妙想所提示的一切。看着这些按照底稿来完成的作品,你就像置身于艺术家与材料的斗争之中,你亲眼见到的不是用野蛮的武力而是用细腻的灵活的控制去征服这种材料的所有阶段。

为了让玉制品生气勃勃,中国人有时候给它镶上黄金花纹和其他宝石。软玉和翡翠本身也同金属和珍珠并行不悖地运用于木头镶嵌之中。很难全部列举出中国艺术对软玉的运用。我们知道用一块很大的天然白玉、珊瑚、紫水晶和石英花朵雕刻而成的一束菊花。可以想象,要用宝石雕刻出菊花那无数的花瓣,花瓣还奇妙地卷曲着,缠绕在一起,工匠的雕刻技术该有多么精湛啊!

但是不仅仅是艺术家在玉石面前俯首帖耳,在中国玉的价值也是非常大的,国家用它来做钱币,用它作为标准衡量从蒙古山谷的河流中运来的沙金的纯度。

世界上产玉的主要中心是中亚——那是产和田玉的地区,东突厥斯坦一个富有诗意的城市,其宝藏就是玉和麝香。

“圣河玉河从昆仑山山顶流下,从城市旁流过,在山脚下它分成三条河;一条是白玉河,第二条是绿玉河,第三条是墨玉河。每一年,当第五个或者第六个月圆之时,河水从岸上流出,从山上带来很多玉,退水之后人们把玉收集起来。和田的统治者在自己还没有来到河岸作出选择之前,禁止人们走近河岸。”

这个城市的历史学家阿贝尔-列缪扎这样写道。他还讲述了一个美丽的神话,玉就像一个姑娘那样美丽,有时候在第二个月圆时,从树木到青草一直到山顶有一道特殊的光覆盖着,这就表示河里出现玉石了。

“中国人把这个城市叫做和田,中国的皇帝们往这里派出使臣,傲慢地要求给他们运去大块的玉石。比如,12 世纪刚一开始,我们就知道和田玉的统治者和中国皇帝之间的一封特别的信。由于这封信,一些 6 分米大小的极品大块白玉被运送到东方,献给‘太阳升起的东方国家光荣的主宰’。”

很多勇敢的旅行者冒着生命危险深入到和田的荒无人烟之地，逐渐在我们面前打开了这些矿床宏伟的在世界上绝无仅有的画卷。库罗帕特金深入到这里，第一个收集到了准确的资料。差点死了的格罗布切夫斯基、后来的什拉金特威、斯托里奇卡、波格丹诺维奇等人阐明了这些矿床的分布。在我们面前现在已经描绘出玉石矿藏的宏伟画面，这些玉石分布在 20 多纬度(2000 公里)的地方，不仅分布在昆仑山到罗布泊的区域中，而且还分布在东边更远的地方，在凉山支脉中，在神话般的青海湖的子午线上。

每年帕米尔高原的叶尔羌河上游的主要矿区要将 1.2 万普特以上的玉石献给中国皇帝，直到按照他的吩咐停止开采为止。因为他的皇位继承人躺在玉石床上病了，严厉的惩罚落在了叶尔羌河上游，人们停止用火的方法在荒无人烟的峡谷中开采绿玉，把已经往北京运的整块石料皇帝命令加上锁链，扔在路上。别的地方还在继续开采，人们又重新采用中国作家描绘的特殊方法捞取叶尔羌河和和田河的漂石。时而是一些士兵，他们站在齐腰深的水中，截住任何一块滚动的石头，把它捞上岸；时而是一些奴隶，他们在湍急的河流中凭着赤脚对光滑的感觉，猜测躺在河里的漂石的天然属性。不管怎样，弄到玉石的主要方法就是从河里捞出漂石。

这种宝石就是从这里走上圣路的，还受到特使在专门的驿站的保护。在这些驿站中按照东方礼仪每一次运输都被看做边疆的一件大事，一部分不含杂质的玉石块送往东方，一部分就在和田以及边疆的其他一些居民区加工成艺术品。这种宝石来到北京，在皇宫中与像硫黄一样黄的天山玉、缅甸的白玉、乳白玉或者绿玉(翡翠)①，以及西南各省的软软的有斑点的寿山石汇合在一起。在宫廷中，皇帝的特别手工作坊利用现在欧洲人都还不知道的专门技术加工这种宝石。

世界上最大的玉石产地就是这样的，历史、文化和民族性格的深刻问题与找到这种神圣的玉石的地点密切相连。

1919

---

① 显然缅甸最丰富的矿区是不久前才发现的，最早提到它们是在公元 1600 年左右。——原注

中国的民间文学

Б. 瓦赫金

鲍里斯·鲍里索维奇·瓦赫金(Борис Борисович Вахтин 1930—1981)是诗人、小说家、苏联科学院列宁格勒东方学研究所研究员、中国学学者;他写了许多关于中国古典诗歌、中国木刻的书籍。60 年代他实际上是列宁格勒持不同政见的青年作家的领袖,他创作了不少关于 50—70 年代苏联现代生活的中篇小说和短篇小说,很多作品在他去世后才得以在俄罗斯公开发表,如《我的生活就是这样形成的》。下面发表的文章是他关于中国文化的随笔,摘自列宁格勒专家们写的论文集《汉国》(列宁格勒,1959 年)。

口头作品的宝库

作家写完文章，把毛笔、圆珠笔或者钢笔放下。他的劳动结束了。他的劳动成果发表了。每一句话都成为永恒的了。

但还有另外一种作品。它们只是在口头上存在。通过语言、音调说出来，就没有了。只有在人的记忆中还保留着听见的话。

口头作品从来都是不可重复的——要知道它是在不同时间随着不同的情绪在不同的语境中完成的。就像树上没有两片完全相同的树叶一样，也没有完全相同的口头作品。

“民歌好比一阵风。刚才还有，这会儿就没了。我们应该建立采风学会”，中国科学院院长郭沫若说。这样的学会在中国就有，它收集和研究在民间流传的口头诗歌作品，也就是民间文学。

在远古时代，人们已经创造了真正的语言宝库：神话，传说。神话适合古代人，讲大地是怎样产生的；人是从哪里来的；他们怎样学会说话和唱歌的、播种和收割的，怎样取火，怎样修建房屋。

在远古时代是一片混沌——中国神话这样回答关于生命的起源。在混沌中自己产生了巨人盘古。他来自蛋形的混沌，混沌中轻而清的东西，缓缓上升，变成了天；重而浊的东西，慢慢下降，变成了地。在天地之间站起巨人盘古，他把天顶在头上。但一切都死了，盘古也死了。他的头变成了高山，他的右眼变成了太阳，左眼变成了月亮。他的头发变成了草，他的血变成了河流，他的骨头变成了金属、岩石、石头，他的呼吸变成了风。星星是什么呢？是散落在天上的盘古的胡须。人是从哪里来的呢？人是由阴阳之神用创造天地剩余下来的混沌碎片所创造的。根据这个神话，天、地、人具有相同的起源和共同的命运。

关于人是从哪里来的问题，还有另外一个答案。

女娲有一次经过世界上空。她看到了高山、江河、森林，这些都在她的脚下，她感到自己很孤单：世界上没有一个生物。女娲降到大地，想了想，从地上抓起一把黄土，把它泡软，捏成一个泥娃娃。这个娃娃活了，他高兴地叫起来，跳起来。这就是人。这个人高兴什么呢——虽然他很小，但在很多方面像神，与别的生物不同。

女娲很喜欢自己的创造，她又捏了很多人，把他们放在大地的四面八方。女娲再也不寂寞，不痛苦不孤单了。

接下来她又做了一些事情——教会人过家庭生活。做完这件事情之后，女娲休息了很多年。

女娲的哥哥伏羲也来帮助人。他教会人煮饭，建造房屋，编织渔网。人们生活得更好更幸福了。

但是一次一个巨大的危险降临到大地上。水神共工与火神祝融在天上开战了。凶恶的共工被打败了。他羞愧难当，想一死了之。他用头去撞不周山，把陆地撞得完全歪斜，擎天柱被撞断，天崩地裂了。山林中爆发了火灾，地下水涌上了地面，惊涛骇浪一直涌到天上。人被从山上下来的怪物吞食。女娲急忙赶来帮助人。她拣来五彩石，炼石补天。为了擎天，女娲安放了4根擎天柱，它们是女娲用一只巨大的神鳌的四足变成的。女娲赶走野兽猛禽，杀死平原上横行的黑龙。

不管女娲多么高明地补了天，但世界回不到先前的样子：在不周山所在的西方，地面下沉了。你会问，为什么中国的江河都流向东方？古代的中国人非常清楚：因为共工让东边的大地下降了。为什么众星辰往西走？因为共工在西边让天塌下来了。

女娲做了这一切之后，大地上人们又开始了快乐的生活。春夏秋冬四季轮回，该热的时候就热，该冷的时候就冷。所有的猛兽都死了，剩下的动物都变得很善良，与人和睦相处。大自然慷慨地给人提供自己的物产，没有困苦没有操心。孩子们被放在鸟巢中，风儿哄着他们睡觉。孩子们长大后，老虎和雪豹、毒蛇和猛禽逗他们开心。人们不知道害怕，过着非常幸福的生活。这就是“黄金时代”。

为了人们生活得更加美好，女娲赠给自己的子民特别悦耳的木笛，教会他们音乐——人们精神生活中最神奇最必需的东西。

在结束这些劳作之后，女娲就永远地去休息了，人们把这种休息叫做死亡。但这并不是死亡——女娲变成了10个不朽的生物。

“黄金时代”是怎么结束的呢？

对此神话也有自己的回答。

人变得越来越多;自然界的馈赠已经不够人们使用了。他们开始播种,共同劳作。大家都过得很好,但诸神忙于自己的内讧,不再关心人。

在传说的苗人中出现了恶人,蚩尤神鼓动他们起来反抗天庭。苗人在蚩尤的率领下反对黄帝的最高统治,企图篡夺王位。

天兵天将惩治了凶恶的苗人,蚩尤被判绞刑。

黄帝认为人神共处利少弊多;他担心将来经常出现新的怀有嫉妒心的人和坏人来觊觎王位,在人们中间发起暴动。

于是黄帝命令众神破坏天地之间的道路,在诸神之间建立起区别,在人中间也出现了区别。

于是地上出现了越来越多的猛兽和恶魔。

天地出现了干旱的征兆——六足四翼的怪蛇;出现了洪水的征兆——怪物軨軨,它形状如牛,身上有虎纹。"黄金时代"就结束了……

关于英雄的神话

很多神话是讲述英雄的。大地上原始的人们在与大自然进行艰苦斗争的时候,在人们的想象中出现了强大的人的形象,这些人能够在他们所做的一切事情中发挥出非凡的力量和超人的本事。中国最著名的一个神话就是后羿射日的故事。

神话中说,曾经天上同时出现10个太阳。干旱开始了。地上万物都被晒干了,晒死了。铜、沙子和石头都被熔化了。当时人类的首领是尧。尧住在茅草屋里,吃的是最简单的食物,统治很英明,很人道。但他拿10个太阳一点办法也没有,他痛苦与其说是因为艰苦不如说是因为意识到自己的无能。

因为干旱森林燃烧起来,水塘里的水沸腾了。原始森林、大海和沙漠中出现了吃人的怪物。

于是神箭手羿就来帮助人们了。看到人们的苦难,看到无数的牺牲,羿忘记了东方天帝帝俊——10个太阳的父亲——的请求,他请求羿不要杀死他的孩子,只是吓唬吓唬他们,使他们轮流出现在天空中。

羿箭无虚发,火球一个接一个地掉下来。他本来要射死全部10个太阳。

但英明的尧知道，地上万物生长都要靠太阳，于是命令人悄悄从羿的箭囊中抽出一支箭。羿的箭不够了，所以天空中还保留了一个太阳。

后来羿又同怪物们展开搏斗。最坏的一个是猰貐——一种怪物，牛头人面马腿，红色躯干。猰貐最可怕之处是他的声音，像婴儿的哭声。

羿胜利了，杀死了这个怪物。

羿战胜了可怕的凿齿、能喷水吐火的怪物“九婴”、鸷鸟“大风”、巨蟒和居住在桑林中的野猪。

羿可以称之为中国的赫拉克勒斯[①]。

关于羿的命运我们从羿之死的神话中可以知道。

东方天帝帝俊不能原谅羿杀死了自己的9个儿子，就剥夺了羿不死的权利。

羿的妻子嫦娥却是一个性格极坏的人，羿常常想丢开使其受累的家庭生活。他举办了双轮马车比赛，长时期去森林打猎，到处行走漂泊。

在漂泊中他决定要给自己找回不死之药。

古代中国人认为，长寿和不死是世界上最宝贵的东西。

大家都知道，只要喝了西王母的不死之药，人就可以不死。根据神话，西王母住在遥远的西方，在昆仑山的一个山洞中。

昆仑山四周流着一条特别的河：它的水是那样的奇怪，不仅是人，不仅是船，甚至连鹅毛在那里都要沉没。在河后面是一圈扑不灭的熊熊火焰把山包围，不管多么坚硬的东西落入火中的一瞬间就会被烧成灰烬。

羿克服了千难万险，终于到达了西王母跟前。西王母给了他不死之药。

羿回到了家乡。

妻子嫦娥正在家中等候他。

她偷了丈夫的药，自己喝了。嫦娥害怕丈夫生气就躲到了月亮上。因为她的卑鄙行为，不管是在人间还是在天界都没有她的位置。

她被判处在月亮上孤独地生活，要知道，月亮上除了她之外就只有一只玉

---

① 赫拉克勒斯是希腊神话中的伟大英雄，宙斯与凡人阿尔克墨涅所生之子，以力大而闻名。——译注

兔、一只蟾蜍和一个叫吴刚的人——中国的西绪弗斯[①]，注定要永远在月亮上砍一棵桂树。

民间的想象惩罚了嫦娥——对她来说不死变成了永远的孤独。

嫦娥应悔偷灵药，碧海青天夜夜心。

诗人李商隐[②]写道。

轻信的羿被嫦娥的欺骗行为震惊了。他不想活了；他开始等待不可避免的死亡，成天出去打猎、漂泊，于是神秘地死在森林里，不知是被嫉妒他的学生害死的还是掉进了捕捉野兽的陷阱里。

羿是普通人都喜欢的英雄。传说使他成为保护人免遭邪恶伤害的所有神仙的领袖。

在遭受由于10个太阳引起的干旱之后不久，人们又遭受到新的不幸——大洪水开始泛滥。水逼近了太阳。这个灾难是因为最高的天帝对人类感到气愤而降下来的。

热爱人的神仙鲧违背天帝的意志来帮助人。

鲧干了10年，修筑拦河大堤、路堤、大坝，利用能够自己生长的“活的土地”来阻隔水。

气愤的天帝夺去了鲧的“活的土地”，打死了鲧。

洪水又大了。

但鲧有一个儿子，叫禹。

禹从父亲那里接受了力量和本事。他也像父亲一样，把那些“活的土地”放到最深的地方。但他没有修筑拦河大堤和大坝。他走的是更加正确的道路。禹疏通河道，加深河床，让水自己流向大洋。

在工作时，他去了很多国家——从北方的沙漠到安南，从太阳升起的地方到四川。他一路上碰到各种稀奇古怪的生物——长着翅膀的人，赤身裸体的

---

① 希腊神话中的国王。——译注

② 此诗应是李商隐所作，但原文写的 Тао Юаньшсн(陶渊明)。——译注

民族，人民长着3张脸的部落。他一共走了43个国家，一直在不停地劳动，从不歇息。

洪水被战胜了。在洪水中幸免于难的人们从高山上、从大树上下来。禹成为他们的领袖，为他们做了很多好事。

关于羿和禹的神话就是人类的保护者的神话。黄帝也是这样的保护者，他保护人民的和平生活免遭邪恶的暴动者的侵犯，帝俊给人民传授了很多知识、武器和工具，神农及其儿子们教会了人们用犁耕地。

后来人们把很多神话英雄看做是现实的历史人物。

在中国神话中还经常碰到完全是象征和诗歌的形象。这就是夸父的故事。

巨人夸父不知道他到底有多大的力量，于是决定同太阳较量。他同太阳比赛跑。夸父跑了很久一直不觉得累，当太阳快下山的时候他几乎已经赶上太阳了，但是由于一直在跑，而且由于离太阳太近，烤得他很口干。他就去了黄河，一口气把黄河连同它的支流渭河的水都喝干了，但还没有喝够，他又跑向北方大泽。但他的力气用尽了，他最后因筋疲力尽而死在路上。

有一首诗歌传诵着精卫鸟的神话。太阳神的女儿沉没在海里，她的灵魂变成了一只精卫鸟。她的声音总是像在埋怨什么。这只小鸟对海非常生气——它衔来小树枝和小石头扔在海里填海。

陶渊明被这种力量悬殊的斗争的伟大所感动，写下了悲伤的诗歌：

精卫衔微木，将以填沧海。

时间过了一代又一代。

对自然现象进行神话解释的需要消失了，它们被科学的解释所代替。

人与自然的斗争越来越被人与人之间的斗争，阶级与阶级之间的斗争所替代。

童话故事、歌曲、谜语和成语

讲述人与人（富人与穷人、当权者与臣民、亲人与朋友）之间关系的传说和故事代替了神话。在这些传说和故事中人们不由自主地表达自己的希望、期待和对幸福的梦想。

在中国的每个村庄都能找到喜欢讲述各种历史故事的人。或者在节日里农民在村庙里坐下，或者挑着重担的挑夫停下来休息，要知道既没有好的道路，也没有好的交通——或者全村的人都聚集在村长家中商议如何解决村中的大事(怎么帮助某个穷人上税，怎样让为点琐事而吵架的邻居和好)，经常都有说书人在场，准备讲述周围发生的简单的故事。

《九龙潭》就是这样的一个故事。

从前有一个人姓肖(中国的故事通常几乎总是很准确地告知主人公的姓名、事情发生的地点——越准确，故事就越难以置信)。他家生了一个儿子，满身都是鳞片。父母亲害怕了，认为他是个妖怪，就想抛弃新生儿。但一个流浪和尚从旁边经过，说："这个孩子将来会建功立业，你们要关心他，抚养他成长。"父母亲听信了和尚的话。

小孩长大了，他的能力确实非凡。

他用草编成龙，而那龙一到夜里就活过来。那时孩子就骑在龙背上，飞到著名的城市和全国最美丽的地方。

这时他成了孤儿，住在自己的叔父家。

叔父发现他常常不在，有一次就问孩子，夜里他到哪里去了。

"我去欣赏西湖上美丽的彩色灯笼去了。"

叔父不信，要知道西湖多远啊!

小孩提议他也一块去。

于是他们就去了这个世界上最美的湖，清晨又踏上归途。当房子还离得很远的时候，叔父从龙背上掉下来，好不容易才走回故乡。

叔父隐藏了对侄儿的愤怒，他想起流浪和尚不让做的 4 件事：砍掉生长在房子后面的花园中的竹子；打死黑狗；宰杀在房子前面的人工池塘里游泳的鸭子；打开院子的中门。如果这 4 件事发生了，孩子会遭到不幸。

生气的叔父破坏了这些禁忌。当他砍掉竹子，藏在竹林里的武装骑兵都死了；当他打死黑狗，笼罩着房子的乌云都离开了；当他宰杀了鸭子之后，鸭子的嘎嘎叫声都没有了，寂静笼罩着房子；当院子中门打开之后，从里面飞出一支白色的箭，一直飞到都城。

原来是这样一回事，小孩子——在这之后他已经变成了小伙子——注定要成为一个公正英明的国王，代替现在的国王。

现在的国王早就知道他会被一个姓肖的人推翻。所以他一直非常注意地盯着一面可以看到一切的魔镜，检查自己国家的每一个角落。但他没有看见任何危险的东西，因为乌云挡住了小伙子成长的房子。

突然一箭射来，差一点射死国王。他扑向镜子就看见了——要知道已经没有乌云挡住房子——箭是从哪里射出的。于是国王就派了自己的军队去那里。

小伙子开始同国王的军队进行厮杀。但隐藏在竹林里的骑兵已经死了，不能来帮助他。他本来可以逃走，但没有了鸭子的叫声，四周太静了，敌人听见了他的脚步声，追上了他。

小伙子变成了一条龙。龙的尾巴挥动了一下，就形成一个深潭，龙躲了进去。人们把潭水排干了 9 次。小伙子 9 次变成龙，藏到了深潭里，深潭每一次都是龙尾巴打击出来的。

皇帝的仆人按照一个老头的建议把龙缠绕在几根柱子上，他迷失了方向，被抓住了。一个当之无愧的国王就这样没有能够领导中国……

在另外一些童话中还讲述了动物的故事。这些故事也有深刻的寓意。

一次，隐居的神仙决定要让动物更加漂亮。他把动物都召集到自己那里。来的有猴子、熊、大象、马、牛、老鼠。

聪明的神仙问："猴子，能不能把你变得更漂亮些？"

"不应该让我变得更漂亮"，猴子自信地宣称。"我这样就非常好，应该把熊变得更加漂亮，要不看着它恶心。"

"为什么要改变我？"熊很委屈。"应该改变象，它的鼻子太不像话了。"

"我的鼻子最好了！"大象反驳说。"应该改变马，它的脸有点长。"

"我的脸就是应该这样长！"马回答。"如果说有谁需要改变的话，就该改变牛，只要想一想，居然从头上竖起两根骨头！"

"这不是骨头，而是角"，牛闷声闷气地说。"我不需要改变。应该改变老鼠，它难看得不堪入目。"

“我不想改变!”老鼠说。“需要改变猴子。”

一切又从头开始了。

于是神仙放弃了改变野兽外貌的企图,他明白了每一种野兽都认为自己最完美。

在旧中国的农村,农民的劳动是非常繁重的。他从早到晚都在田间地头劳作,非常爱惜地栽种秧苗,非常关爱地播种小米和高粱、大豆和小麦,耐心地等待自己的劳动果实。有一个宋国人,把种子散进地里,他嫌幼苗长得太慢,老是看不见。为了帮助幼苗生长,就去把苗往上拔高。结果柔弱的幼苗被连根拔起,死了……

只有耐心的劳动才能有收获。

可以理解,勤劳的农民是多么憎恨那些在农忙时节坐着由强壮的仆人抬着的轿子,打着大伞出现在田间的老爷们。在所有的故事中,地主都被刻画成贪婪、可恶和愚昧的形象。

一个地主催促自己的长工收割庄稼。长工已经竭尽全力,可地主把自己的骡子拴在树上,坐在树荫下,不时呵斥着。

长工们想了一个把他引走的主意。他们对地主说,在很远处的地头一只兔子正在吃幼苗。地主吩咐长工赶快去赶走兔子。长工们跑了,躺在树荫下好好休息了一次。第二天,当地主又坐在大伞下,在地里干活的一个长工大叫起来:

“看啊,狼扑向了您的骡子!”

地主以为长工又在戏弄他,于是不准长工从地里离开。

狼真的扑向了骡子。

骡子死了,而地主再次受到惩罚。

这样的故事在中国农村很多很多。与其相似的还有讥讽官员们贪财和不公的故事。

……一个农民在自己的地里挖出一个大瓦罐。这原来是个魔罐——无论往里面放进什么东西,它都会无限地增加。农民的邻居要求分自己一份。两个邻居争吵起来,就到法官那里去了。

贪婪的法官非常巧妙地裁判了争执的农民的是非,魔罐却落入了他自己的手里。为此他受到了严厉的惩罚。

法官年老的父亲去看罐子,没有站稳掉进去了。结果罐子里开始出来一个又一个老头,他们全都是这个坏法官的父亲。

法官破产了,因为他要养活许许多多的老父亲。

在故事中农民做的事情都是在现实生活中做不到的:报复坏法官。

民间的想象使穷人变富,使弱者变强。

在童话故事《金马驹》里牧童一无所有。不过他笛子吹得很好。他的笛声俘虏了金马驹。金马驹给牧童指引了一颗魔力南瓜;如果照顾好它,就可以发财。

牧童非常细心地照料南瓜。

但牧童的主人知道了这事。贪婪的他找到了南瓜,但他迫不及待,做的一切都不是应该做的。山崩裂开了,掩埋了宝藏,但是当主人冒险去挖的时候,山又合上了,主人死了。

唯一应该得到宝藏的牧童还是得到了宝藏。

中国的老百姓还创作了形形色色的"变形"的故事。

狐狸和雪豹、狼和蛇、蜗牛和百足虫很容易就变成了人。

从前在一个荒漠之地,有一个年轻人碰到了一个美女,他爱上她了,她成为了他的妻子。

有一次他发现妻子身后有什么东西不对,就开始观察她,原来她是一只狐狸!这是对爱人的一种考验。

如果他爱妻子,相信她,不管她是不是动物变来的,他们都要和睦相处,白头到老。

但如果主人公害怕了,满怀对狐狸妻子的不信任,或者甚至想摆脱她——那么他就会有痛苦!神秘的世界会组织起来反对他,那些会变化的动物会来蒙骗他,戏弄他,把他诱入陷阱,最后让他死亡。

其实他是自己害死自己的,因为他对会变化的动物的特殊世界的敌视。

17 到 18 世纪中国一个著名的作家蒲松龄就创作了很多这样的故事。这些家喻户晓的故事被收在一个集子里——《聊斋志异》(聊斋是蒲松龄的笔名)。里面的很多故事都被苏联科学院院士、中国学学者阿列克谢耶夫翻译成俄语。

与童话故事很接近的是传说，讲述曾经发生过的事情。特别受人民喜爱的是两颗相爱的心彼此忠诚的传说。

这方面典型的是小伙子梁山伯与姑娘祝英台的传说。

英台想读书，她女扮男装，到一个老师那里读书。

与她一块读书的还有一个高尚的小伙子山伯。没有人，包括山伯在内，怀疑他们的同学是个女孩子。

但老师的夫人猜到了。英台不得不回家。她说服与她要好的山伯在学习完后去她家向她父亲的女儿求婚。

山伯这样做了。当姑娘出来的时候，他认出这就是他的朋友英台。

但山伯来晚了。英台的父母已经答应把她嫁给一个姓马的恶霸。山伯相思成疾，死了。在死前他请求把他埋葬在祝英台家到马家的路边。

当抬着英台的花轿经过这个地方时，英台跳出花轿，跑到山伯的坟前。坟墓裂开，英台扑了进去，大地又在她身后合拢来。

两个相爱的人永远相守在一起了。

在他们的坟头上至今还有两只永不分离的花蝴蝶在翩翩起舞……

中国人民编出了很多童话故事和传说，而编成的歌谣就更多了。

创作歌谣的有黄河、淮河、长江的船夫，田间地头的农民，山间行走的挑夫和刺绣、操作织布机、做家务活的女人。

最古老的歌就是劳动的歌。它们伴随着水稻的播种、渔夫努力的拉网、挑夫有节奏的行进而唱。在这些歌曲中歌词并不是那么重要，主要的是它们的韵律和奇妙而普通的旋律。

除了可以让工作变得轻松的歌曲之外，中国人还创作了关于劳动的歌曲。

在旧中国，这种歌曲的基本主题是强迫性劳动的艰难。

山西的长工唱到：

长工苦，
啊，长工苦，——
1月开始劳作，

10月才结算。
像马一样劳累，
吃的也同牲口。

北京的人力车夫唱到：

人力车夫在哭泣，在哭泣——
瘦得像竹竿。
他必须跑到日落——
没有人同情他。

旧中国也有一些歌歌唱成功劳动的欢乐，但这样的歌曲很少。要知道人们很少享受自己的劳动成果。

建房人无房住，
织布女无衣裳。
卖盐的喝淡汤，
种田人吃谷糠。
磨面工吃瓜叶，
卖糖的过苦日，
炒菜的闻菜香。
编草席的睡光炕，
埋葬别人的人死在路边上。

民歌反映了普通人的生活，反映他们的悲欢离合。民歌唱出了年轻妇女对狠毒的公婆的抱怨，唱出了去当兵的小伙子对家乡的离别之情，唱出了令人愉快的想象。

好久没唱从未有过的事情，

明天会唱起这支歌：
骡子日行3000里，
水牛飞越过了江。
对面山上草吃羊，
家中媳妇打公婆。
夜里小偷咬了狗，
公鸡偷走大狐狸。

在这种歌曲中获得解放的想象力以其自由吸引了歌手和听众。

这是一种文字游戏——非常吸引人，非常自由。

童谣简单感人：

黄鹂唱得这样漂亮！
父亲成富人，
妈妈生儿子，
哥哥娶了心爱的姑娘，
那时就会给我买不倒翁。

在中国北方还产生了一种在竹板有节奏的敲击下朗诵的诗歌，后来很快就传遍了全国。名字就叫“快板”。

有时候快板讲述一件小事，有时候详细而具体地叙述某部中世纪长篇小说的内容。

在古代中国还有一种民间口头文学，在这种口头文学中说唱轮流进行。说和唱由说书人来进行。

通常说书人一个人出场，有时候是两个人。他们在普通的弦乐、锣鼓、木板的伴奏下说唱。

说唱作品各种各样，什么内容都有！有说修建长城的，有说足智多谋的军师诸葛亮大败魏军的，有说在隋炀帝时期修筑大运河的，有说岳飞反对入侵中国的侵略者的；还有说药、花、鸟的；还有说聪明的法官断复杂的案子的等等。

说书人尽可能给听众造成强烈的印象，无论他在哪里出现，是在市井中还是在广场上，在村口还是在大道边的大车店，都有密密麻麻的听众围着他。

说书人采用各种技巧，这些技巧分别叫做“手”（手势的艺术）、“嘴”（朗诵和唱的艺术）、“步”（富有表现力的步伐）和“气”（向听众传达出情绪和感情的艺术）。

说书人传达出每一个主人公特有的语言、当地方言的特点，模仿黎明时的雄鸡打鸣，狗吠，夜里打更人的打锣打鼓的声音，武器的撞击声，孩子的哭声，狂风的怒吼声。

有经验的说书人掌握了所有这些技巧，而有经验的听众也知道这些技巧，也非常理解在通行表演下隐藏着的众多的东西。

高超的表演水平是与听众的高水平相一致的。

“我愿意让大家理解我，你们就应当愿意理解我”，17 世纪一个著名的说书人柳敬亭如是说。柳敬亭被中国说书人看做是自己这一艺术门类的奠基人。

英雄叙事史诗的命运至今还是一个科学之谜，它几乎一下子消失得无影无踪。它的痕迹在长篇小说、戏剧、说唱艺术作品中还能发现。但这只是痕迹。

有些英雄史诗还保留下来了，最著名的是《木兰辞》，讲述中国的“圣女贞德”的故事。

……在一个家庭中有一个姑娘，特别勤劳谦虚。当中国与北方的游牧民族开战之后，姑娘的家中必须要有一个人去充军。但木兰的父亲太老了，而她的弟弟们还太小。于是木兰就女扮男装，代父上了战场。

在与异族人的战斗中，她英勇善战，成为元帅，取得一个又一个胜利。

敌人被赶出中国。

皇帝非常感谢木兰，想要奖励、提拔她。但木兰拒绝了一切荣誉，回到家乡，回到父母身边。

中国老百姓口头创作了丰富复杂而又押韵的谚语，它们反映人民的生活经验，人民的日常生活和劳动。

众所周知，在谚语中体现的主要是人们的日常生活经验。人们多次感受到某种东西后，就在未来的谚语中互相提醒：

“临渴掘井”太晚了。

“坐吃山空。”

不要“问客杀鸡”。

“人勤地不懒。”

“不入虎穴，焉得虎子。”

谜语建立在出乎意料的比喻和比较上。

例如，“有头无脖子，身在水中间，有翅不会飞，无脚却能行”(鱼)。

“红顶子绿底子，中心一捧黄米子”(辣椒)。

“站着矮一些，坐着高一些”(狗)。

“白天它们跑，白天它们忙。一排排草，一排排芦苇，夜里它们合上了。”① (眼)

口头诗歌创作自古以来在中国就与其他形式的民间艺术活动联系在一起，与剪纸艺术、捏泥人和面人艺术、丝绸刺绣艺术、骨雕与石雕艺术联系在一起。

还有很多故事讲述绣在丝绸上的图案活过来。著名的木匠鲁班做的小鸟扇动着翅膀，把鲁班载到天上永远不死；森林在笛子的优美音乐下翩翩起舞。

优美的口头创作就这样反映出人民的精神世界、人民的劳动、夙愿，它们丰富的艺术想象力、对生活和劳动的态度、对死亡和爱情的态度，植根于劳动人民的现实主义的乐观精神之上。

---

①　Л. 切尔卡斯基译。——原注。

论“中国的礼节”、中国的祖先崇拜和尊老习俗

И. 斯米尔诺夫

伊利亚·谢尔盖耶维奇·斯米尔诺夫(Илья Сергеевич Смирнов, 1948年—　)是语言学家、诗人、翻译家、教育家、俄罗斯作家协会成员。现为俄罗斯国立人文大学东方文化与古希腊罗马文化研究所所长,1989—1990年曾在北京大学进行科研和教学工作。他是翻译出版13—17世纪中国古典诗歌的倡议者和参加者,写了许多关于中国传统文化问题、关于经典作品的研究与翻译的著作。下面摘录的是他发表于《祖国纪事》杂志(莫斯科,2005年第3期)上的一篇文章。

13世纪就已经有第一批欧洲人进入中国，注意到那里民族的特殊礼节。无数的鞠躬和互相恭维伴随着甚至在街上偶尔碰到的人。对待值得尊敬的人——老年人和有地位的人——需要特别精心考虑的礼节。几百年过去了，在这之前，最有洞察力和满怀兴趣的欧洲人——旅游者、商人、基于好奇或者上帝仆人的义务的传教士，随后还有中国学学者——就开始了解中国文化的深层基础（中国文化的重要成分就是著名的"中国的礼节"）。甚至对传统社会而言也是令人惊讶的尊老习俗也开始得到了理解。其实，就在后来，即使了解和理解了，也并不能使中国礼节的遵守者摆脱真正的惊奇，对与文化融为一体的日常的尊敬老人和长寿的惊奇。

例如，在1906年，B. M. 阿列克谢耶夫院士这位后来的伟大的中国通，为了撰写硕士学位论文来到中国。那时他刚刚开始学术研究工作，才从彼得堡大学毕业几年。他懂汉语，师从俄罗斯最好的汉学家学了4年中国文化，后来又去欧洲进修。他不是一个新手，但他看见活生生的中国是第一次。在日记中他详细地记录下在中国的日常生活中使他震惊的一切。下面就是在浓缩的最日常的生活中的一个典型的例子："上午有个老太太来聊天。船夫彬彬有礼地询问她多少岁了：'恐怕已经快80岁了吧！'老人受到奉承而感到愉快，但谦虚地说她只有56岁。'您老真有福气！看起来像80岁！……'事情很清楚，在宗法制的中国，年长者总是受到尊敬！所以中国人表达'老的'和'尊敬的'两个概念只用一个字'老'。[①] 把人的年龄说得比实际要大一些（哪怕不是真心的），也能让人感到无限高兴。似乎说的人想借这种夸大告诉对方：'我应该像尊敬老人那样尊敬您'。"[②]

在阿列克谢耶夫的很多日记中描写了令异国的旁观者感到很奇怪的尊老形式。比如在中国的圣山之一——泰山——山顶上，在众多的寺庙中间，旅游

① "老"字是一个象形文字的符号，来源于一个古老的图形，画的是一个弯着腰的老人，披着长长的头发（也许是智慧的象征），拄着拐杖。这个词现代包含着从主要意义到边缘意义的极其广泛的意义：如："老的，上年纪的，衰老的，可敬的，尊敬的，过时的，陈旧的"，也可以用作名词和动词，指"失去，死去"；还可以与许多表示职位资历与出生排行意义的词搭配，例如，老祖儿——祖先，曾祖；老二——第二个兄弟等等。——原注

② B. M. 阿列克谢耶夫：《在旧中国。1907年旅行日记》。莫斯科，1958年，第47—48页。——原注

者会看到一堵崭新的墙挡住通往悬崖的路。墙上写着“禁止自杀”，旁边贴着省长关于禁止自杀的通告。阿列克谢耶夫写道：“采取这些措施是因为有一种迷信传说，说是从山顶上跳入深渊就可以让自己的父母避免疾病和死亡。注意到对长者的无限尊敬形成了整个中国道德的基础，可以想象，这种野蛮的迷信会使中国付出什么样的代价！”①

似乎从礼貌地夸大谈话对方的年龄到自杀中间有一大段距离，可两个习俗的来源都是一样的：来自中国社会非常看重的四德之一的晚辈对长辈虔诚的孝道。并非偶然的是，所有中国的艺术——高雅文学、民间文学、特殊的木版画——都充满了高尚的道德行为的榜样，当然首先就是孩子们对父母的高尚道德行为的榜样。在家中后辈尊敬长辈这一德行受到特别坚决的维护。

13 世纪的一部叫做“24 孝”的集子非常普及，包含了从传说中的古代到当时的 24 个故事。里面的主人公有穷人，也有达官贵人，有国君，也有富有学问的显贵。根据传说，君主舜自己耕地，尊敬父母，感动了天帝。天帝派来大象作为奖励替他耕地，派来小鸟代他锄草。有一个叫仲由的给人当长工，离家很远，但每天给父母送饭。另外一个国君，生活在公元前 200 年的文帝，亲自给母亲端汤药，并且一定要亲口尝过后才让母亲服用。大约在同一时期，债务缠身的董永无钱埋葬死去的父亲，只好自己卖身为奴，但天帝不允许这样的牺牲。于是天帝之女下凡来到他的身边，他们一起织了锦缎，还清债务，以适当的方式举行了父亲的葬礼。在唐代(6—10 世纪)有一个贾师师孝敬公婆作出了榜样。当老太太不能进食的时候，她用自己的乳汁喂养婆婆。

可以认为，列举的故事(除了公婆的故事外)在精神上完全符合基督教的“尊敬自己的父母”之类的道德教条，而在非基督教徒的民族中尊敬父母也进入到最主要的道德之中。耶稣教的传教士相当早就感觉到中国道德律令与基督教教义外在的相近(他们准确无误地认清了内在的差别，关于这些差别还要讲到)，他们试图利用中国的道德说教来更加成功地号召异教徒，但他们对另类的然而对中国人来说却完全是典范的儿子行孝的行为困惑不解，在这种困

① B. M. 阿列克谢耶夫：《在旧中国。1907 年旅行日记》。莫斯科，1958 年，第 114 页。——原注

惑中退却了。

在很古很古的时候有一个叫老莱子的人活到了60岁，那时他的父母已经很老很老了。为了让他的年龄不至于使父母想到自己已经年老，老莱子尽管满头白发，还常穿孩子衣裳，嬉戏玩要跳舞，以博父母开心。一次他为双亲送水，摔倒在地，非常疼痛，但他马上做出滑稽姿势，博得二老大笑。而八岁的吴猛每到夏夜总是脱光衣服赤身任蚊虫叮咬而不驱赶，因为担心蚊虫离开自己去叮咬父母。[①] 在中国孝子纪念史上王裒是一个永垂不朽的人物，他的母亲在世时怕打雷，每当听到雷声，他就跑到母亲坟前，用自己的身体保护坟墓并大声地叫道："我在这里，母亲不要害怕！"这样的例子数不胜数。我最后再举一个在欧洲人看来几乎是拙劣地模仿圣经情节的例子。郭巨非常穷困，不能养活自己的母亲和儿子。他决定牺牲儿子，开始在地上给儿子挖坟墓，结果挖到了财富，原来是上天在奖励他的孝心。

接下来要谈的是在直觉的层面上能感受到的基础原则，它们产生社会行为和文化现象的类似标准。为了追根溯源，不得不追溯到中国人形成最重要的伦理宗教观念的古代。

伟大的思想家孔夫子(公元前6—前5世纪)认为神话传说的古代是理想生活的样板，这个古代的真实情况早就在世界上丢失了，但还保留在一些古书中。也就是说，为了消除现代生活的噩梦，需要了解语言中保留的古代文化。一个高尚的人，想管理别人的人就必须献身于这一点。孔夫子打算按照理想的样板建立起他那个时代的社会生活，在很多方面他借用了古代的习俗和观念，常常按照自己的方式解释它们，赋予它们另外的内容。

这样就产生了祖先崇拜。很多民族都崇拜自己已经死去的前辈，但在古代中国社会，崇拜去世父母的仪式非常普及，随着时间的推移，开始变成豪华夸张的仪式。特别隆重的是崇拜氏族首领的祖先的仪式，参加这个仪式的有他的所有近亲和族里的显贵人物。即使场面不那么豪华，他们也照样崇拜自己的祖先。仪式伴随着祭祀、唱歌、跳舞、开怀畅饮。这就是在古代的《诗经》

---

① 很能说明问题的是在19世纪末，日本开始重新评价与中国有很多共同之处的传统价值观，有一个激进的改革家注意到这个寓言，嘲笑说，小孩子不应该去表现英雄主义，而应该挣钱买一个苍蝇拍。甚至连"进步的社会舆论"也认为这个意见是不合适的、无耻的。——原注

（公元前 11—前 6 世纪）中描写的宏伟的仪式：

有来雝雝，至止肃肃。相维辟公，天子穆穆。
于荐广牡，相予肆祀。假哉皇考！绥予孝子。
宣哲维人，文武维后。燕及皇天，克昌厥后。
绥我眉寿，介以繁祉，既右烈考，亦右文母。

明显的是在这首非常古老的诗中描写了君主按照传统仪式祭祀自己的先人的事件——周朝的君主武王祭祀自己的父亲——周朝的第一个君主文王。参加仪式的有诸侯国的君主。“天子来祭奠已故父亲的亡灵，请求他收下献给他的肆祀，请求他享用它并以此来安慰儿子的心。然后他唱起了歌颂父亲英雄业绩的颂歌，歌颂父亲创建了大地上的和平和天上的平和的快乐，给家族极大的荣誉并使之繁荣兴旺。最后，为了证明带来肆祀的儿子受到的恩赐，同时他也祭奠自己的母亲，当之无愧的君主的当之无愧的夫人。”①

我们要指出，在一般情况下，不是像上面所描写的那样，由君王举行仪式，而只是由氏族成员中的最年长者，年龄最大的人直接与氏族祖先接触。换句话说，在远古社会享受尊敬的不仅是死去的人，而且还有活人中的最长者。而就是已经死去的人，严格地说，并没有被看做是已经完全死去了，因为他们对后代的生活产生几乎是决定性的影响。根本不喜欢构想任何新东西的孔夫子的行动只是使这种影响具有了现实意义，使它成为古代总崇拜的一个部分。而古代都是明君，他们的臣民都道德高尚，所以他们才成为现代明君和现代臣民的楷模。孔夫子引导祖先崇拜突破比较狭隘的贵族圈子，摆脱地区的家族日常生活，使它成为具有重大社会意义的全国人民都必须遵守的礼仪。

尽管孔夫子基本上是在首先与最高层面的宗教信仰有关的古代仪式、礼仪、崇拜和伦理的基础上构建了自己的学说，可他与他的弟子们尽了一切努力在尽可能多的人民大众中传播自己的原则。从此，主要在贵族中流行的祖先崇拜成为了下层人民的宗教伦理准则的基础，习以为常的迷信、巫术等活动被

---

① B. M. 阿列克谢耶夫：《中国文学》，莫斯科，1978 年，第 467—468 页。——原注

排挤到次要地位。

此外,孔夫子还将孝的学说纳入到已经更新的祖先崇拜之中,从而使孝敬已经去世的亲人实际上失去了神秘的地位,将后者简单地同被尊敬的社会成员等同起来。但是孝的原则是由孔夫子提出来的,也许,高于他学说的其他道德原则。在任何情况下遵循这条原则被看做是无条件的道德律令。而且孔夫子在谈到孝的概念时,说得很含糊,并没有尽力给出一个准确的定义。他很想勾画一个关于孝的观念的可能的范围。他这样说过:“今之孝者,是谓能养。至于犬马,皆能有养。不敬,何以别乎?”孔夫子学说著名的阐释者朱熹(12世纪)也这样解释了孔夫子的话:“言人畜犬马,皆能有以养之,若能养其亲而敬不至,则与养犬马者何异。”[①]换句话说,孔夫子尖锐地抨击了不假思索的,失去礼仪意义的和缺乏内心真诚的对父母的关心,显然这样赡养双亲不论是对达官贵人还是对普通百姓而言都是罪孽。另外一次,孔夫子是这样回答关于孝的实质的:“生,事之以礼;死,葬之以礼,祭之以礼。”这里的“礼”就是著名的中国礼仪,实际上就是合规矩的行为准则,它们严格规定社会内部每个人的行为。正是“礼”规定了要尊敬父母,在生前关心他们,满足他们,毫不犹豫或者毫无怨言地满足他们的任何要求。模范的儿子冬天要给父母暖被窝,甚至已经成年了,做任何事情还要经过父母的同意,也就是真正与他们融合在一起,永远处于孩子的地位。实际上一直到父亲去世,成年的儿子在社会上在法律上都不享受充分的权力。哪怕他身居高位,只要双亲中任何一个去世,他都必须辞官,守孝3年。当局也有责任(同时也很乐意)促使他这样做。

“孝”的原则在社会关系体系中是如此的强大,以至于如果是基于“孝”道,任何过错,包括犯罪都可得到谅解。父亲在家中主宰一切,有权处置整个家庭财产甚至家庭成员的性命。在饥荒年代人们常常卖孩子以给父母换取足够的食物,这被认为是完全自然的事情。父母对孩子生命的支配权利没有任何人怀疑。同样孩子可以以孝敬父母的名义犯下最严重的罪行。大家都知道中国古代一件大臣违背严格禁止使用皇帝的龙辇(违令者是要被斩断双腿的!)的禁令的事。皇帝的一个近臣知道自己的母亲生病了,毫不犹豫地破坏了这个

---

① 转引自 B. M. 阿列克谢耶夫:《中国文学》,莫斯科,1978年,第452页。——原注

禁令,结果没有受到惩罚。孔夫子最令人吃惊的一段格言是:"吾党之直者异于是,父为子隐,子为父隐。直在其中矣。"官方的法律追随孔夫子拒绝在法庭上承认孩子反对父母的证词。儿子没有权利违拗父亲,哪怕父亲是坏人。最多,他只能很委婉地规劝父亲,低三下四地请他注意检点自己的行为,如果父亲不听,就只有默默地难过。

为什么执行看似粗暴的关于孝道的家庭戒律会成为国家的大事呢?至少有两方面的原因。首先,孔夫子把家看做是无所不包的社会结构甚至国家制度的原型。中国社会的传统形象就是一座"沙山",在那里每一粒沙子都是一个单独的家庭。皇帝这个词的真正意义是其人民的父亲,而臣民就是他的孩子。于是父子关系就这样构成了整个社会关系的金字塔,所以孝的原则不仅保证了单个家庭的稳定,而且也成为整个社会最可靠的连接物。其次,尊重老人和上级的思想已经深入人心,有这种思想的人,正像孔夫子所说的那样,任何时候都不会成为暴动者。对于孔夫子生活的混乱时期来说,这种顺从是非常宝贵的。顺从应该在家庭中加以培养。"弟子入则孝,出则悌",因为"其为人也孝悌,而好犯上者,鲜矣;不好犯上,而好作乱者,未之有也"。上面提到的朱熹注释说:"此言人能孝悌,则其心和顺,少好犯上,必不好作乱也。"①可以理解,国家需要什么样的臣民,家庭根据孝的原则培养的就是什么样的臣民。孔夫子坚定地说:"孝悌也者,其为仁之本与!"也就是说,孝悌是整个社会关系的基础,孔夫子的这种坚定也是可以理解的。

随着儒学伦理规则变成道德的绝对律令和社会职责体系,对孩子的全部教育都以所有社会成员(几乎不管老幼)细心学习所必须履行的最复杂的规则和礼仪为基础。从3岁起孩子就必须一天几个小时与老师在一起,背诵最复杂的课文。孩子很早就不被当孩子看了(学生第一次上课时给老师赠送的传统礼物就是一根棍子)。孩子们淘气当然是允许的,长辈们甚至宽容地看待他们的淘气,但淘气被认为是对循规蹈矩的明显偏离,循规蹈矩要求在各方面必须模仿长辈,比如在习惯、举止、外貌等方面。孩子们要努力尽快地成长起来,成熟起来。在中国孩子的这种通常的努力具有狂躁性——晚辈太没有权利,

---

① B. M. 阿列克谢耶夫:《中国文学》,莫斯科,1978年,第431页。——原注

长辈在生活的各个方面都受到无限的尊敬。晚辈实际上被一张最严格的责任和尊敬的礼仪的网络所控制，这些礼仪远远超过西方人与长辈交往的任何一个可以想象的礼节。除了合理的义务，如给老人让座让路、碰到比自己官职大的人要下车等等之外，还应该回答长辈提出的任何问题，不仅要卑躬屈节地敬礼，而且要经常提及自己的无知、愚昧，最后要提及自己的微不足道。严格的礼仪规定禁止晚辈表现出任何情绪，不能喊叫，大笑，甚至禁止看长辈的眼睛。对长辈最小声的呼唤，不仅要回答，而且要站起来，恭恭敬敬地走过去，眼睛盯着地面。

顺便说说，我们发现，从中国道德的角度看，社会角色的范围就是“五伦”(父子关系、君臣关系、夫妻关系、长幼关系和朋友关系)，其中只有友谊是唯一超出了家族或者官方等级的人与人之间的关系。然而在中国，甚至友谊关系也不被认为是各方平等的。至少在两个朋友之间总有一个要年长一些，这就给了他要保护年幼一个的理由，给年幼者提各种建议，直到选择未婚妻。不尊敬地拒绝执行年长朋友的建议就有断交的危险。长幼关系使朋友的交往极其形式化，并为展示问候、讨好、恭维等一整套礼仪创造了合适的土壤。而且传统的中国社会特别看重友谊，很少有别的主题像友谊那样经常被写进抒情诗里，体现在绘画作品中。此外，友谊的珍贵之处还在于精神上的高尚努力，这种努力像呼吸一样自然，但仍然是那种与家族之外的长者交往所需要的努力。

在年轻人热情希望自己成长为成年人和长辈的努力后面隐藏的不仅是自古以来对独立生活舞台的向往，而且是希望自己尽快得到成年人应该得到的那份荣誉和尊敬，希望自己成为真正的“老人崇拜”的对象。这种老人崇拜也许在别的文明的民族中没有相同的。在任何一个民族中老年和智慧是同义词，但古代明君的最高威望随同祖先崇拜和孔夫子所鼓吹的对父母的尊敬使中国人将智慧与年龄紧密地结合在一起，其程度超过任何别的地方。活到了受尊敬年龄的人享受到近乎于崇拜的普遍尊敬。在严格的行为规范下，老人从必须履行的礼仪下解放出来。或者，比如说，谁也不会想到去嘲笑一个受尊敬的长者还在继续学习，甚至还想考取功名。不但如此，特别成功的长者受到鼓励，皇帝送给他们赏赐。[①]

尽早老起来（尽管是象征性的）的热情真正融化在了中国文化之中，从日常行为到高雅文学。很少有诗人在年轻的时候不写关于最初的两鬓斑白的诗歌（尽管我们发现大多数中国人头发白得比较晚）。问题在于中国的中世纪诗歌创作者几乎从来不直接谈自己，他使自己的感情和思想具有一种他的前辈在诗歌中形成的典型形式，而他的真情却深深地隐藏在诗句的后面。所以如果诗歌中表现的是悲伤的主题，那么一个典型的形式就是叹息少年白头、衰老、很快生命就要到尽头：

明镜如明月，
恒常置匣中。
何须照两鬓，
终是一秋蓬。
（庾信，公元 6 世纪）

秋天的草和霜都是常常用来指代白发的修饰语，而镜子不仅是日常用品，更是中国文化中认识事物和人的真面目的传统工具，而且与其说是认识外貌，毋宁说是认识内心隐藏的真实的传统工具。就这个意义上说，下面这首白居易的诗（公元 8—9 世纪）是非常有说服力的：

皎皎青铜镜，
斑斑白丝鬓。
岂复更藏年，
实年君不信。

诗人的外貌完全不能证明他到了被尊敬的年龄，你可以欺骗自己，但是却

① 这是众多例子中的一个。著名学者沈德潜（1673—1769）从 17 岁就开始参加科举考试，直到 66 岁才考取了功名。为此他还得到乾隆皇帝的奖励，皇帝两次授予他最高荣誉，并为他的两部著作写了前言。——原注

欺骗不了镜子。

无论如何，咏叹衰老、老年的诗歌存在这一事实本身证明了在中国文化中年龄范畴的最崇高的地位。

在中国诗歌中还有一种主题与老年主题紧紧地交织在一起，这就是大自然的周期，一年四季的轮回。农业是中国文明的根基，自古以来人们就非常关注大自然，关注大自然状况的一丁点变化。人在天地人的三位一体中与天地是平等的，所以他是永恒轮回的自然一个有机组成部分。迅猛奔腾的春汛、李树短暂盛开的鲜花在一夜间被大风吹掉，这些都是欢乐的同时又是瞬间逝去的悲伤的春天的标志。下面这首 8 世纪的诗人王维的诗是由 Арк. 施滕贝格改译的：

叹白发

我年一何长，鬓发日已白。俯仰天地间，能为几时客。
惆怅故山云，徘徊空日夕。何事与时人，东城复南陌。

残花、蛐蛐的叫声、大雁飞行的队列都是忧郁的秋天习以为常的标志。但是秋天的思考常常是人走到生命尽头的极其痛苦的思考，这时“一年尽头”的很多标志都好像在作结论。那时干枯的老树和耷拉下来的树枝、拱桥和西下的夕阳、疲惫的马和行路人都形成一种难以排遣的悲伤情绪。

四季轮回不仅发生在大自然中，也发生在被季节整个控制的人的身上。而这很自然，而中国人哲学地看待这个问题，因为世界就是这样安排的。植物枯萎的苦恼就像因为年老而产生的悲哀，但任何时候都不产生悲剧。有很多诗句含有忧伤的情绪，因为人的生命不是很长（在一首古代的诗歌中说到：“生年不满百”），而大自然常常使人想到这一点。人的生命是不牢固的——它不是由“金属和石头”构成的，它像闪电转瞬即逝。正是由此在诗歌中经常出现行路人和漂泊者的形象。当诗人描写在清晨变成了霜的露水时，也是描写迅速流逝的生命。从远古时代开始，露水就象征着迅速流逝的生命。民歌中唱到：

露水很快从野草尖上消失！
消失了，到清晨又来了。
而人，走进了坟墓，难道还会再回来？

对于中国诗人来说，自己的衰老只是一个很快流逝的时间的符号，就像逝去的水流、飘走的云彩、飘落的黄叶。诗人不述说自己，他述说亘古以来存在着生命、衰老、死亡的那个世界。孔夫子也说：“死变尘，尘入土。”①

自古以来流传的尊师传统对形成中国传统社会的老人崇拜也起到了不小的作用。在人的其他义务中孔夫子把学习摆在了第一位。其实，记录他与弟子们谈话的书《论语》开篇就是著名的箴言：“学而时习之，不亦说乎？”夫子本身直到现在都是对老师的尊称。既然孔夫子看重内在的、家庭的社会性，那么学校就应该按照家庭的模式来开办，学校就直接叫做“家”，而师生关系就类似父子关系。在古代和中世纪的中国正是学校成为传承传统的地方。学校除传授客观的让人人都理解的知识之外，对传统进行从心到心的全面充实。在那里学生与其说是学习，不如说是在自己身上再现老师的个性。这样一来在一对师生中不仅在等级上再现了家庭中的父子关系，而且还再现了在家庭中以长辈为榜样的教育模式，从而使老师具有了相当高的威信。在学习的过程中就出现了真正的“精神上的儿子”。

此外，老师继承了古代智者享有的荣誉，在某种意义上说，对老师的崇拜变成了祖先崇拜的一个部分，难怪“老师”这个词用汉语说就是“先生”。

于是极端尊敬长辈的既定家庭模式在“家庭学校”中得到了逻辑上的延续，而崇拜的对象就是“先生父亲”②。由于掌握汉字、文学语言和古代范文非常困难，甚至形式上的学习也要耗费人一生中整整三分之一的时间，而“精神上”的学习则一直要延续到死。如果考虑到这些，那么在3岁就开始读书的孩

---

① 原文用了引号，表示是孔夫子的原话，原意是：“死了的东西变成灰尘，灰尘会进入泥土之中”，但译者没有查到孔子的类似话。

② 就像前面在讨论对父母的尊敬时一样，有人认为它与基督教教义相同，对此，С.С.阿韦林采夫详细研究过并给予有说服力的驳斥，请读者参阅原文：С.С.阿韦林采夫：《东西方思考，或论相似中的不相似》，载《东西方·研究·译文·作品》，莫斯科，1988年，第37—39页。

子，甚至在成为一家之主并进入“长辈”的行列之后，在老师和自己的眼中，仍然是一个由于这一地位有义务要尊敬长辈的晚辈。

现在所说的关于老年的一切，来源于以自己的奠基人冠名的孔夫子学说包含的中国智慧。其实，仅仅在欧洲它才被叫做孔夫子学说，在中国干脆就叫做“儒学”或“儒家”，这是中国思想最权威的流派，整个远东文化的主要伦理意识形态都是在它的影响下形成的。

但是还有另外的也非常有影响力的教义，它的创始人是智者老子，或者叫老聃。也许他是孔夫子的同时代人，但比孔夫子年纪大。据说著名的《道德经》为他所作。道的学说与儒教同样都呼吁远古时代这个人类的理想世纪。但是如果说孔夫子及追随者意识到世界的不完美、粗鲁和庸俗后，竭力重建已经失去的古代的理想，去古代文本中寻求伟大的真理，建立道德准则和规范行为的标准，总之，见之以行动；那么道家则对改变环境感到绝望，他们求助于自己，力图摆脱一切对人的天性不好的影响，离开具有情欲和欲望的尘世。他们崇拜大自然的简单和自然，坚持“无为”原则，认为对事物的自然进程进行任何干涉都会毁灭性地影响到宇宙的有机整体，最终影响到存在于宇宙中的道，大自然的普遍规律、规则。其实“道”的任何名称都是没有意义的，因为道就是一切又什么也不是。《道德经》以著名的论断开始：“道可道，非常道”。

道教一开始就吸收了中国文化中那些被儒学高傲地拒绝的成分——古代的宗教信仰、萨满教的实际经验、占卦、行医。例如，它从古代的萨满教中继承了关于人体中存在肉体灵魂（魄）和精神灵魂（魂）的观念。只有肉体将它们结合在一起，身体的死亡会导致它们的死亡。所以还在远古时代就赋予延续生理生命的方法极大的意义，而长寿在道家的地方抄本中则成为中国文化的主要价值观念之一。由此逐渐就产生了一种信念，认为通过服用植物或含有矿物质的特殊草药人可以长生不死。

但是道教并不满足于简单地延长生理生命的理想。在通往长生之路上的道的真正“不死”是使自己的身体急剧地变化，改变，让身体获得超自然的力量和能力：能够在空中飞翔，能够不被看见，同时在不同的地方出现，甚至可缩短时间。最主要的目的是转变意识，由于这种转变，道的“不死”体现了与所有存在相统一的理想，与作为世界神秘的本源的道相统一的理想。

道家认为精神是比肉体更宝贵的实体，因为生命的力量取决于精神。对道家来说，肉体是精神起作用的条件，是“精神之车”。正像古代经典的中医书上所写的，“如果肉体被伤害了，其精神就会离开；如果精神离开了，死亡就来到了”。①

这样一来，由于从与儒教完全不同的原始前提出发，道教得出了对于中国世界图景具有重大意义的一个思想：生命和作为其在尘世中最完全的体现的长寿具有最高价值。人们尊敬道教的那些老人，那些隐居修炼的人，那些生活在人们中间的人，不仅仅因为他们具有炼丹术的知识，而且还因为他们拥有值得尊敬的年龄。

应该说道教极大地影响了中国的艺术传统。鲜明的形象性、玄妙难解的冲动、对神奇东西的向往，这一切平衡了儒教干巴巴的理性。道家思想从《庄子》这本伟大的书开始，收集了许多机智离奇的寓言和箴言，极大地促进了高雅文学、绘画和民间文学的发展。所以道教的长寿理想很容易也很自然地与“全中国的”老人崇拜并存，中国人由于对长寿的经常性热情而向老人崇拜传递着某种神秘的前景。

接下来说一说佛教。佛教传入中国的时候，两个主要的地方宗教（儒教和道教）已具有成熟的思想规范，佛教的教义一进来就与它们产生了尖锐的矛盾。佛教把生命只是看做一种苦难，一种恶。而对于中国人来说，无论是儒学信徒还是道家信徒，生命都具有主要的价值。中国人厌恶佛教徒公开的自私，他们只关心自己的获救。正像我们记得的，在中国，家具有最高地位，个人被置于次要位置。让人觉得毫无道理的还有佛教的一些“小事”，如要求保持贞洁、不结婚，还有僧侣团体等等，这种对社会利益的公开妨碍中国人完全不能接受。但是佛教较快就适应了中国国情，将中国人的传统价值观引入到自己布道的意识形态之中，并善于掩盖传统价值观的真正内容。平民百姓的佛教解决了中国文化的关键成分——祖先崇拜，它结果只剩下一个名字而已。在佛教的解释中人死后的命运是根据生前善恶行为的对比的惩罚规律来决

① 这里的引用和上面叙述的道教意识形态材料都源自于 E. A. 托尔契诺夫的《道教的实践》（彼得堡，2001 年）一书。——原注

定的。[①]

佛教大约就是这样适应了孝道原则。无论如何，佛教的传说文集中都有不少关于道德高尚的孩子的故事，只是这些故事的情节明显地是在佛祖的教导影响下出现的，佛有时候自己也充当自己都不习惯的孝子的角色。

例如，一个传说宣传，佛祖的妈妈非常恶，很贪吃，吃人。在牺牲者里面还有他的儿子佛祖。佛祖落到母亲的胃中后，他作为一个孝顺的儿子不想为了出来而剖开母亲的肚子，而宁愿烂掉自己的背。随后他在一座仙山上为自己已故的母亲建了一座庙，并给了她一个菩萨的名字“孔雀大明王菩萨”。所以在这寺庙中挂有一幅条幅：“凡伤害孔雀就是伤害我妈妈。”

或许这里还有一个佛教的故事完全符合关于孝顺儿子的传统寓言的精神。道德高尚的目莲做了很多好事，吃着普通的食物，拜佛，为自己的母亲非常难过，因为他妈妈却相反，要吃肉，辱骂和尚，不信佛，为此她下了地狱。儿子为孝心和忠诚所驱使，通过了地狱的重重关口，逃过了魔鬼的各种诡计，解救出了自己的母亲。最后他捣毁了整个地狱，放出了受折磨的灵魂。

但是佛教徒无论如何也不赞同尊老，他们认为老年是人的四大灾难（生、老、病、死）之一。所以在佛教（禅宗派）给予了极大影响的诗歌中出现了描写老年的悲剧主题，在这之前这种主题并不是中国诗人所习惯的。皈依佛教的伟大诗人王维就写道：

宿昔朱颜成暮齿，
须臾白发变垂髫。
一生几许伤心事，
不向空门何处销。

本可以用这些优美的诗句来结束我们这篇文章。但还应该再说几句关于现代中国对待老年的态度。社会调查显示，大部分年轻人不反对保持（更确切地说是恢复）社会的传统价值观——孝道和尊敬老人。对此是不是有相应的

① M. E. 叶尔马科夫：《中国佛教世界》，圣彼得堡，1994 年，第 155 页。

条件呢?限制生育的严厉措施导致了在城市家庭中通常只有一个孩子。现在已经顾不上严格的传统教育了。难怪都把这些独生子女叫做皇帝——要知道是他们在家庭中占有统治地位,而爷爷奶奶和父母对他们则是百般呵护。

我自己有机会在北京挤满乘客的公共汽车上看见一个令人吃惊的场面:一个老太太给自己的儿子,一个身穿军装脸色红润的年轻士兵关切地让座,而妈妈自己却站着,柔情地望着自己的儿子……

现实生活总是远离理想——在传统中国也有贫困的被所有人抛弃的老人死去,远不是所有的儿子都是孝顺的典范,在宗法制的家庭中也不总是一团和气,那又是另外一回事。所以在这篇文章中描写的很多东西与其说是文化的日常生活,不如说是文化标准。这一点应该记住。

2005